日本の人口動向とこれからの社会

人口潮流が変える日本と世界

森田 朗 ［監修］ 国立社会保障・人口問題研究所 ［編］

東京大学出版会

Population Trends in Japan and Future Society:
Demographic Dynamics and Perspectives
Akira MORITA, Supervisor
National Institute of Population and Social Security Research, Editor
University of Tokyo Press, 2017
ISBN 978-4-13-051139-1

はしがき

　日本では，総人口の減少が現実のものとなり，ほどなく10年が経過しようとしている．日常生活の中でも何かしらの変化を実感することが多くなったのではないかと思う．なにより，日本中どこを歩いても，シャッターが降りたままの商店やひと気のない空き家をよく見かける．地方では全体に先んじて人口減少が始まったところが多いから，これは当然かもしれない．しかし，全国でも生産年齢人口は減り始めてすでに20年を過ぎており，ビジネスシーンで変化を感じても不思議はない．つまり，私たち日本人はとっくに人口減少・少子高齢社会を生きており，総人口の減少が始まったことは象徴的ではあっても，ひとつの通過点でしかない．人口減少や人口高齢化という変化は，"イベント"ではなく，プロセスなのである．しかもこのプロセスは，私たちの日常感覚を遙かに超えた数十年あるいは百年単位であるから，その変化の真の姿を理解するには，日常とは別の視点を持たないと難しい．

　一方で人口変動というものの正体を突き詰めれば，それは私たちの生き方の変化にほかならない．すなわち，私たちがいつ，どのような伴侶を得て（あるいは独りで），いつ，何人の子どもを持つのか，どこで誰と暮らすのか，どのくらい健康で，どの程度長生きするのか，こういった人生の変数が，両親や祖父母の時代から現代の若者へと大きく変わってきたことが，今の人口減少や高齢化，あるいは衰退が危惧される地域人口の有り様のすべてを決めている．身近な日常の変化とその一億の集合としての社会変化，そして数十年というプロセスは知覚できずとも堅牢な結びつきとして存在している．たとえば，介護・医療等の社会保障費用の急増が懸念される2025年問題は，ベビーブームという終戦直後のイベントが80年近くを経て「問題」として戻ってくる事態である．いわれれば自明のことであるが，その事実を軽く見過ごしてはならない．なぜなら，それは私たちが今日引き起こしている数々のイベントが数十年の時を経て，後進たちに問題をもたらす可能性を教えているからである．

　結局，人口減少・少子高齢化という社会変動は，私たちの日々のイベントから数十年を超える歴史プロセスへの広がり，そして個々人の人生と社会，国家の動勢というミクロ・マクロの広がりの中で生じている現象である．こうした視点から社会変動をとらえる分野の1つが人口学である．昨今，人口減少を扱った著述や書籍は数多いが，実はわが国で人口学を専門とする研究者は少なく，その独自の視点を反映した著述は限られている．日々実感する人口減少・高齢化の進展と顕在化する課題をまえに，人口学の視座からの知見を一般向けに提供することは，今後ますます必要になる国民的議論を促す上で有効であるとともに，この分野を専門の1つとして標榜する国立社会保障・人口問題研究所（社人研）の責務でもあるとの思いに至った．この研究所では研究成果普及のために研究叢書を刊行しており，これまで主に社会保障分野のテーマを取り上げ，必要に応じて人口分野の章を中に取り混ぜることはあったが，これを主題としたものはこれまでなく，今回この懸案に挑戦することにした．

　幸いこの研究所は国内で唯一この分野の人材に恵まれている研究機関であるので，当初そのことはたやすいと思われた．しかし，広範にわたる課題を一冊に効率的にまとめる構成の難しさや，多くの役割を担っている研究職員の負担調整の難しさなどで，本書の刊行は思いのほか難産となってしまった．しかし完成した本書は，類書に見られない特徴を持つものとなった．日本と世界の人口動向に関して，体系的，網羅的でありながら個々には正確で豊富な情報を提供している．それはまた，一般向けで理解しやすい記述でありながら，専門家にも他で得がたい有用な内容を含むということでもある．たとえば，大学生，大学院生がこの分野の全体像を把握したり，教員が関連分野の講義に必要な題材を求めることに役立つだろう．そして，社会科学の専門家，ジャーナリスト，行政関係者には，日本社会の今後を考える際に，ぜひ一読していただきたい．それぞれの問題の見方が変わるに違いない．

　日本社会は，今のままでは，いずれ存立すら危うい状態に立ち至る．そのことを1人ひとりが正しく理解し，社会経済システムをどう変えていくのか，自分には何ができるのか，つまりはどのような社会でどのように生きたいのかを真摯に考え，それを国民的議論としていくことは，真の全員参加社会を実現す

るための前提となろう．本書がそうした流れの形成に資することができれば，
幸いに思う．

2017 年 3 月

国立社会保障・人口問題研究所
所長　森田　朗

目　次

序章　人口潮流が変える世界と日本

森田　朗

金子隆一

1　はじめに

わが国では今後人口減少が加速的に進行し，これと並行して世界でも例を見ない著しい人口高齢化に直面することが見通されている．こうした人口変化は，現在の経済システムや社会保障制度をはじめとする社会の基本的なあり方に深刻な影響をもたらし，機能不全を引き起こすことで，その存続を脅かすことが懸念される．したがって，それらの具体的な課題をあらかじめ見出し，速やかに対処していくことが求められる．これまで人類は，社会に降りかかる幾多の災厄に対し，技術革新や適切な制度・施策の遂行によって課題を克服してきた．

ただし，今回災厄をもたらす主体は外敵ではない．われわれ自身である．人口とは，すなわち社会の主体である自分自身であり，人口減少や人口高齢化はわれわれの生き方の変化の帰結に過ぎない．たとえば人口減少とは，われわれが自身を十分に再生産しないことであるが，これは何を意味するのであろうか．そこには「本来の」生き方を阻害する社会制度の不具合を感知すべきだろうか．それとも社会の深層から発せられる警告と捉え，そこにメッセージを読み取るべきだろうか．いずれにしろ，この問題は人類史の進展の中から半ば必然的に生じてきたものであり，不可避な側面を持っている．したがって，これまで社会が扱ってきた多くの課題のように，それを単に組み伏せたり切り抜けるべき災厄として扱うのではなく，正面から問題の本質と取り組む必要があるのではないか．そして，もしこの課題を適切にクリアできなければ，社会は次の文明段階に進むことができないということはないだろうか．奇しくもわが国は，世界の先陣を切ってこの問題と取り組む「栄誉」を与えられている．

　次章以降においては，上述の人口変動の具体的側面を多様な視点から論じて
いくことになるが，本章ではそれに先駆けて，読者とともに現在わが国が直面
する人口変動の源流を探る試みを行いたい．すなわち，世界と日本の歴史的な
人口潮流を概観し，そうしたスケールでしか見ることのできない法則やモデル
を確認する．そして歴史的な潮流の中に現下の人口動向を位置付けることによ
って，その本質へのアプローチを試みる．ここで得られる人口変動に対する大
局的な視点は，次章以降で人口の具体的な側面を理解して行く上で必要となる
はずである．

2　世界の人口潮流

　図序-1 は，世界人口の歴史的推移を示すグラフであるが，数百万年におよ
ぶ人類の歴史の中で，目立った増加が見られるようになったのは 1 万年ほど前

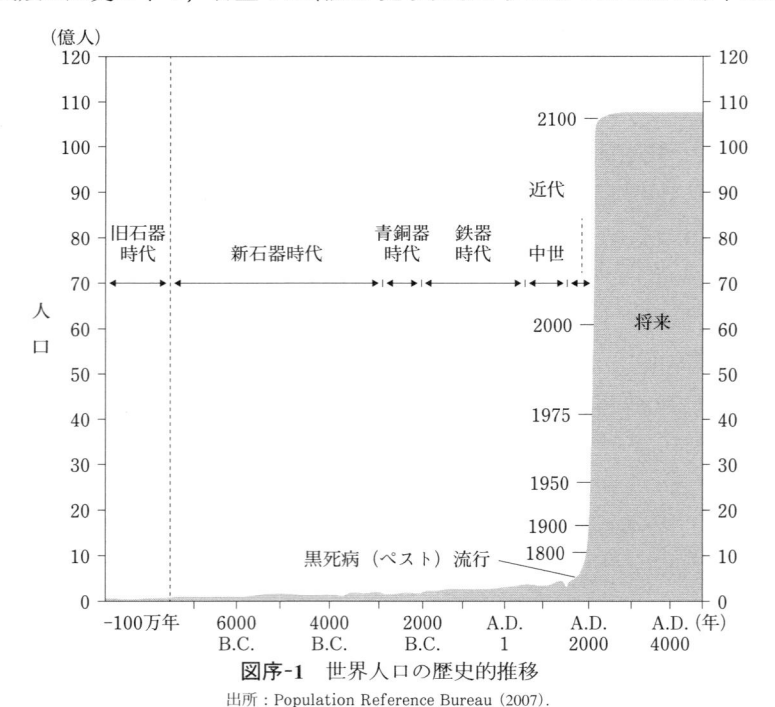

図序-1　世界人口の歴史的推移

出所：Population Reference Bureau（2007）.

（8000 B. C.），人類が農耕を行うようになってからと考えられている．その後，紀元元年の頃には 2-4 億人と推定され，17 世紀に 5 億人，19 世紀初頭に 10 億人，1930 年までに 20 億人，1960 年までに 30 億人と加速的に増加し，2017 年では 75.2 億人ほどとなっている．国連によれば，人口増加は今後しだいに終息し，2100 年を過ぎた 22 世紀始め頃に 100 億人をやや超えた水準で安定するとされている（表序-1）．

自然界における生物集団の人口推移は，生存資源が豊富な環境下における爆発的増大と，しだいに資源制約が働き始めることによる増加率の逓減，ならびに一定規模への収束によって特徴付けられる．その結果得られる人口の増加曲線は S 字型を示す．図序-1 では，今後数千年の将来についてもグラフが描かれているが，人類の人口も上述の生態学的モデルに沿って S 字型に推移した後に安定するという考え方が示されている．

なぜ人口推移が S 字型曲線を示すのであろうか．それは有名なマルサスの人口原理が働いているからである．マルサスの人口原理とは，人間を含めた生物は常に環境制約によって許される水準（環境収容力と呼ばれる）を超えて増

表序-1　世界人口の推移と推計（紀元前-2100 年）

年　次	推計人口 （100 万人）	年平均人口 増加率（%）	年　次	推計人口 （100 万人）	年平均人口 増加率（%）
紀元前 7000-600	5-10				
紀元元年	200-400	0.1	2000	6,123	1.43
1650	470-545	0.0	2010	6,896	1.19
1750	629-961	0.4	2020	7,657	1.05
1800	813-1,125	0.4	2030	8,321	0.83
1850	1,128-1,402	0.5	2040	8,874	0.64
1900	1,550-1,762	0.5	2050	9,306	0.48
1950	2,532	0.8	2060	9,615	0.33
1960	3,038	1.82	2070	9,827	0.22
1970	3,696	1.96	2080	9,969	0.14
1980	4,453	1.86	2090	10,062	0.09
1990	5,306	1.75	2100	10,125	0.06

注：1900 年以前は United Nations（1973），1950 年以降は United Nations（2015）（Medium variant）による．
　　年平均人口増加率(%)は，前期からの期間における値．
出所：国立社会保障・人口問題研究所（2017），表 1-9（p. 15）.

えようとする潜在的増殖力を備えており，収容力の水準までは速やかに増加するが，それを超える状況では，死亡率が高まること，あるいは出生力が減退すること，さらには個体が移出することによって人口増加が止まり，人口規模が一定化するという機序のことである[1]．マルサス自身はこの原理を18-19世紀の産業革命期のヨーロッパの人口増加について適用し，救貧法などによる不用意な施策は，収容力を超えた人口増加を招き，かえって死亡率の増加という悲惨な結果をもたらすことへの警告に用いた．その際，技術革新による食糧生産力の向上は等差数列的に進むのに対して，人口は等比数列的に増大する性質を持っているので，人口は必然的に環境収容力を超えるとしたことは，とくに有名である．

　しかし，その後の産業の興隆による人間社会の生産力の増大は著しく，人類に対する環境収容力は飛躍的に高まったことと，受胎調節等の効果的な出生抑制手段が普及し，子ども数を制限できるようになったことで，先進諸国は人口原理による死亡率増加を免れることとなった．すなわち，生産力の増大と経済発展は人々の生活水準を向上させ，医療・公衆衛生の発達などをともなって人々の死亡率を低下させ，寿命を延ばすことに成功した[2]．実は，先に見た前近代から近代化過程にかけて生じた世界人口の加速的増大は，この欧米先進地域における死亡率低下によってもたらされたものである．一方で，出生率は当初あまり変化することはなく，長らく前近代的な高水準に止まっていたが，乳幼児死亡率の大幅な低下によって生存する子どもが増えたこと，他方で産業の工業化にともなって子どもの所得効用（子どもが世帯の所得に貢献すること）が減じ，逆に教育コストが増えたことなどを背景に子ども数が制限されるようになり，出生率も低下するところとなった．前近代の高死亡率，高出生率（または多産多死）のレジームから，この低死亡率，低出生率（少産少死）のレジームへの移行こそが，人口転換と呼ばれる過程であり，移行過程における一時的な均衡の崩れ（多産少死）が爆発的人口増加をもたらす．すなわち，先進地域におけるS字型人口増加曲線の環境収容力への収束は，一般の生物集団に見られる死亡率の増大ではなく，意図的な出生率抑制によって達成されたといえる．

　ただし，先進国の環境収容力を向上させた生産力の増大の背景には，植民地

をはじめとした他地域への領域拡大によって資源と市場の確保が維持されたという側面がある．20世紀後半，第二次世界大戦後には概ねアジア，ラテンアメリカ，アラブ，アフリカの順に近代化と人口転換の過程に入っていったが，先進地域で確立していた医療・衛生技術の導入によって死亡率低下が急速だった一方で，生活水準の向上や教育など総合的産業化のためのインフラの発達が不十分であったことなどから出生率は長らく高水準に止まったままとなり，結果として環境収容力を超えた人口増加，「人口爆発」が生じて，しばしば飢饉などによる死亡率上昇を経験することとなった．マルサスの懸念が一世紀を隔てて顕在化した形である．しかし，アフリカを除く地域については，個々の国の経済発展にともなって，現在までに出生率の低下が見られており，2010年時点では世界人口の48%，33億人が人口置換水準を下回る国に居住しているといわれている（United Nations, 2011）．

　こうした様相は地域別の人口推移を見ることによってより明らかとなる（図序-2）．先進国の人口は全体としては20世紀後半からすでに安定化している．途上地域はいずれも20世紀後半に著しく増大しているが，現在アフリカを除く地域では増加が鈍化しており，21世紀の中頃には概ね成長が止まり，中国

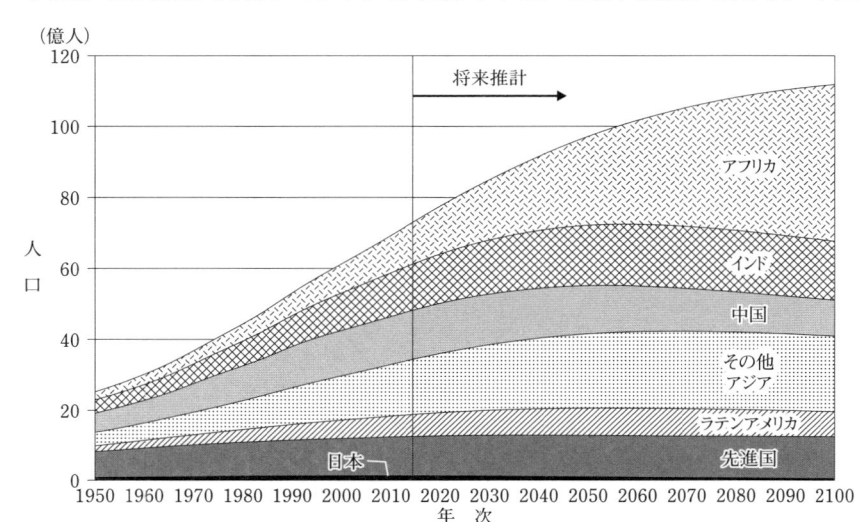

図序-2　地域別にみた世界人口の推移（1950-2100年）

出所：United Nations (2015).

などのように減少に向かう国も出てくる．アフリカの動向は不透明な部分もあるが，国連では半世紀ほど遅れて他の途上地域と同様に増加が減速を始め，冒頭に見たように世界人口は 22 世紀始め頃に安定化すると見られている．すなわち，時期や進行ペースは大きく異なるものの，途上地域の人口も概ね人口転換理論にしたがって推移することが想定されている．

　こうした世界人口の潮流に対して，日本の人口動向はどのような共通性と特異性を持つであろうか．

3　日本の人口潮流

　図序-3 は日本の歴史的な人口推移を示すグラフであるが，わが国が置かれた状況を端的に示している．まず直ちにわかることは，日本の人口推移が，前節に見た世界人口の潮流とは明らかに異なっているということである．わが国の近代化過程に当たる明治期から現代にかけて，著しい人口増加を経験してき

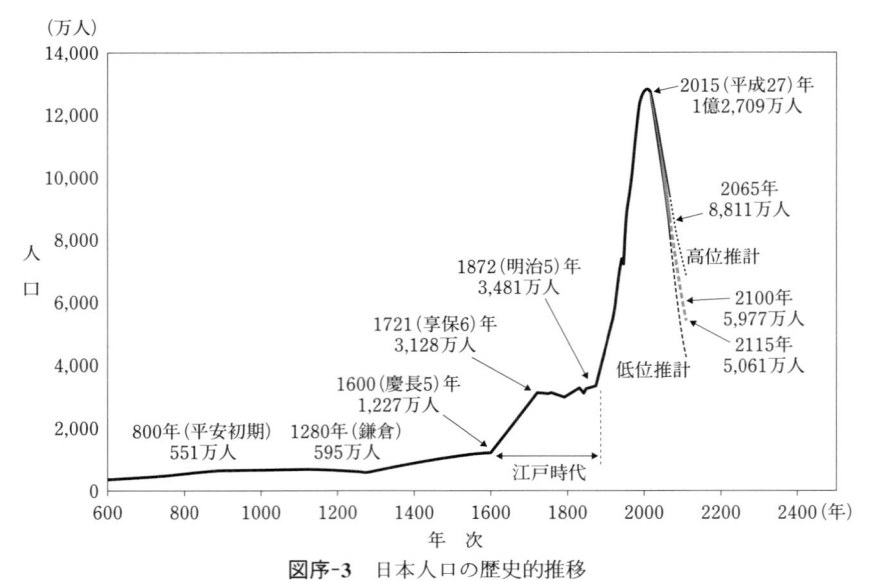

図序-3　日本人口の歴史的推移

出所：国立社会保障・人口問題研究所（2017）．（1846 年までは鬼頭（2000），1847-70 年は森田（1944），1872-1919 年は内閣統計局編（1930），1920-2010 年は総務省統計局「国勢調査」「推計人口」）2011-2110 年は国立社会保障・人口問題研究所（2017）死亡中位推計．グラフは国立社会保障・人口問題研究所作成．

たことは，世界やその多くの地域と同様であるが，2010年付近でピークを形成した後に，一転して「つるべ落とし」のような減少に向かうことが見通されている．この動向は世界人口のどの地域にも見られない特異な軌跡を描くこととなる[3]．そして日本は現在，この軌跡の中での壮大な歴史的転換点を通過しつつあるということになる．本節では図序-3をもとにして，こうした人口動向がどのような経緯でもたらされたものかを跡づけ，われわれにとってどのような意味を持つものなのかについて考えてみたい．

(1)　近世までの人口推移

　江戸時代以前の人口はそれほど正確にわかっているわけではないが，歴史人口学の知見によれば，図序-3にあるとおり近世すなわち江戸時代に至るまでの人口増加は緩慢だった．平安初期（西暦800年頃）に550万人ほどだった人口は，江戸時代初頭に約1200万へと，800年余りをかけてようやく2倍程度に増えたに過ぎない．これに対して江戸時代の前半では120年足らずで2.5倍となるような人口の急増を経験している．戦国時代の戦乱によって抑えられていた社会の潜在的生産力が太平の訪れとともに発現されるとともに，開墾による農地拡大や農業技術の発達，あるいは貨幣経済の進展によって経済成長が促され，環境収容力が増大した結果である．

　ところが江戸時代後半には，一転して人口成長が止まり，3,000万人を若干上回る程度の水準で150年余りにわたって停滞することとなった．世界的な寒冷化という気候変動の影響により冷害が多発して飢饉が頻発し，これに害虫の大量発生や火山噴火などの自然災害が重なったためとされる[4]．安全で効果的な出産調節手段が得られない近代以前においては，社会の生産力を上回る人口は飢饉などによる死亡率の上昇によって調節された部分が大きい．しかし江戸時代の人々はそうした破局的な人口減少を避けるため，「予防的」な人口制限も行っていたとみられる[5]．すなわち，結婚を遅らせたり減らすことで出生力を押さえ，またより直接的な手段として堕胎や間引きによって意図的な人口制限を行ったとみられる[6]．こうした若年死亡の増加や出生低下は人口増加率を下げるとともに，一定の人口高齢化（高齢人口の相対的増加）をも招く．したがって江戸時代後半の日本では，急速な人口増加からの停滞への転換，そして

前近代社会としては比較的高水準の人口高齢化という現代に似た変化を経験していたことになる[7]．そのような状況下で，一定の持続性を持った社会が維持・継承され，次に記述する明治期以降の経済発展に向けての余力を蓄えていたことは注目に値する．

(2) 明治期から現在

　人口が再び増加に転じたのは幕末である．明治維新後は，産業の興隆に牽引された近代化によって社会経済は急速に発展し，これにともなって人口も増大した．この時期の人口成長は，近代化を経験した社会があまねく通過する人口転換過程を通して生じたものである．前述の通り，人口転換では死亡率の低下が出生率の低下に先行することが通常であり，一定の期間にわたって出生率は高水準に止まったまま死亡率だけが低下するため，結果としてその期間に急速な人口増加が生ずる．わが国では，明治期からごく最近に至るまでこの状態が続いていたことになる．実際，明治初年から最近に至るおよそ140年間，人口はほぼ一貫して増加し，2008年に歴史的なピークを迎えるまでに人口は3.7-3.8倍程度に増大した．この間の人口増加率は平均の年率にすると，およそ1.0％であった．これは人口が70年で2倍となるようなペースである．たいしたことがないようだが，たとえばこのペースが500年続くと人口は148倍となり，1000年続けば人口は2万2,026倍となる．したがって，歴史的なスコープで見たとき，明治期以降に日本で起きていた人口増は異常な事態であり，そもそも数世紀を超えて続くことはあり得ないものであった．したがって，成長が終焉を迎えること自体は当然のことであり，それが人口転換理論の指し示すところであった．しかし，その後において図序-3が示すような急激な人口減少に転ずるということは，従来のいかなる理論も予測していなかった事態である．

(3) 人口減少社会の到来

　2015年国勢調査時点の人口は1億2,709万人で，すでにピークより100万人ほど減少したが，今後2030年までにはピークより約900万人（895.9万人，7.0％），2050年までには約2,600万人（2,616.1万人，20.4％），2065年まで

に約4,000万人（4,000.7万人，31.2％）の減少が見込まれる[8]．年間の減少数によって見ると，現在30-40万人が毎年減少しているが，2022年以降は毎年50万人以上が，そして2040年代以降は毎年90万人前後の人口減少が続く．すなわち人口減少は年を経るごとに加速的に進む．年間の人口増加率の推移を見ると，2008-09年の人口ピーク前後の増加率ゼロから，2071-72年の－1.16％までほぼ直線的に下がっていくから，この期間の人口減少は加速的であることになる．

　こうした人口減少の結果，日本の人口は2030年には1億1,913万人，2050年には1億192万人，今からおよそ50年後の2065年には約8,808万人になると見込まれる．この状況がその後も続いたとすると，21世紀の終わりの2100年には約6,000万人（5,972万人）となり，今から約100年後の2115年には約5,000万人（5,056万人）に至る見通しである．その頃の人口増加率はおよそ年－1.1％であり，これは仮に100年間続くと人口が約3分の1，500年間続くと約245分の1となる減少ペースである．

4　人口潮流と日本社会

　以上は，現在の状況を将来に向けて投影した結果であり，社会の状況が変化の趨勢も含めて現在のまま推移した場合に訪れる将来像である．なお，図序-3では今後の出生率推移の不確実性の幅を，出生「高位推計」，出生「低位推計」として示しているが，それらの動向は，ここまで見てきた出生中位推計の動向と大きな差異はない．そこには世界人口の潮流で見た人口転換によるS字型推移とはまったく異なる軌跡が描かれている．日本の人口が一般的に期待される推移から逸脱し，増大してきたペースとほぼ同じ性急さで縮小していくのはなぜだろうか．

　人口転換理論では，転換の最終局面において，遅れて低下を始めた出生率が先に低下を完了した死亡率と同水準にまで至り，人口が増減のない静止状態に至ることを予見する．しかし，わが国で実際に起きたことは，出生率の低下が死亡率の水準に到達してもなお低下を続け，出生数が死亡数を大幅に下回る事態となったことである．それは「少子化」と呼ばれる過程に他ならない．すな

わち，日本人の結婚や出産・子育てなどの家族形成行動は世代を追うごとに低調となり，子世代において自らの世代規模を再現できない状況にまで陥ったことで，日本人口は恒常的な減少過程に入ることが運命づけられた．その具体的経緯や背景の詳細については第 6 章において解説されるが，ひと言でいうなら，戦後の日本社会では，国を挙げて高度な経済成長を目指す中で，いつの間にか将来世代を再生産する機構に阻害が生じていたということである．

　少子化と人口減少との関係は単純ではなく，たとえば今直ちに全ての出産・子育て世代が人口置換水準と呼ばれる世代規模を維持するだけの出生率を達成し，少子化が完全に解消されたとしても，現在すでに始まっている人口減少が止まるのは 2070 年代以降であり，それまでの間に 2 割以上の人口が損なわれる．なぜならば，過去の少子化によって今後出産・子育てに向かう世代の総人口に占める構成比が低下しており，仮に 1 人ひとりが多くの出生を果たしたとしても，総出生数は人口高齢化によって増大しつつある死亡数を上回ることが難しいからである[9]．また，少子化は人口における若年世代の相対的規模を縮小させることによって，彼らの有権者としての発言力や消費市場での立場を弱くする．すると家族形成期にある彼らの出産・子育て環境は阻害されやすいものとなり，さらに少子化が進展するという悪循環に陥ることとなる[10]．すなわち，少子化は選挙という民主主義の基盤的制度と，市場原理という資本主義経済の基本的メカニズムを介して深刻化する性質があり，現代社会の成り立ちに深く絡みついた問題となっている．このことが，出生率低下という現象面だけに対処しようとする「少子化対策」が，なかなか期待する効果をもたらさない理由であるといえる．

5　おわりに

　以上，視点を世界・歴史スケールに広げて，人口原理や人口転換といった巨視的法則を援用しつつ，人類あるいは日本人の総個体数としての人口潮流を俯瞰した．日本が今後直面する人口減少，少子高齢化という人口変動と，それらがもたらす社会変動については，こうした潮流の中に位置付けて初めて見える本質がある．日本人口は縄文時代から辿れば，数度の人口停滞・減少期を経験

してきた（鬼頭，2000）．それらは人口が生態学的な環境収容力を超過した際に，主に死亡率の一時的上昇によってもたらされたものであり，人口が収容力を下回れば終息する性質のものであった．これに対して，現在日本が直面する人口減少は，人々の選択に基づく出生率低下によって生ずるものであり，そうした選択が続くかぎりは減少が恒常的に継続する点で特異である[11]．これを生態学的原理から逸脱した異常な事態として位置付ければ，歯止めのない人口減少から現行の社会経済システムを守るために，出生率の是正が必要と考えるかもしれない．一方で，生態学的原理の枠組みの中で，たとえば現代人には心理的環境収容力と呼べるものが存在し，それが生存を担保するだけの生活水準に対応する収容力よりずっと低い位置（少ない人口水準）にあると考えるのなら，人口はやがてその心理的収容力の水準に収束することが期待される．この場合人口減少という事態は，文明が次段階へと進むための調整，あるいは新たな「人口転換」と見るべきかもしれない．

　以上のように，人口減少は当面不可避であり，これからのわが国において持続可能な社会を形成していくためには，従来の発想を切り替えることが必要である．2008年まで続いた1000年以上におよぶ人口増加，成長の時代は終焉したことを認識すべきであり，社会の諸制度や政策もそれに合わせて再構築される必要がある．ともすれば，これまでのような成長や発展を期待し，そのために人口増加策の必要が説かれるが，それが奏功する可能性は少ない．現実を冷静に見て，人類の歴史において未知の時代に入っていくことを認識すべきであろう．いずれにしろ，現在進行する人口減少が，社会を襲う災厄として切り抜けるべきものであるかどうか，また，社会経済システムを維持するために，本当にわれわれが何かを我慢しなくてはならないのかどうかは，慎重に見極める必要がある．そのためには，歴史的な視点から人口潮流の理解を深めることも進めていかなくてはならない．

注
1)　この原理を数学モデルとして表現したものにロジスティックモデルがあり，S字型曲線の典型的な例となっている．
2)　死亡率の低下は個人や社会における不確実性を払拭することにより，それ自体が経済発展の基礎ともなっており（金子，2010），経済発展と長寿化との好循環が双

　方を加速させることとなった.

3)　日本の 21 世紀を通して見込まれる年あたり平均人口増加率はおよそ−0.75％ で, 人口 1,000 万人以上の国として最も低い. これに続くのは東欧のルーマニア（−0.73％）, ウクライナ（−0.61％）などである. このほか中国は−0.23％, 韓国−0.18％ などとなる（United Nations, 2015）.

4)　この時期には, 江戸三大飢饉（享保 1732-33 年, 天明 1782-85 年, 天保 1833-38 年）をはじめとする度重なる飢饉や, これにともなう疫病の流行が見られた.

5)　マルサスは, 生存資源を超える人口増が抑制される機構として「積極的妨げ（positive check）」と「予防的妨げ（preventive check）」を区別している. 前者は死亡率上昇による抑制, 後者は出生率低下による抑制に対応する.

6)　速水（1973）は信州諏訪郡の農村の既婚女子の合計特殊出生率を観察し, 17 世紀の 6.93 から 18 世紀前半 4.64, 後半 3.92 と減少し, 19 世紀に 4.60 に回復していることを報告している. また, Smith（1977）は出生児の性比の検討によって, 間引きが農作物の豊凶にかかわらず, 農家の経営規模に合わせて計画的に行われていたことを報告している.

7)　江戸時代後半期の人口動向は, 地域による差異も大きかったことも知られており, 概ね西日本, 北陸などでは増加傾向が見られ, 東北, 関東を中心に減少傾向が強かったとされる（速水, 1997; 浜野, 2002）.

8)　本章では, 将来の人口については,「日本の将来推計人口（平成 29 年推計）」における出生中位・死亡中位に基づいて記述する.

9)　出生率の変化などが直ちに人口の増減方向を変えることなく, 人口変化がしばらく過去の趨勢を保ち続ける特性を人口モメンタムと呼んでいる. 本文において説明されているとおり, 総出生数・死亡数は個人の出生行動や死亡傾向だけで決まるのではなく, 人口の年齢構成によっても影響を受ける. 人口モメンタムは, これによって生ずる現象である.

10)　「低出生の罠」（low fertility trap）と呼ばれている（Lutz *et al.*, 2006）.

11)　本文中で指摘したように, 江戸時代後半期の人口停滞については, 結婚行動の選択などに基づいた出生率低下が一定の役割を果たしていた点で, 現代の人口減少と共通点が見られる. しかし, 恒常的な人口減少にまでは至っていない.

参考文献

金子隆一（2010）「長寿革命のもたらす社会——その歴史的展開と課題」『人口問題研究』66(3): 11-31.

鬼頭宏（2000）『人口から読む日本の歴史』講談社.

国立社会保障・人口問題研究所（2017）『人口統計資料集 2017 年版』.

国立社会保障・人口問題研究所（2017）『日本の将来推計人口』（平成 29 年推計）』.

総務省統計局「国勢調査」,「推計人口」.

内閣統計局編（1930）『明治五年以降我国の人口』（調査資料　第 3 輯）, 内閣統計局.

浜野潔（2002）「近世の日本人口と地域的特性」日本人口学会編『人口大事典』培風

館, pp. 95-99.

速水融（1973）『近世農村の歴史人口学的研究──信州諏訪地方の宗門改帳分析』東洋経済新報社.

速水融（1997）『歴史人口学の世界』岩波書店.

森田優三（1944）『人口増加の分析』日本評論社.

Lutz, W., Skirbekk, V. and Testa, M. R. (2006) "The Low Fertility Trap Hypothesis: Forces That May Lead to Further Postponement and Fewer Births in Europe," *Vienna Yearbook of Population Research*, pp. 167-192.

Population Reference Bureau (2007) *Population Bulletin*, 62(1): 25.

Smith, T. C. (1977) *Nakahara: Family Farming and Population in a Japanese Village, 1717-1830*, Stanford University Press.

United Nations (1973) *The Determinants and Consequences of Population Trends*, Vol. 1.

United Nations (2011) *World Population Prospects: The 2010 Revision*, United Nations, Department of Economic and Social Affairs, Population Division.

United Nations (2015) *World Population Prospects: The 2015 Revision*, United Nations, Department of Economic and Social Affairs, Population Division.

I

日本の人口動向

日本社会の地殻変動

第1章 日本の人口動向と社会

金子隆一

1 はじめに

　日本は現在，人口減少，少子高齢化という歴史的な人口変動に対峙している．それは序章で示されたとおり，近代化とこれにともなう人口転換という普遍的な潮流の中に源流を持ち，一方でわが国特有の文化的，社会的特性によって具体的な形が与えられ，顕在化してきたものと見ることができる．すなわち，世界の先頭を進む長寿化，変容する家族と少子化，そしてヒトより経済や情報に偏った国際化といった独特な要素の進展を背景に，わが国は世界一の高齢化と，ほぼ世界最速ペースでの人口減少によって特徴づけられる時代に足を踏み入れようとしている．

　本章では，そうした変化の全体像の理解を目指して，まず近代化以降，すなわち明治期以降の日本の人口と社会の動向について簡潔に跡づけ，それらの知見を背景にして，現在の日本が直面している人口減少・少子高齢化という過程について検討し，今後の国民的議論の参考となるよう，あらためてその意味を考察したい．

2 日本の人口動向

　日本の総人口は幕末から明治初頭にかけて顕著な増加を開始し，2008年の歴史的ピークに至るまで[1]，終戦の一時期を除いて一貫して増加を示してきた（図1-1）．本節ではまず，その歩みを駆け足で跡づけ，その先に続く今後の動向を展望しよう．

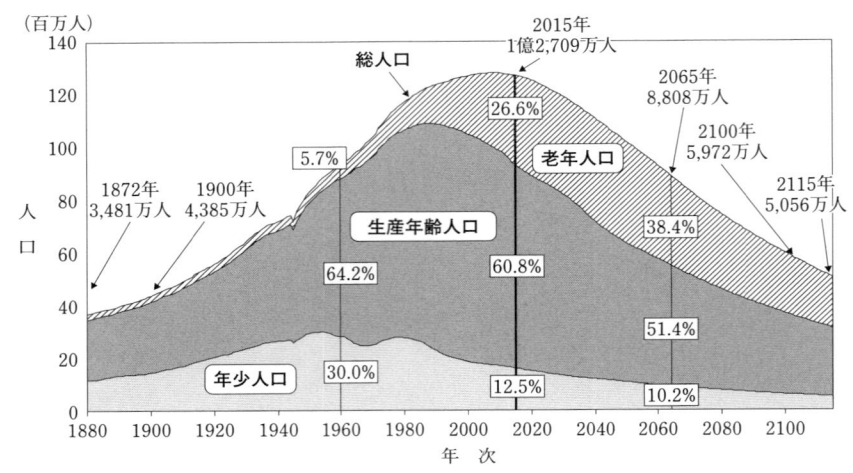

図 1-1 　日本の人口と年齢構成の推移 （明治期-2115 年）

出所：旧内閣統計局推計，総務省統計局「国勢調査」「推計人口」，国立社会保障・人口問題研究所「日本の将来推計人口（平成 29 年推計）」出生中位・死亡中位推計.

(1) 明治期から戦前の人口動向

　明治期の人口は，戦前に内閣統計局によって「国勢調査」（1920 年以降）に接続する人口が推計されている（内閣統計局，1930)[2]．これによると 1872 年（明治 5 年）の日本人口は 3,481 万人であり，その後は明治期を通して増加し，1912（大正元年）年に 5,058 万人に至っている．この間の年平均増加率は 0.9％であったが，前半（1872-92 年）は穏やかに（0.8％），後半（1892-1912年）にやや加速して（1.1％）増加した．死亡率は明治期を通して低下傾向にあり，出生率はほぼ横這いから後半に上昇気味であったから（岡崎，1986)，自然増加率は上昇傾向を示しており，この時期に加速的な人口増加が生じていたことを裏付けている．

　明治から大正にかけて，人口増加率は 1.4％ 前後とさらに高まった．1920年第 1 回「国勢調査」による総人口は 5,963 万人で，明治初期から 50 年足らずで約 2,000 万人（当初人口の 60％ 相当）の増加があったことになる．また工業化の進展にともなって人口都市化（都市人口割合の増加）が進行するなどして過密地域が増えたため，この頃から国民の間で人口過剰が意識されるよう

になった．昭和に移行する頃には世界恐慌などによる経済不況と大量の失業に加えて国外における排日移民の動きも重なり[3]，過剰人口意識による閉塞感は日本をしだいに軍事的な海外進出へ向かわせ，太平洋戦争開戦の一因になったと見られている[4]．第 1 回「国勢調査」から開戦直前の 1940 年第 5 回調査までのわずか 20 年足らずに，総人口は約 1,600 万人を加えるなど，大正から昭和にかけての人口増加率は高く，1.6% を超える年も見られる．

　ただし，この時期の増加率の上昇は死亡率の順調な低下による部分が大きく，出生率はむしろ低下を始めていた．日本政府は人口過剰を問題視しながらも，戦争遂行への人材確保のために人口増強政策を推し進めた[5]．これにより出生率はわずかに回復をみる年もあったが，結局 1944-45 年には終戦前後の混乱によって再び急落することとなった．また，この終戦前後は死亡率が一時的に高率となった結果，自然増加，社会増加ともに明治以降初めてのマイナスを記録した．

　一般に社会は，近代化を経験する過程で，人口の自然動態が高出生率・高死亡率（多産多死）から，途中，高出生率・低死亡率（多産少死）を経て，最終的に低出生率・低死亡率（少産少死）へと大きく転換する．これを人口転換と呼ぶが，わが国では江戸時代末にこの過程がスタートして，明治から大正を通して多産少死の段階を歩み，昭和となる頃にようやく出生率低下が始まった．実はこの多産少死段階は，人口が爆発的な増加を示すことから，経済成長とのバランスが崩れる危険な局面である．実際，わが国でも明治後期から大正にかけて過剰人口が意識され，国の進路に影響を与えたことは上述のとおりである．こうしたことはわが国だけではなく，たとえば戦後，途上地域のほとんどの国々がこの人口急増の罠に陥った．とりわけアフリカの多くの国では現在もそれが進行しており，今後国際社会に大きな課題をもたらす可能性を持っている[6]．これらの例は，人口の変動過程が社会経済の歴史に強い影響を与えていることを示している．

(2)　戦後から 1975 年までの人口動向

　終戦直後，軍人・軍属の外地からの引き揚げによる社会増と，折からのベビーブームが重なり，1945-50 年のわずか 5 年間に日本人口は約 1,100 万人の増

加をみた[7]．また，1947-49 年ベビーブームの出生率は 33-34‰ に達し，この
3 年間だけで約 800 万人の出生があった．これらにより人口増加率は明治以降
でも初めての 2％ 超を経験した．なお，ベビーブーム期に生まれた世代（一般
に「団塊の世代」と呼ばれる）は，わが国人口転換の多産少死段階における規
模の大きな世代の中でもとくに大きく，また，その最後の世代と見ることがで
きる．

　終戦後しばらくは食糧・物資の不足と失業によって国民生活は窮乏したため，
結婚した人々は持つ子ども数を減らし始め，ベビーブームの後は一転して出生
率が大きな低下を見せた．すなわち 1949 年の合計（特殊）出生率 4.32 に対し
て 8 年後の 1957 年には 2.04 と半減しており[8]，当時の人口置換水準 2.22 を
下回る事態となった．この時の出生率低下が，わが国での人口転換の最終局面
にあたり，その後は 1970 年代半ばまで出生率は人口置換水準付近で推移する
こととなる．

　このように戦後，日本では人口動態がいち早く人口置換水準へと到達し，人
口急増の罠に陥ることなく速やかに人口転換を完了できたことは，その後の経
済的離陸に対して大きな意味があったといえる．事実，1950 年代半ばには，
経済も「戦後」を脱し，高度成長へと躍進していく．人口置換水準が達せられ
たことは，個々の家族にとっては子ども数を減らし，負担を減らすものであっ
たが，実は全体としての人口は直ちに静止することはなく，増加率 1％ 前後で
成長を維持した．これは再生産年齢層すなわち生み盛り年齢層が相対的に多い
人口構成によってもたらされる効果で，人口の持つモメンタムと呼ばれる特性
によるものである．したがって国内の消費需要は拡大を続けたことになる．こ
うした中，人口は 1967 年に 1 億人を突破した．

　さらに，この時期の人口は経済活動にとって有利な年齢構成も備えていた．
すなわち，戦前 70％ を超えていた従属人口指数[9]は，1960 年に 55.7％，1970
年には 44.9％ ときわめて低水準となり，いわゆる人口ボーナス（または人口
配当）を形成していたのである（図 1-2）．人口ボーナスとは人口転換の終盤
から終了後しばらくの間見られる小さな老年人口と，多産少死によって形成さ
れた大きな生産年齢人口，さらには転換後の小さな年少人口とが同時期に重な
ることで生ずる経済活動に有利な年齢構造のことである[10]．当時の日本の人口

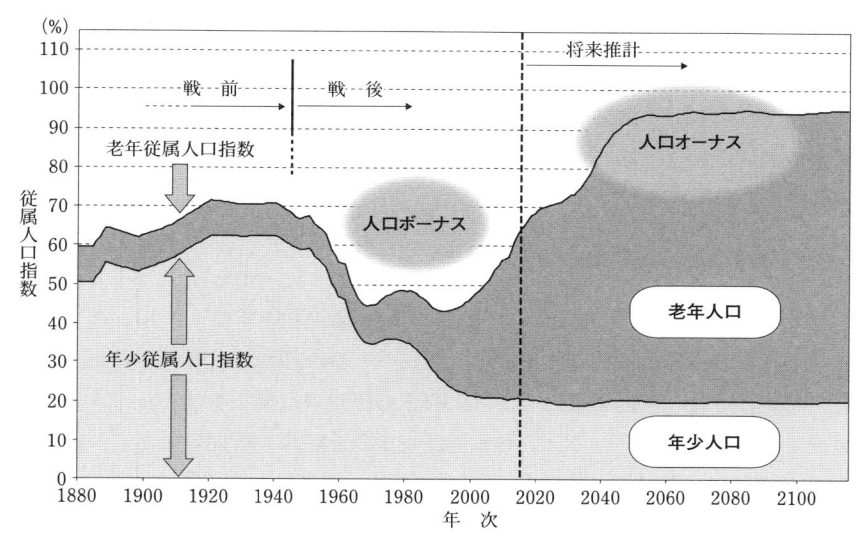

図1-2 人口ボーナスと人口オーナス（明治期-21世紀-2110年）

出所：総務省統計局「国勢調査」「推計人口」，国立社会保障・人口問題研究所「日本の将来推計人口（平成29年推計）」推計出生中位・死亡中位推計.

は典型的な人口ボーナスを形成していた．しかも，日本の人口転換過程は速やかで短期間に完了するものであったため，人口ボーナスの程度が強く，まれに見る高い経済成長を促進したものと考えられる．

　なお，人口ボーナスとは人口転換の必然的な副産物であるから，どのような社会にでも近代化の過程で必ず生ずるが，ただしそれは一度のみの恩恵である[11]．

　当時の日本人口は経済成長に有利な特徴を多く備えていたが，人口転換によって形成された大きな働き盛り人口は，その多くが地方に生まれていたから，それらの労働力と都市で発達していた産業とがマッチングするために，未曾有の国内人口移動を経験することとなった．たとえば3大都市圏（東京圏，大阪圏，名古屋圏）への移動は，ピークとなる1961年には年間65万人の転入超過を記録した．3大都市圏の人口は1947年の2,638万人から1970年には4,827万人へと83%の増加を示し（3大都市圏以外の同時期の人口増は9.0%），総人口に占める3大都市圏の人口構成比は33.8%から46.1%へと上昇した．

　都市に移り住んだ世代を中心に，世帯は核家族化，単身化が進行した．平均

世帯規模は 1950 年 5.02 人から 1970 年の 3.73 人へと縮小し，世帯の総数は 64％ も増大した（同時期の人口増加は 24％）．ただし核家族化は，当該世代の成人きょうだい数の増加という人口学的状況の下で起きており，親とあととり夫婦の同居という，いわゆる直系家族型の世帯は必ずしも減少することはなく，同規模で存続した．

(3)　1975 年から現在までの人口動向

　1970 年代に人口と経済は新たな局面を迎える．1973 年のオイルショックをきっかけに日本経済は高度成長から低成長へと切り替わったが，あたかもこの経済基調の変化と呼応するかのように日本の出生率は低下を始めた．人口置換水準を下回る出生率の低下，いわゆる「少子化」時代の幕開けである．直前の 70 年代前半は団塊世代の家族形成期に当たり，結婚数，出生数ともに増大し，第二次ベビーブームを形成していたが，70 年代後半は家族形成の主役がその後の小さな世代に引き継がれ，上記の出生率低下と相まって出生数をみるみる減少させていった．1975 年 190 万から，1985 年には 143 万に，さらに 1990 年代に入ると 120 万前後に減少した．この間，経済は 70 年代後半から 80 年代前半の安定成長，80 年代後半から 90 年代始めのいわゆるバブル経済，さらにその後の長期の低迷へと，めまぐるしい変動を示したが，少子化の傾向は 70 年代半ばから一貫して続いており，現在へと続く人口高齢化の著しい促進と人口減少をもたらした[12]．実際，人口高齢化率は，1970 年に初めて 7％ を超えて以降上昇を続けており，2015 年国勢調査結果では 26.6％ となっている．また，総人口は 2008 年をピークにすでに減少を開始し，同国勢調査では約 100 万人の減少を記録した．しかし，次節に示すとおり，これらの人口変化は今後に本格化する変動の序章に過ぎない．

　ここまで日本の人口と社会の変化について駆け足で見て来たが，次節では現在われわれが直面している人口変動，すなわち人口減少と少子高齢化について，付随する課題も取り上げながら詳しく見ていこう．

3　今後の人口動向とその捉え方

(1)　人口減少

　図 1-1 に明らかなように，わが国の人口は今後減少に向かう．2015 年国勢調査現在，総人口はピークをわずかに過ぎたところであり，いまだ緩やかな動きを示しているに過ぎない．しかし今後は，人口減少がしだいに加速し，2022 年以降になると年間の減少数が 50 万人を超える[13]．さらに 2040 年代以降では毎年 90 万人程度の減少が恒常的に続くことになる．その結果，2015 年現在で 1 億 2,709 万人を擁した人口は，2053 年には 1 億人を下回り，50 年後の 2065 年には 8,808 万人と，当初の人口から 3,902 万人，30.7％ を失うことになる．この減少数は現在の人口上位 4 位までの都府県（東京，神奈川，大阪，愛知）を合わせた人口より多い．

　この人口減少の社会経済に対するインパクトは，一般には，たとえば労働力供給や市場規模の縮小などによる経済成長の阻害，自治体や地域コミュニティの機能低下などが挙げられる．人口減少の影響は，人口高齢化による世代構成の不均衡を介した社会保障制度，財政の課題などとも不可分であり，実際はさらに大きな広がりがある．ただし，人口規模が小さくなること自体に本質的な問題があるのではない．人口規模が小さくても豊かな国は世界に数多く存在する．たとえば日本との人口比で，ドイツは 64％，イギリスやフランスは約 50％，スウェーデンは 7％，スイスは 6％ である．日本よりはるかに小さな人口でも豊かな社会を営んでいることがわかる．日本の場合に問題となるのは，反転下降で人口減少社会に突入すること，そしてその変化ペースがきわめて急なことである．これまでの日本は，消費も労働力も右肩上がりを前提にしくみが作られてきた．これが一気に右下がりへベクトル転換するのであるから，基本的にしくみの再構築が必要となるが，人口減少のペースが急激なために，その対応が間に合わない可能性が高い．とくに，過去の成功体験にすがる傾向は潔く廃さねばならない．制度・施策，経営手法等の安易な焼き直し程度で対応できる事態ではないことを理解すべきである．

　さて，図 1-1 では 2115 年までの人口推移が推計されている．これは 2065 年

までの精密な将来推計に，2065 年時点の生残率，出生率，国際人口移動の水準をその後も一定とした機械的な推計（参考推計）をつないだものである．推計方法は簡易であっても，超長期の推計には重要な役割がある．現状を反映した仮定に基づく人口変化の長期の帰結を見ることで，さまざまな現状が将来に対して持つ影響力を知ることができる．そこで長期推計の結果を見ると，2100 年の日本人口は 6,000 万人を割り込み（5,972 万人），100 年後の 2115 年には約 5,000 万人（5,056 万人）となる．これは，もし現在の成り行きに任せれば，来世紀初頭までに日本は約 60% の人口を失うことを意味している．さらにこの最終年（2115 年）の人口増加率－1.10% を用いて，その先の推移を算出すると，147 年後（西暦 2261 年）には日本人口は 1,000 万人を下回り，355 年後（西暦 2470 年）には 100 万人を下回ることになる．もちろんこれらは「予測」ではないが，現在の日本社会が一般的想定以上に持続可能性を欠いた状況にあることを如実に示している．

　さて，わが国は，なぜこれほど性急な人口減少に直面しているのだろうか．その理由はひとえに少子化の程度と継続に帰することができる．1970 年代半ばに少子化が始まって以来，40 年以上が経過し，今後はその時代に生まれた小さな世代が親となっていく．その出生力水準は人口置換水準の 70% 程度であるから，人口規模の小さな親世代からさらに 70% に縮小した次世代が生み出される構図である．文字通りの縮小再生産であり，急速な人口減少は避けられない．仮にこれらの世代が，今直ちに置換水準の 100% の出生力を実現したとしても，親世代の縮小が今後 40 年間続く効果は今から変えることはできない．このため，少子化が解消したとしても，人口減少は 2070 年代まで止めることはできず，その間に 2 割以上の人口が失われる計算になる．

　こうした状況に対する考え方は 2 つある．人口減少が止められないとはいえ，少子化が解消しなければ，上述のとおり人口減少はどこまでも進み，社会に持続可能性はない．逆に少子化が解消されれば，当面の人口減少は止められなくとも緩和することができ，将来における社会の持続可能性が確保される．したがって，社会の存続を前提とすれば，少子化解消への努力は必須である．ただし，少子化はそれほど簡単にコントロールできるものではないし，社会経済の発展を何より優先してきた姿勢そのものが少子化を招いたことを理解するなら，

すくなくとも出生率に直接働きかけるようなことはするべきではない．上述のように人口規模が小さい社会へ移行すること自体を恐れる必要はないから，それを含む新しい人口・社会レジームに対応した社会経済システムの再構築を進めることが，少子化のセッティングを是正することに繋がるはずである．

(2)　人口高齢化

再び図 1-1 に戻る．総人口の推移曲線は，ピーク年次を中心に左右対称に見えるが，これは過去に人口が増加してきたペースと今後減少していくペースが同じくらいであることを意味する．しかし，それは過去に一度経験した人口状況を逆回しで再び経験していくということではない．そのことは，図中でパターン分けをして示した人口の年齢構成変化によって明らかである．すなわち，人口増加局面における年齢 3 階層の内訳と，減少局面におけるそれの違いは大きく，仮に人口規模が同じになる 2 時点を比較しても，人口や社会の内情がまったく違うということが推断できる．

とくにグラフの上層に示した「老年人口」（65 歳以上人口）部分は，人口の上り坂においては縁取りにしか見えないほど層が薄いが，その割合が 1970 年に 7％ を超えた頃よりしだいに増幅し，下り坂に至る頃には総人口の 4 分の 1 を優に超えることとなり，その存在感は格段に増す．過去に日本人口が 1 億人に達した年，1967 年を例に取ると，その年の高齢人口（65 歳以上人口）は 667 万人，高齢化率（総人口に占める割合）は 6.6％ であった．一方，将来 1 億人を割り込む直前の年次にあたる 2052 年の高齢人口は 3,793 万人 37.9％ と推計されている．これら 2 つの年次は同じ人口規模であるにもかかわらず，後者では高齢者は実に 5.7 倍存在することになり，たとえば医療や介護などに対する高齢層の施策ニーズについて考えたとき，この 2 つの社会は互いにまったく別世界の存在であることがわかるだろう．

このように上り坂と下り坂では，社会の成り立ちがまったく異なるのであるから，人口高齢化を基調とする今後の社会は，まったく未知の領域であることを自覚すべきである．前節で述べたように，現行の社会経済制度はすべて人口成長時代に構築されたものであり，それらが人口減少社会において十分機能するかどうかは疑わしい．多くの場合，理念からの再構築が必要となるだろう．

この点については第4節において，すこし検討してみたい．

　人口高齢化を示す指標としては，高齢化率（65歳以上人口割合）が一般的である．明治期から戦前の高齢化率は概ね5%前後であった．戦後は1955年5.3%，東京オリンピック1964年6.2%，大阪万国博1970年7.1%，バブル末期1990年12.0%など，概して緩やかに，しかし着実に上昇を示してきた．しかし，90年代以降は上昇ペースが上がり，2005年には20.1%で世界のトップに躍り出た．最近では2014年には25%を上回り，2015年国勢調査結果では26.6%と，高齢化率世界一となって10年を経た今でも上昇は性急である．2020年東京五輪の頃には29%に達し，世界第2位のイタリアになんと4ポイント，3位ドイツに6ポイントも水をあけることになりそうだ（United Nations, 2015）．その後は，2025年に30.0%に達し，2050年代中頃の38%台まで上昇する．そして2065年には38.4%となっている．

　ところで，高齢化率は高齢化の実相を少々過小に表現する指標である．それは高齢人口を一塊として見る指標だが，塊の中を詳細に見ると，今後の日本では高い年齢層ほど増加傾向が著しく，高齢人口の中での"高齢化"が進行する．たとえば，2030年の65歳以上人口は2015年と比べ約9.7%増えるが，75歳以上は40%増，85歳以上は68%増，100歳以上に至っては211%増となる．したがって65歳以上を一塊で扱う高齢化率は，高い年齢層ほど増加率が高いという人口高齢化の非常に重要な側面を取りこぼしており，高齢化の深刻さを過小評価していることになる．したがって，高齢化率は，本来は高齢化に関連した政策ニーズの把握や市場予測などに必ずしも適した指標ではない．

　少子高齢化を表す指標には他に平均年齢，中位数年齢などがある．中位数年齢とは，人口を二分する年齢のことである．たとえば2015年では46.7歳となっており，この年齢より若い人口，年長の人口がそれぞれ半分ずつとなる．過去では，たとえば1960年では25.6歳で，この頃は国民の半数が青少年以下であったことがわかる．将来を見ると，2065年では55.7歳であり，なんと国民の半数以上がかつての定年年齢より上となる．人口高齢化の深刻さを定量化することは意外に難しいが，医療・介護需要の見通しなど正確さが要求される分析では，少なくとも性・年齢別に行うことが推奨される．

　人口高齢化が，生産年齢人口に対する老年人口を相対的に拡大して，社会の

扶養負担を増加させる側面は，従属人口指数で計量される．前節，図1-2にお
いて，従属人口指数を用いた人口ボーナスと人口オーナスの説明を行った．日
本でも今後負担（従属人口指数）は増え続け，2065年頃にはほぼ1.0（94.5
％）すなわち働き手1人が自分以外に1人分を支えることとなる．この1人分
のうち0.8人は高齢者である．そして忘れてならないのは，遅れて近代化を果
たした世界の途上国は今後次々と人口ボーナス期を迎え，経済の躍進が見込ま
れることである．日本の本格的な人口オーナス期はそうした中でやってくる．

(3) 超少産多死社会

図1-3に，日本の出生数，死亡数の長期推移を示した．戦前，増加傾向にあ
った出生数は，戦後2つのベビーブームを経験しながらも急速な減少に転じて
いる．とりわけ1970年代半ばからの少子化は，年々の出生数を減らすと同時
に，後に再生産を担う世代をも減らしていることになるため，いわゆる縮小再
生産のスパイラルにより，今後の出生を直線的に減らしていくことがわかる．

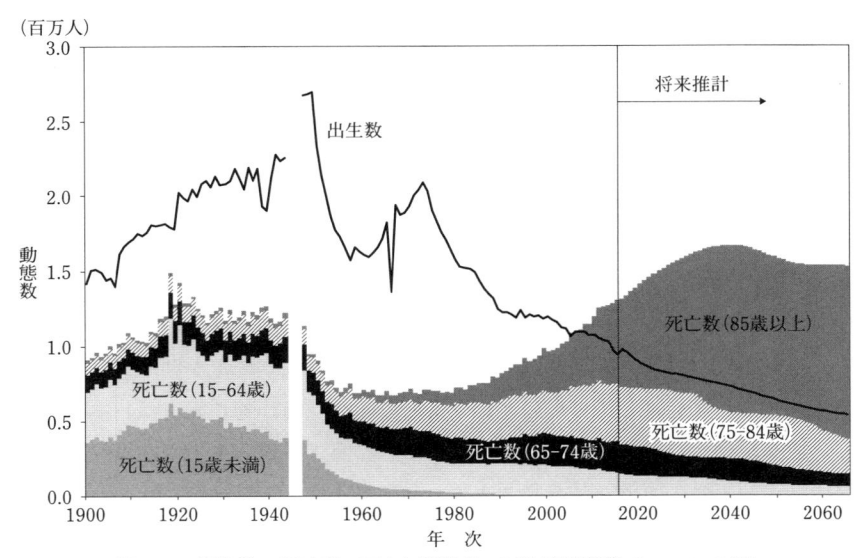

図1-3 出生数・死亡数（死亡年齢構成）の超長期推移（1900-2110年）

出所：厚生労働省「人口動態統計」，国立社会保障・人口問題研究所「日本の将来推計人口（平成29年推計）」
　　　出生中位・死亡中位推計，数値は「日本人」人口について．

そうしたことは将来推計を含む長期の時系列を観察することによって，明瞭に理解される．すなわち，合計（特殊）出生率が人口置換水準下にある限り，このサイクルから抜け出すことはできない．

　一方，死亡数も戦後急速に減少した．しかし，人口高齢化の進展にともなって，1980 年代からは増加に転じ，今後も 2040 年前後のピーク（160 万人台）に向けて急増が続く．結果，出生数と死亡数の差，自然動態はマイナスで拡大しており，急速な人口減少をもたらすことは前述のとおりである．いわば「超少産・多死社会」の到来である．死亡数の急増は，過去の長寿化によって高齢まで先延ばしされてきた死亡が今後に顕在化するものであり，そのことは図 1-3 に描かれた死亡年齢による死亡の内訳を見ればわかる．すなわち近年高齢死亡，とりわけ 85 歳以上の死亡増大が著しく，逆に見ればこの年齢層に至る生存率が高まっていることになる．このことは今後，人生の終末期に関する状況がこれまでとは一変することを意味する．終末期における寝たきり介護や延命治療などについての量的，質的な準備が急がれるとともに，看取りの在り方について議論を深めていく必要があるだろう．

4 おわりに——「試練」への挑戦

　本章では，駆け足で過去の日本の人口と社会の動向を見た後，今後の動向とそれらがもたらす課題について概観した．動向にせよ，課題にせよ，取り上げた事例は一部に過ぎない．その全体はわが国が 21 世紀を通して向き合うものであり，これらの影響による変化は経済社会のあらゆる分野で複雑に展開していくだろう．人口減少・少子高齢化の実相は，実は実際に経験してみなければわからないことが多い．わが国はこの未知の領域に最初に足を踏み入れ，前述のとおり今世紀を通して世界の先頭を進むことになる．他の国々は日本の成功と失敗を注視しながら後に続くだろう．これは日本にとって大きな試練だが，見方によっては国家的なビジネスチャンスと見ることもできる．

　そもそも人口減少・少子高齢化は，近代化にともなう健康・長寿の増進や家族形成等のライフコース選択の多様化という，本来望ましい変化の付随的な帰結である．少なくとも人口高齢化は文明進展の必然であり，もはや過去に戻る

ことはなく，人類史の一段階として受け入れるべき現象とみることができる．
一方，人口減少は必然とはいえず，これが今世紀後半以降も続くようであれば，
市場の失敗ならぬ「社会の失敗」といえるかも知れない．この点について，われ
われは過去どこかで道を間違えた可能性があるだろうか．

　日本はいまだ大きく道を外れてはいないと考える．われわれが努力して獲得
してきたものは価値あるものが多い．それはまず健康・長寿である．たしかに
長寿化によって高齢者は量的に増大したが，それは過去にはあり得なかったほ
ど健康な高齢人口である．各年齢での平均余命をその年齢層の平均的健康度と
見なす考え方がある．たとえば1960年の65歳時平均余命と同じ値を2010年
で探すと，男性74.8歳，女性76.5歳であり，健康度で見た高齢への境は男女
とも約10年遅くなっている．将来についても同様に推計すると，2060年には
男性79.3歳，女性81.0歳が境となり，この頃には「高齢者は80歳から」と
なりそうである．時代によって変わるこの高齢者の定義年齢（平均余命等価年
齢）を用いて，高齢化指標を再計算した結果を図1-4に示した．

　図では，a）高齢化率と，b）従属人口指数（人口オーナスの指標）の2つ
の時系列を描いているが，対となった棒グラフの左がこれまで見てきた通常の
暦年齢による指標推移であり，右が新たな定義による指標推移である．一見し
てわかるように，健康を考慮した高齢定義を用いると人口高齢化の将来像はま
ったく違ったものとなる．新しい高齢化率は2060年でも現在より小さく，従
来の半分程度であり，人口オーナスの方は今後ほとんど増えない．これは高齢
者の健康という質的側面を活かせば，高齢化を克服できることを示している．
他にも，たとえば高齢人口の教育水準の改善を考慮すれば，高齢人口の経済的
価値（人的資本量）はさらに高まり，将来像はより明るいものとなろう．人口
は量でなく，質で計る時代が来ている．ただし，これらの将来像は質の向上を
正しく活かすことができた場合の理想像であることを忘れてはならない．現行
の暦年齢一律の経済，社会のしくみは理想からはほど遠く，根本から新しいし
くみを構想する必要がある．努力して得た日本人の質向上の真価を正しく引き
出すことこそ，まずわれわれが取り組むべき挑戦である．

　一方で人口減少を導いた「社会の失敗」については，深い反省と洞察が必要
であろう．道を誤らせたものは，われわれが過去に置き去りにしてきたものの

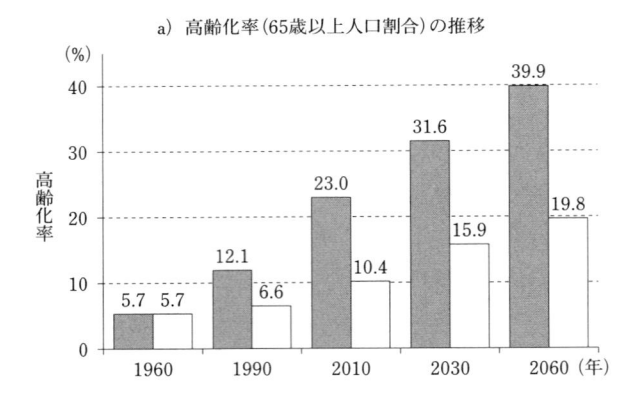

a) 高齢化率（65歳以上人口割合）の推移

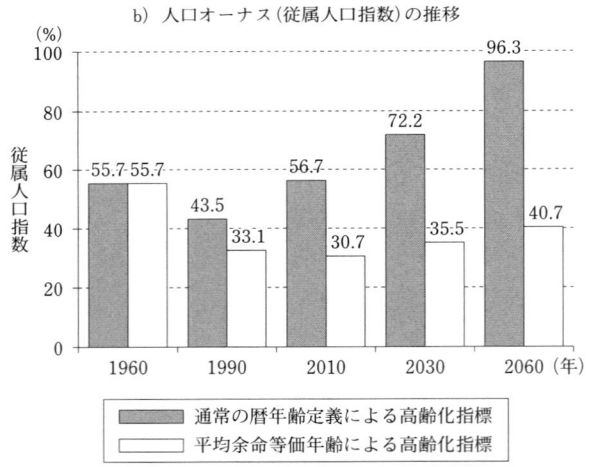

b) 人口オーナス（従属人口指数）の推移

凡例：
■ 通常の暦年齢定義による高齢化指標
□ 平均余命等価年齢による高齢化指標

図 1-4　1960 年基準平均余命等価年齢による高齢化指標
出所：2010 年以前は「完全生命表」，2030 年，2060 年は「将来推計人口（平成 24 年 1 月推計・死亡中位仮定）」を用いて算出．

中にあり，それを取り戻す必要がある．それはおそらく後に続く世代への「まなざし」の様なものではなかったか．われわれは将来世代への投資をどれだけ真剣に考えてきただろう．これだけ経済社会を発展させてきたわれわれのやり方で，なぜ少子化には歯が立たないのだろうか．豊かさの中で，一向に改善しない「少子化」は，われわれにどんなメッセージを発しているのか．本来の道への軌道修正が利かなくなる前に，われわれはそのメッセージの正確な意味を

見つけ出す必要がある．残された時間はそれほど多くはない．

注

1)　統計上，月別に見た日本の総人口のピークは2008年12月1億2,809万9,049人となる（総務省統計局「国勢調査結果による補間補正人口——平成7年及び12年国勢調査の結果による補間補正」より）．

2)　日本で初めて近代的な人口調査が行われたのは，1972（明治5）年に明治政府が戸籍作成のために行った全国調査であるが，その後は1920年の第1回「国勢調査」まで全国調査は行われておらず，明治期について得られる人口データは，戸籍による本籍人口のみである．内閣統計局の推計はこれを元にしている．

3)　1901年オーストラリア，1907年カナダ，1924年米国と相次いで日本からの移民が禁止され，南米のみが残ったが，1934年ブラジルなどでも移民制限が行われるに及んで海外移民の道は閉ざされた．

4)　当時 Warren S. Thompson は，『世界の危険地帯』の中で，人口と資源の不均衡が戦争誘発の最大の危険因子であることを指摘し，そうした地域の中に日本周辺を挙げたが，この予見は現実のものとなった（Thompson, 1929）．

5)　政府は1941年には『人口政策確立要項』を閣議決定し，本格的な人口増加政策に乗り出した．それは「東亜における指導力を確保」するため，内地総人口の目標を1960（昭和35）年1億人に定め，その方策として結婚の促進，夫婦の子供数増加，産児制限禁止などによる出生の促進，死亡率の改善，国民資質の増強を行うとするものであった．いわゆる「産めよ殖やせよ」を標語とする人口政策である．

6)　アフリカをはじめ途上地域の人口と開発の状況については，第11章を参照のこと．

7)　連合国軍総司令部経済科学局調査統計部（GHQ-ESS）によると，この期間の引揚者数は約625万人で，出国を差し引いた純増は約500万と見積もられる．

8)　この時期の出生低下は，直接的には1948年に最初に制定された「優生保護法」による人工妊娠中絶，優生手術の法的認可と，その後の経済的理由への適用範囲拡大の効果が大きい．1949年に届け出られた人工妊娠中絶数は約24万6,000件であったが，1955年にはおよそ117万件で，出生数との比は68％に達している．

9)　従属人口指数は，年少人口（0-14歳人口）と老年人口（65歳以上人口）の和を，生産年齢人口（15-64歳人口）で除した比であり，社会全体の扶養負担を表す指標である．その数値は，1人の働き手が自分以外に扶養しなくてはならない人数の平均値に相当する．

10)　人口ボーナスは経済成長を促す多くの要因の1つであり，それだけで十分なわけではないが，重要な背景要因として，必要条件の働きをしていると考えられる（Bloom and Williamson, 1998）．

11)　人口ボーナスを生産年齢人口の増加に伴う労働力供給増大の効果と，その後の貯蓄率上昇による資本供給の増大効果とに分け，それぞれ第1，第2の人口ボーナスと呼ぶことがあるが，それらは連関した過程であり，全体として一度しか生ずる

　　ことはない．なお，人口ボーナスの後には，通常人口高齢化にともなう従属人口指
　　数の高騰が生ずる．これは人口オーナスと呼ばれる．
12)　少子化の詳細と分析については，第6章を参照のこと．
13)　本節におけるわが国の将来推計人口の数値は，「日本の将来推計人口（平成29
　　年推計）」による．

参考文献

岡崎陽一（1986）「明治大正期における日本人口とその動態」『人口問題研究』178：
　　1-17.
国立社会保障・人口問題研究所（2012）『日本の将来推計人口（平成24年1月推計）
　　──平成23（2011）年-平成72（2060）年』人口問題研究資料第326号.
国立社会保障・人口問題研究所（2013）『日本の世帯数の将来推計（全国推計）──
　　平成25年1月推計』人口問題研究資料第329号.
国立社会保障・人口問題研究所（2017）『日本の将来推計人口（平成29年推計）──
　　平成28（2016）年-平成77（2065）年』.
内閣統計局編（1930）『明治五年以降我国の人口』（調査資料　第3輯），内閣統計局.

Bloom, D. E., and Williamson, J. G. (1998) "Demographic Transitions and Eco-
　　nomic Miracles in Emerging Asia," *The World Bank Economic Review*, 12(3):
　　419-455.
Thompson, W. S. (1929) *Danger Spots in World Population*, Alfred A. Knopf.
United Nations (2015) *World Population Prospects: The 2015 Revision*, United
　　Nations, Department of Economic and Social Affairs, Population Division.
　　⟨http://esa. un. org/unpd/wpp/.⟩ (last access 2017/02/15).

第2章 人口学的要因からみた地域人口の変化と将来像

山内昌和

小池司朗

江崎雄治

1 はじめに

　地域人口の変化は，当該地域のみならず，国や地方自治体，企業等を含めた社会全体に様々な影響を及ぼす．したがって，地域人口の変化のメカニズムを明らかにし，その上で将来人口を見通すことは，今後の日本社会を展望する上で極めて重要な意味を持つ．

　地域人口の変化は，全国のそれとは必ずしも一致しない．前章でみたように，全国人口は2008年をピークに人口規模が増加から減少に転じている．これに対して都道府県や市区町村では，長きにわたって減少の続く地域や依然として増加の続く地域，あるいは増加と減少を繰り返す地域などがあり，その変化の仕方は多様である．

　一方，地域人口の変化には全国と共通する側面もある．それは年齢構造の高齢化である．高齢化を表す指標の1つに総人口に占める65歳以上人口の割合である高齢化率がある．高齢化率は人口増加率の高い地域ほど低く，反対に人口増加率の低い地域ほど高い傾向にある．しかし，人口増加率の高い地域でも，高齢化率は上昇傾向にある．例えば，2010年の「国勢調査」を基に全国1,750市区町村[1]における高齢化率の分布をみると，1980年と比較して2010年の方が高い値を示しており（表2-1），個別の市区町村単位でみても東京都青ヶ島村と沖縄県座間味村を除く1,748市区町村で上昇していた[2]．

　こうした年齢構造の高齢化は，どのような過程を経て生じ，地域の人口規模の変化とどのように関連しているのであろうか．さらにこの年齢構造の高齢化は今後の地域人口の変化に対してどのような影響を与え得るのであろうか．

表 2-1　市区町村別にみた高齢化率の分布　　　　　(%)

年	最小値	第1四分位値	中央値	第3四分位値	最大値
1980	3.7	9.0	11.4	13.5	27.9
2010	9.2	22.5	27.3	32.2	57.2

注1：2010年10月1日現在の1,750市区町村を対象とした.
注2：65歳以上人口割合は, 年齢不詳を含まない65歳以上人口を総人口で割った値である.
出所：「国勢調査」.

　本章では, 地域の多様性に留意しつつ, 1950年以降2010年までの地域人口変化のメカニズムを人口学的に解明した上で, 年齢構造の高齢化が将来の人口変化に及ぼす影響を整理し, 今後の地域人口の見通しについて論じる.

2　既存研究と本章の視点

　地域人口に関する研究は様々な観点からなされているが, このうち人口学的な研究では[3], 全国的な地域差を念頭に地域人口の変動を論じた比較的新しい成果として, 石川編 (2007), 石川ほか編 (2011), 吉田・廣嶋編 (2011), 江崎 (2006) がある.

　石川編 (2007) は, 地域人口の変化に大きな影響を及ぼす人口移動の分析を多面的に行った点に特徴があり, 序章を除く11章のうち9章が人口移動に関する論考で占められている.

　石川ほか編 (2011) は, 人口地理学の入門的な教科書であり, 地域人口に関する話題が数多く取り上げられている. 地域人口の規模の変化について, 主に12章と13章で大都市と地方に着目して論じている.

　吉田・廣嶋編 (2011) は, 全体としては地域政策について論じたものだが, 地域人口の変化や見通しについても言及している. 第1章で将来人口, 第2章で出生や死亡, 第3章で人口移動について説明し, うち第2章では人口規模の変化と人口動態との関連についても考察が加えられている.

　江崎 (2006) は, 対象地域が東京大都市圏に限られているものの, 当該地域の人口規模や年齢構造の変化を主として人口学的要因から論じており, 本章とも近い着眼点を持つ.

　本章では, これらの研究を踏まえ, 人口学的な要因に注目して過去の地域人

口がどのように変化したのかを明らかにし，今後の人口変化を展望する[4]．以下，3 節ではまず地域区分を行った上で，1950 年以降の地域人口の規模の変化を整理する．4 節では，人口規模の変化と人口動態数との関係について整理し，人口動態数の変化を人口動態率に加え年齢構造や人口分布と関連付けて論じる．5 節では，人口動態数の変化と関連する年齢構造について人口ピラミッド等を用いて整理し，高齢化した年齢構造が持つ人口動態数や人口規模の変化に及ぼす影響を簡単なシミュレーションで確認する．6 節では，国立社会保障・人口問題研究所（以下，社人研とする）の地域人口の将来推計を紹介し，2013 年 3 月に公表された推計結果（国立社会保障・人口問題研究所，2013）を利用して今後の地域人口の変化を概観し，7 節で全体をまとめる．このような試みを通じて，地域人口の変化にみられる地域差がタイムラグを伴った共通のメカニズムに起因する現象であることや，将来人口の推計とその結果についての理解を深めることが可能になると考えられる．

3　地域別にみた人口規模ならびに人口分布の変化

(1)　地域区分

　地域人口について論じる上で地域区分をどのように行うかは，論じる課題や入手可能なデータによって異なる．本章では，日本の地域人口の変化を中・長期にわたって俯瞰することを目的としているため，原則的には都道府県を単位として大都市圏と非大都市圏に分け，これら 2 つの地域について論じる（表 2-2 の地域区分 A）．なお，大都市圏は転入超過の地域，非大都市圏は転出超過の地域におおむね相当する．

　しかしながら，大都市圏内，非大都市圏内の様相は一様ではない．そのため必要に応じて，下位の地域区分を設ける．表 2-2 の地域区分 B では，大都市圏を東京大都市圏と他の大都市圏に，また非大都市圏を地方中核都市を有する北海道，宮城県，広島県，福岡県の 4 道県と他の非大都市圏にそれぞれ 2 区分した．表 2-2 の地域区分 C では，都道府県内の地域差を考慮し，地域区分 B の 4 地域をそれぞれ都市雇用圏内外の市区町村に区分した（金本・徳岡，

表 2-2　本章で用いる地域区分

地域区分 A		地域区分 B		地域区分 C	
名称	都道府県	名称	都道府県	名称	市区町村数
大都市圏	茨城県, 埼玉県, 千葉県, 東京都, 神奈川県, 岐阜県, 愛知県, 三重県, 滋賀県, 京都府, 大阪府, 兵庫県, 奈良県	東京大都市圏	茨城県, 埼玉県, 千葉県, 東京都, 神奈川県	東京大都市圏の都市雇用圏内	292
				東京大都市圏の都市雇用圏外	65
		他の大都市圏	岐阜県, 愛知県, 三重県, 滋賀県, 京都府, 大阪府, 兵庫県, 奈良県	他の大都市圏の都市雇用圏内	389
				他の大都市圏の都市雇用圏外	140
非大都市圏	大都市圏以外の34道県	4道県	北海道, 宮城県, 広島県, 福岡県	4道県の都市雇用圏内	262
				4道県の都市雇用圏外	204
		他の非大都市圏	上記以外の30県	他の非大都市圏の都市雇用圏内	1,221
				他の非大都市圏の都市雇用圏外	679

注1：市区町村数は「2000年国勢調査」時点の市区町村の数を表す.
注2：都市雇用圏は金本・徳岡（2002）による.

2002）．都市雇用圏は中心市とそこへの通勤・通学率が一定以上の市区町村で構成され，都市雇用圏の内側を都市的地域とみなすことができる．この地域区分Cは，例えば都道府県を単位として設定された他の非大都市圏の中には県庁所在都市やそれに隣接していて転入超過となっている都市的な市区町村がある一方で，転出超過の状態が長らく続く非都市的な市区町村が存在することを踏まえて設定したものである．都市雇用圏の圏域は時間とともに変化するが，本章ではいわゆる平成の大合併以前の市区町村を単位として設定された「2000年国勢調査」基準の都市雇用圏を利用した.

　なお，これら地域区分を地図で示したのが図 2-1 である.

(2)　地域別にみた人口規模の変化

　1950年と2010年の人口規模を比較した表 2-3 によると，1950年時点の大都市圏は3,200万人で総人口の38.2％，非大都市圏は5,200万人で総人口の61.8％を占めていた．2010年になると，大都市圏の人口規模は大幅に増加して7,000万人となり，総人口の54.4％と過半数を占めるようになったのに対し，非大都市圏は5,800万人と微増にとどまり，総人口に占める割合は45.5％となった.

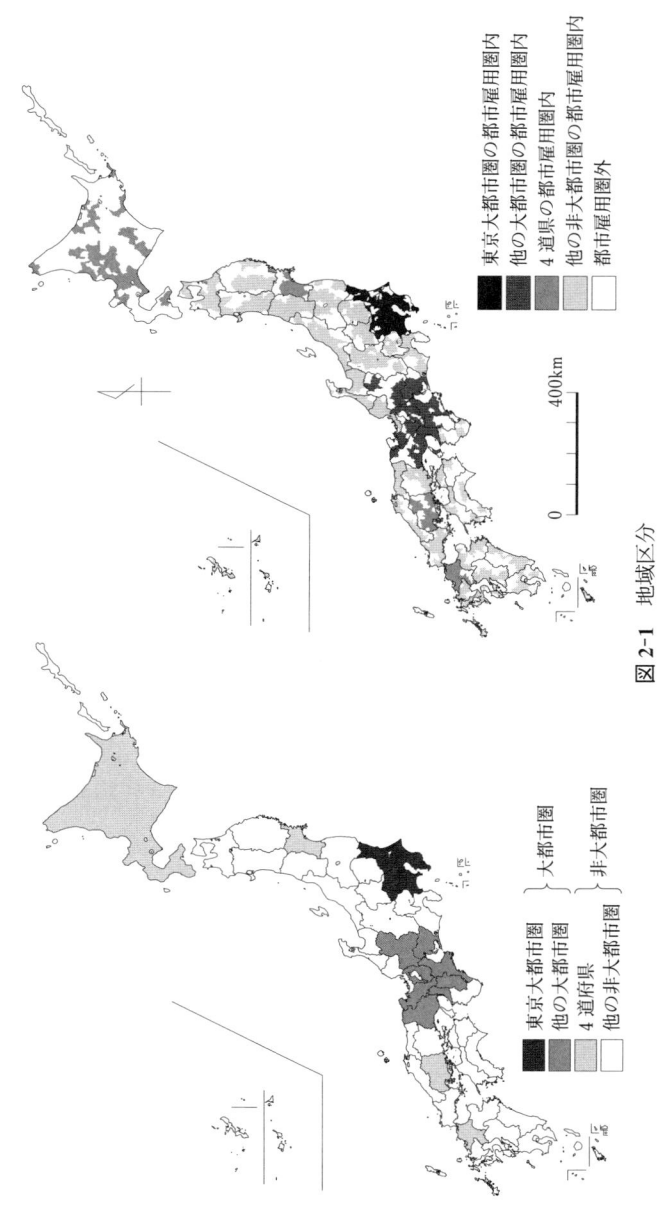

図 2-1　地域区分

注：都市雇用圏は金本・徳岡（2002）による。

表 2-3　地域別にみた人口規模および全国に占めるその割合（シェア）(人，%)

地　域	1950 年		2010 年		2010 年/1950 年×100	
	人　口	シェア	人　口	シェア	人　口	シェア
大都市圏	32,115,712	38.2	69,833,694	54.5	217.4	142.8
東京大都市圏	15,090,065	17.9	38,588,334	30.1	255.7	168.0
東京大都市圏の都市雇用圏内	14,022,241	16.7	37,557,439	29.3	267.8	175.9
東京大都市圏の都市雇用圏外	1,067,824	1.3	1,030,895	0.8	96.5	63.4
他の大都市圏	17,025,647	20.2	31,245,360	24.4	183.5	120.5
他の大都市圏の都市雇用圏内	15,296,313	18.2	30,009,756	23.4	196.2	128.9
他の大都市圏の都市雇用圏外	1,729,334	2.1	1,235,604	1.0	71.4	46.9
非大都市圏	51,998,862	61.8	58,223,658	45.5	112.0	73.5
4 道県	11,571,088	13.8	15,787,302	12.3	136.4	89.6
4 道県の都市雇用圏内	9,082,014	10.8	14,501,833	11.3	159.7	104.9
4 道県の都市雇用圏外	2,489,074	3.0	1,285,469	1.0	51.6	33.9
他の非大都市圏	40,427,774	48.1	42,436,356	33.1	105.0	68.9
他の非大都市圏の都市雇用圏内	31,518,501	37.5	37,335,306	29.2	118.5	77.8
他の非大都市圏の都市雇用圏外	8,909,273	10.6	5,101,050	4.0	57.3	37.6
全　国	84,114,574	100.0	128,057,352	100.0	152.2	100.0

出所：「国勢調査」，統計情報研究開発センター・日本統計協会編（2005），金本・徳岡（2002）.

　図 2-2 は 1950 年を 100 としたときの人口規模の推移を地域別に示したものである．地域区分 A についてみると，大都市圏の人口規模は 1950 年から 1975 年にかけて急増し，その後は増加の勢いがやや衰えたものの，2010 年まで一貫して増加した．対して非大都市圏の人口規模は，1960-65 年に減少を記録するなど 1970 年まではほとんど増加しておらず，以降，緩やかに増加したものの 2000 年を境に減少に転じた．

　地域区分 B についてみると，東京大都市圏の増加は大都市圏の中でもより顕著である．1950 年から 1975 年にかけて人口規模は約 2 倍となり，その後増加の勢いは弱まるものの，他の大都市圏に比べると依然高い伸びが続いた．他の大都市圏も 1950 年から 1975 年にかけて人口規模が大きく伸びたが，その後は増加の勢いが次第に弱まった．東京大都市圏の 2010 年の人口規模が 1950 年を 100 とした指数で 255.7 であるのに対し，他の大都市圏は 183.5 であった．

　非大都市圏の中でも 4 道県と他の非大都市圏では人口規模の変化に差がみられた．1950 年から 1970 年にかけて，非大都市圏全体で人口規模がほぼ横ばいであったが，4 道県では緩やかに増加し，1970 年から 1985 年にかけて増加の

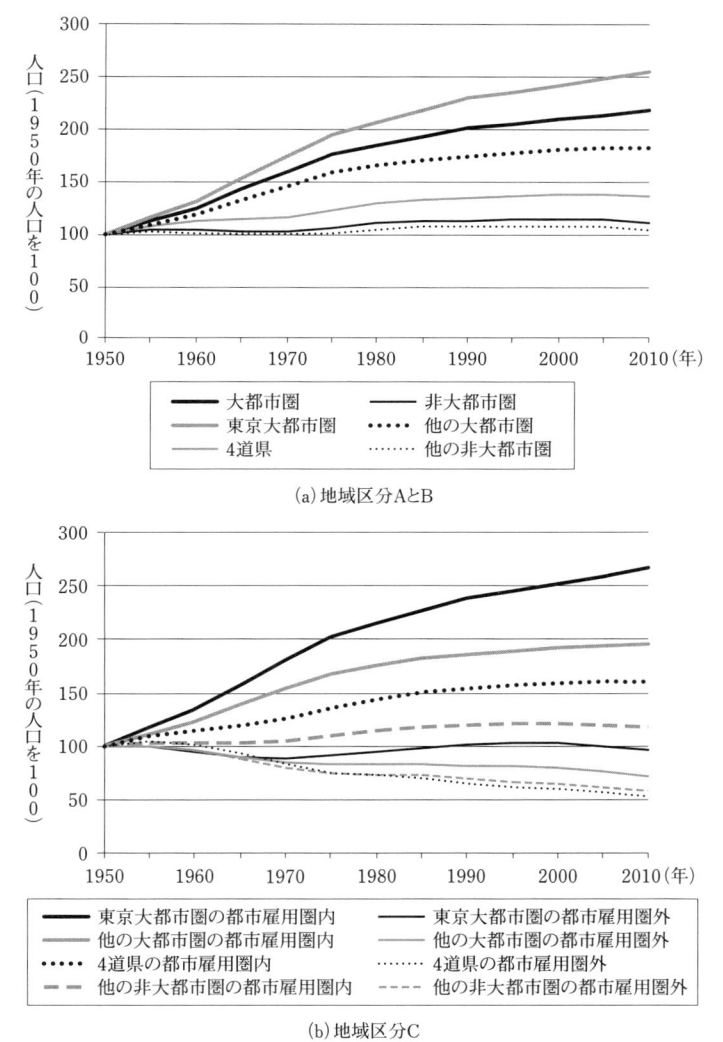

39

(a) 地域区分AとB

(b) 地域区分C

図 2-2　地域別にみた人口規模の推移

出所：「国勢調査」，統計情報研究開発センター・日本統計協会編 (2005)，金本・徳岡 (2002)．

勢いが増した後に次第に衰え，2000年を境に減少に転じた．これに対して，他の非大都市圏では1955年から1970年にかけて減少し，その後一旦は回復したものの，1985年以降は再び減少した．なお，4道県の2010年の人口規模は1950年を100とした指数で136.4であり，他の非大都市圏の場合は105.0と微増にとどまった．

　地域区分Cについてみると，いずれの地域でも都市雇用圏内外で状況は大きく異なる．総じて都市雇用圏内では増加が顕著であるのに対し，都市雇用圏外では減少した．他の非大都市圏を例にとると，都市雇用圏内では1970年以降は人口規模が増加し，ピークとなった2000年の人口規模が1950年を100とした指数で120.7となったのに対し，都市雇用圏外では1955年以降一貫して減少し，2010年の人口規模は1950年を100とした指数で57.3であった．例外的に東京大都市圏の都市雇用圏外でのみ，1970年から1995年にかけて人口規模が増加したが，これは東京大都市圏の人口規模拡大の余波によるものであろう．

4　人口動態数の変化とその要因

(1)　人口規模の変化と人口動態数

　人口規模の変化は，直接的には出生数と死亡数，人口移動数によってもたらされる．図2-3は大都市圏と非大都市圏の5年間の人口規模の変化量（以下では人口増加数とする）を，出生数，死亡数，純移動数の各要素に分けて整理し，1年間の平均値として示したものである[5]．純移動数は符号がプラスの場合に転入超過，マイナスの場合に転出超過を表すので，同図で死亡数の符号をマイナスにすることによって棒グラフで示した出生数，死亡数，純移動数の合計は折れ線グラフの人口増加数となる．また，出生数と死亡数の差である自然増加数についても折れ線グラフで示した．

　図2-3によれば，大都市圏と非大都市圏のいずれも1970-75年までと1975-80年以降では傾向が大きく変化した．1970-75年までは，大都市圏と非大都市圏のいずれも高い自然増加数のもとで純移動数が人口増加数に大きな影響を及

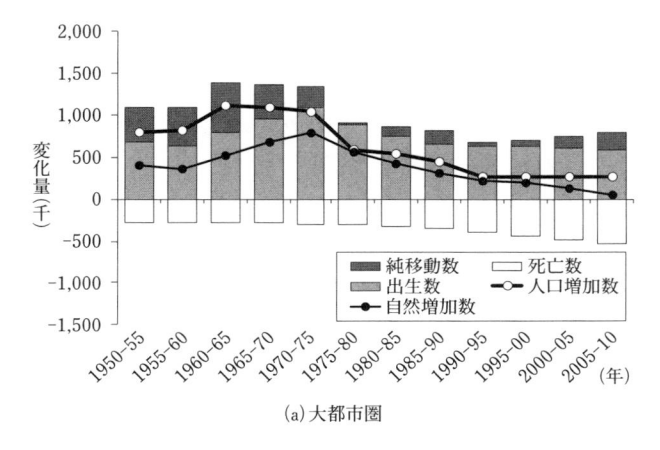

(a) 大都市圏

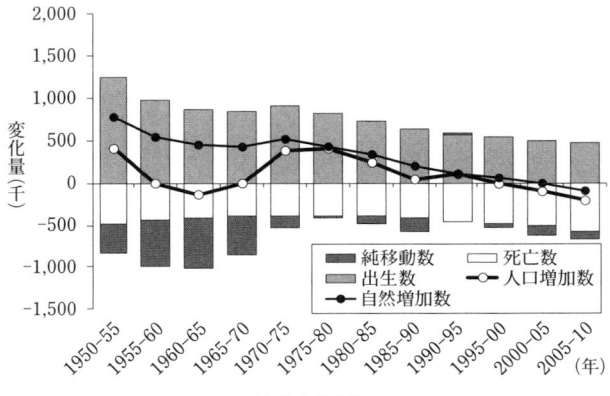

(b) 非大都市圏

図 2-3 大都市圏と非大都市圏の要因別にみた 1 年間の人口変化

注：作成方法は本文を参照のこと.

出所：「国勢調査」,「人口動態調査」.

ぼしていた．この時期に大都市圏と非大都市圏のいずれも高い自然増加数を記録していたのは出生数の多さと死亡数の少なさによるものであった．純移動数は，大都市圏では一貫して大幅なプラス，非大都市圏では大幅なマイナスであったため，前者では高い自然増加数と相まってピーク時の人口増加数は年平均で100万人を超えたが，後者では自然増加数が大幅なプラスにもかかわらず人口増加数は低迷し，1960年代には人口増加数はマイナスであった．

　1975-80 年以降は純移動数が人口増加数に及ぼす影響は大幅に縮小し，相対的に自然増加数が人口増加数に及ぼす影響が強まった．しかしながら自然増加数は一貫して減少した．これは 1970-75 年以降の出生数の減少と 1980-85 年以降の人口高齢化にともなう死亡数の増加によるもので，非大都市圏では 2000-05 年から自然増加数がマイナスに転じ，大都市圏では 2005-10 年にかろうじてプラスを保っている．他方，純移動数については大都市圏でプラス，非大都市圏でマイナスの状態は変わらないが，その絶対的な水準は 1975-80 年以降大幅に低下した．その結果，大都市圏では自然増加数が低下した分だけ人口増加数の水準も低下する傾向にあり，非大都市圏では自然増加数がプラスの間は人口増加数もプラスを保ったが，自然増加数がマイナスに転じた 2000-05 年を境に人口増加数もマイナスに転じた．なお，大都市圏では 2000 年代に入って純移動数がやや持ち直す傾向にあり，そのことが人口増加数の維持を可能にしたが，1975-80 年以降でもっとも高い純移動数を記録した 2005-10 年でも 1970-75 年以前の純移動数に比べると少ない．

⑵　人口動態数の変化をもたらした要因

　上述した人口動態数の変化は，主として合計特殊出生率（Total Fertility Rate，以下，TFR とする）の低下と動態事象の母体となる地域人口の分布ならびに年齢構造の変化によるものである[6]（表 2-4）．

　1950-75 年の各地域の人口規模の変化は出生数の多さと死亡数の少なさ，純移動数の絶対数の多さに特徴づけられる．この時期に出生数が多かったのは，子どもを生む主要な年齢層である 20-39 歳の女性人口が増加しており，なおかつ TFR がおおむね人口の置換水準を保っていたことによる．死亡数が少なかったのは，この時期の高齢者の増加が緩やかであったことと死亡水準の改善が進んだためである．純移動数の絶対数の多さについては，人口移動の主体となる若年人口が非大都市圏に偏って分布し，しかも乳幼児期，子ども期の死亡率低下などにより若年に達する人口の規模が維持されたことによる．例えば，非大都市圏から大都市圏への人口移動の発生元となる非大都市圏の 10-14 歳の人口規模の推移をみると，1965 年までは 1950 年を上回っていた．また，大都市圏と非大都市圏の 10-14 歳人口の分布状況をみると，非大都市圏の割合が

表 2-4　人口動態数の変化と関連する指標

指　標		1950	1955	1960	1965	1970	1975	1980	1985	1990	1995	2000	2005	2010
20-39 歳女性人口	大都市圏	100	117	136	163	189	196	190	183	177	186	192	188	177
(1950 年＝100)	非大都市圏	100	107	110	109	111	111	110	107	97	96	95	92	84
TFR	大都市圏	3.3	2.2	2.0	2.2	2.2	2.0	1.7	1.7	1.5	1.4	1.4	1.2	1.4
	非大都市圏	3.9	2.6	2.1	2.2	2.1	2.0	1.8	1.8	1.6	1.6	1.5	1.4	1.5
65 歳以上人口	大都市圏	100	120	140	168	207	255	314	372	447	555	691	843	1,002
(1950 年＝100)	非大都市圏	100	113	125	141	162	191	225	261	310	377	441	494	539
10-14 歳人口	大都市圏	100	117	137	112	106	127	149	168	137	118	104	99	101
(1950 年＝100)	非大都市圏	100	105	121	102	81	75	75	84	74	66	57	51	48
10-14 歳人口のうち非大都市圏の割合（％）		64.0	61.3	61.2	61.7	57.7	51.3	47.5	46.9	49.1	49.8	49.4	47.9	45.9

注 1：年齢別人口には年齢不詳を含まない．また，沖縄県は含まない．
注 2：大都市圏と非大都市圏の TFR は各地域に含まれる都道府県の単純平均値．都道府県の TFR は 1950 年と 1955 年は厚生省人口問題研究所（1990），他は「人口動態調査」の値．ただし，沖縄県は含まない．
出所：「国勢調査」，「人口動態調査」，厚生省人口問題研究所（1989）．

1965 年までは 60％ 以上，1975 年までは 50％ 以上を占めていた．

　1975-2010 年の各地域の人口規模の変化は出生数の継続的な減少と死亡数の増加，純移動数の絶対水準の少なさに特徴づけられる．この時期の出生数の減少は，TFR の水準が人口の置換水準を下回るようになったことと 20-39 歳の女性人口の規模が停滞ないし減少したために生じた．死亡数の増加は，この時期に高齢人口が急激に増加したためである．純移動数の絶対水準が縮小したのは，人口移動の主体となる若年人口の分布が大都市圏へと偏るようになったことに加え，主に少子化によって非大都市圏の若年人口の規模が縮小したためである．

　このように，人口流入地域を代表する大都市圏と人口流出地域を代表する非大都市圏では人口移動の影響に差はみられるものの，いずれも TFR の低下と年齢構造の変化が人口規模の変化に影響を及ぼしてきた．ここで強調したいのは，過去の人口変化において 20-39 歳女性人口や 65 歳以上人口，非大都市圏の 10-14 歳人口の規模といった年齢構造が人口動態数や人口規模の変化に大きな影響力を持っていた点である．これは，出生数や死亡数，人口移動数が既に存在する人口を前提として生起するものであることを考えれば当然のことであるが，意外に見落とされやすい点である．

　年齢構造は将来人口を見通す上でも重要である．年齢構造は既に確定してい

表 2-5　地域別にみた年齢 3 区分別人口割合　　　　　　　　　　　（%）

地　　域	1950 年			2010 年		
	0-14 歳	15-64 歳	65 歳以上	0-14 歳	15-64 歳	65 歳以上
大都市圏	33.8	61.6	4.6	13.1	65.5	21.4
東京大都市圏	34.0	61.8	4.2	12.6	66.7	20.7
東京大都市圏の都市雇用圏内	33.8	62.2	4.1	12.6	66.8	20.6
東京大都市圏の都市雇用圏外	36.8	57.3	6.0	12.4	62.6	25.0
他の大都市圏	33.6	61.5	5.0	13.8	63.9	22.3
他の大都市圏の都市雇用圏内	33.3	61.9	4.8	13.8	64.2	22.0
他の大都市圏の都市雇用圏外	36.0	57.3	6.7	12.5	57.6	29.9
非大都市圏	36.4	58.4	5.1	13.3	61.7	24.9
4 道県	36.7	58.9	4.4	13.0	63.6	23.4
4 道県の都市雇用圏内	36.0	59.7	4.3	13.1	64.2	22.7
4 道県の都市雇用圏外	39.3	56.1	4.6	11.7	57.1	31.2
他の非大都市圏	36.4	58.3	5.4	13.5	61.1	25.5
他の非大都市圏の都市雇用圏内	36.1	58.7	5.2	13.7	61.8	24.5
他の非大都市圏の都市雇用圏外	37.4	56.7	6.0	11.8	55.7	32.4
全　国	35.4	59.6	4.9	13.2	63.8	23.0

注：年齢別人口割合は，年齢不詳を含まない年齢別人口を年齢別人口の合計値で割って算出した.
出所：「国勢調査」，統計情報研究開発センター・日本統計協会編（2005），金本・徳岡（2002）.

て変わりようがなく，それは将来人口にとっての制約条件とみなせる．この点
は，将来の人口動態率が様々な値を取り得るのとは対照的である．そこで，次
節では改めて年齢構造の変化と現状を確認し，その上で年齢構造が今後の人口
変化にどのような影響を持つのかを検討する．

5　年齢構造の変化と今後の人口変化への影響

(1)　年齢構造の変化

　1950 年と 2010 年の年齢 3 区分別人口割合を地域別に示したのが表 2-5 であ
る．大都市圏と非大都市圏の 2010 年の値を比較すると，大都市圏の方が非大
都市圏に比べて 15-64 歳人口割合が高く，その分だけ 65 歳以上人口割合が低
い．ただし，1950 年との比較でみれば，両地域とも，0-14 歳人口割合が大幅
に低下して 65 歳以上人口割合が大幅に上昇した．こうした傾向は，より細か

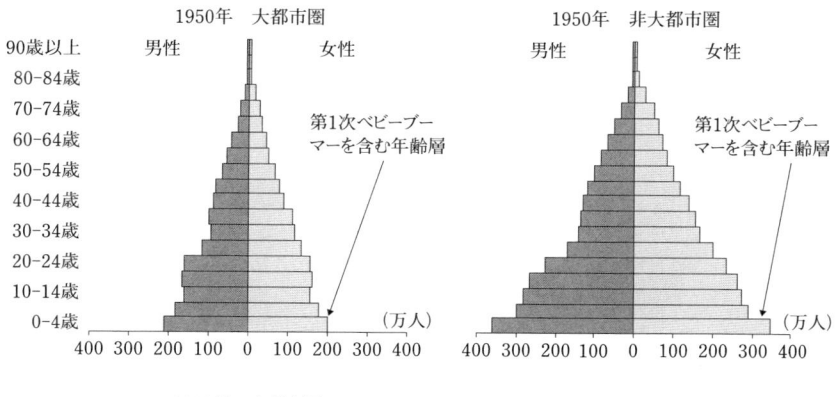

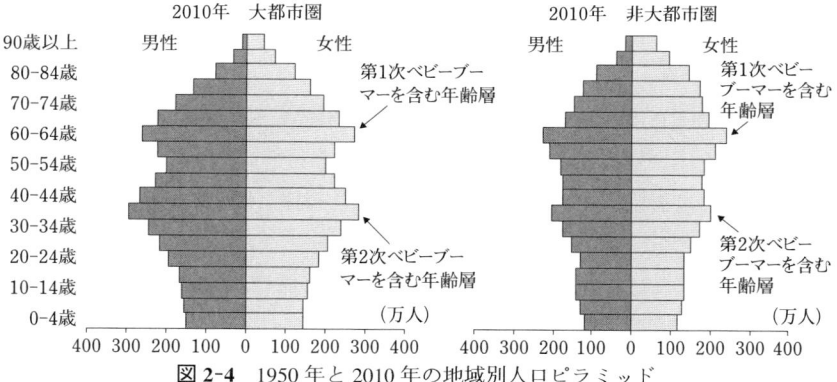

図 2-4 1950 年と 2010 年の地域別人口ピラミッド

注：年齢不詳は含まない。また，1950 年に沖縄県は含まない。
出所：「国勢調査」。

な地域区分 B や C の場合でも同様である．

　年齢構造は人口ピラミッドを用いることで詳細に把握できる（図 2-4）．
2010 年の人口ピラミッドは大都市圏と非大都市圏のいずれも「つぼ型」の形
状であり，1950 年の「ピラミッド型」の形状から大きく変化したことが明ら
かである．2010 年において第 1 次ベビーブーマーを含む 60-64 歳から第 2 次
ベビーブーマーを含む 35-39 歳までの人口規模が比較的大きく，それよりも若
い年齢ほど人口規模が小さいのは，TFR が 1950 年代に人口の置換水準程度に
まで低下し，1970 年代後半以降は更にそれを下回るようになったことを反映

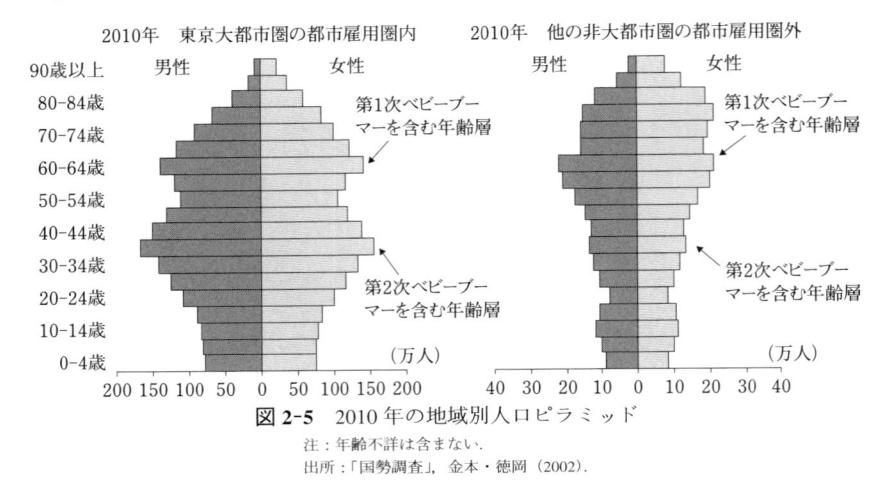

図 2-5 2010 年の地域別人口ピラミッド

注：年齢不詳は含まない．
出所：「国勢調査」，金本・徳岡（2002）.

したものである．また，2010 年にはいずれの年齢でも大都市圏の人口規模が非大都市圏を上回るようになった．これは，主としてこの間の人口移動の結果であり，かつての膨大な人口移動を可能にした一因でもある非大都市圏に偏った人口分布はもはや過去のこととなった．

　2010 年の人口ピラミッドを，先の地域区分 C の中で 65 歳以上人口割合がもっとも低い東京大都市圏の都市雇用圏内と，もっとも高い他の非大都市圏の都市雇用圏外についてみたのが図 2-5 である．このうち東京大都市圏の都市雇用圏内の人口ピラミッドについては，先にみた大都市圏のそれと極めて似た形状である．それに対し，他の非大都市圏の都市雇用圏外の人口ピラミッドは，先にみた非大都市圏と比較してもより極端な「つぼ型」の形状である．後者についてより詳しくみると，第 1 次ベビーブーマーを含む 60-64 歳よりも高齢の年齢層の人口規模がそれより若い年齢層に比べて大きい．また，60-64 歳よりも若い年齢層については，年齢が若いほど人口規模も小さくなる傾向がみられる．これらの特徴は，いずれも過去に生じた人口流出が激しかったことを物語るものである．他の非大都市圏の都市雇用圏外というのは，相対的に TFR が高い地域であったが，それにもかかわらず若い年齢ほど人口規模が小さいのは子どもを生む年齢層が人口流出によって減少していったからである．

　こうしてみてくると，全国的に進んだ TFR の低下が各地域の年齢構造を次

第に高齢化させる中で，人口流入地域では人口移動によって相対的に若い年齢構造が，人口流出地域では相対的に高齢化の進んだ年齢構造が形成されてきたといえる．

⑵　年齢構造が人口変化に及ぼす影響

今後の人口変化を見通す場合には現在の人口が出発点となる．現在の人口が今後の人口見通しにどの程度の制約条件となるのかを理解するために，ここでは人口の年齢構造に着目して，年齢構造の違いが人口変化に及ぼす影響を評価する．その方法は下記の通りである．

まず，総人口が 100 万人で年齢構造の異なる 5 つの人口集団（①男女別の年齢構造が 1950 年の非大都市圏と同じ，②男女別の年齢構造が 1980 年の非大都市圏と同じ，③男女別の年齢構造が 2010 年の大都市圏と同じ，④男女別の年齢構造が 2010 年の非大都市圏と同じ，⑤男女別の年齢構造が 2010 年の他の非大都市圏の都市雇用圏外と同じ）を仮定する．

その上で，これら 5 つの人口集団に対して後述する人口動態率を男女・年齢 5 歳階級別に適用し，1 年間の出生数，死亡数，純移動数，自然増加数，および人口増加数がどのようになるのかを試算する．この試算はあくまで人口動態数を算出することを目的とするものであって将来人口を推計するものではない．

適用する人口動態率のパターンは下記の 4 つである．

ケースⅠ：出生：現状の水準（2010 年全国の年齢別出生率）
　　　　　死亡：現状の水準（2010 年全国の年齢別死亡率）
　　　　　移動：転入超過（2010 年東京都の年齢別純移動率[7]）
ケースⅡ：出生：現状の水準（2010 年全国の年齢別出生率）
　　　　　死亡：現状の水準（2010 年全国の年齢別死亡率）
　　　　　移動：転出超過（2010 年青森県の年齢別純移動率[8]）
ケースⅢ：出生：TFR が 2.1（2010 年全国の年齢別出生率を拡大）
　　　　　死亡：現状の水準（2010 年全国の年齢別死亡率）
　　　　　移動：転入超過（2010 年東京都の年齢別純移動率）
ケースⅣ：出生：TFR が 2.1（2010 年全国の年齢別出生率を拡大）

表 2-6　年齢構造の違いが人口動態数および人口増加数に及ぼす影響

ケース	人口集団の男女別年齢構造	高齢化率	出生数	死亡数	純移動数	自然増加数	人口増加数
ケースⅠ	1950 年の非大都市圏と同じ	5.1	9,836	1,859	7,038	7,977	15,016
	1980 年の非大都市圏と同じ	10.4	10,386	3,630	4,781	6,756	11,537
	2010 年の大都市圏と同じ	21.4	8,880	8,300	3,414	580	3,994
	2010 年の非大都市圏と同じ	24.9	7,754	10,594	2,937	− 2,840	97
	2010 年の他の非大都市圏の都市雇用圏外と同じ	32.4	5,836	14,560	1,953	− 8,724	− 6,772
ケースⅡ	1950 年の非大都市圏と同じ	5.1	9,836	1,859	− 7,148	7,977	830
	1980 年の非大都市圏と同じ	10.4	10,386	3,630	− 5,123	6,756	1,633
	2010 年の大都市圏と同じ	21.4	8,880	8,300	− 4,018	580	− 3,438
	2010 年の非大都市圏と同じ	24.9	7,754	10,594	− 3,781	− 2,840	− 6,620
	2010 年の他の非大都市圏の都市雇用圏外と同じ	32.4	5,836	14,560	− 3,134	− 8,724	− 11,858
ケースⅢ	1950 年の非大都市圏と同じ	5.1	15,314	1,859	7,038	13,455	20,493
	1980 年の非大都市圏と同じ	10.4	16,170	3,630	4,781	12,540	17,321
	2010 年の大都市圏と同じ	21.4	13,825	8,300	3,414	5,525	8,939
	2010 年の非大都市圏と同じ	24.9	12,072	10,594	2,937	1,479	4,415
	2010 年の他の非大都市圏の都市雇用圏外と同じ	32.4	9,086	14,560	1,953	− 5,474	− 3,522
ケースⅣ	1950 年の非大都市圏と同じ	5.1	15,314	1,859	− 7,148	13,455	6,307
	1980 年の非大都市圏と同じ	10.4	16,170	3,630	− 5,123	12,540	7,417
	2010 年の大都市圏と同じ	21.4	13,825	8,300	− 4,018	5,525	1,507
	2010 年の非大都市圏と同じ	24.9	12,072	10,594	− 3,781	1,479	− 2,302
	2010 年の他の非大都市圏の都市雇用圏外と同じ	32.4	9,086	14,560	− 3,134	− 5,474	− 8,608

注 1：各ケースの仮定の組み合わせは下記の通り.

　ケースⅠ：2010 年の全国の年齢別出生率，2010 年の全国の年齢別死亡，2010 年の都道府県別純移動率が最大である東京都の年齢別純移動率.

　ケースⅡ：2010 年の全国の年齢別出生率，2010 年の全国の年齢別死亡，2010 年の都道府県別純移動率が最低である青森県の年齢別純移動率.

　ケースⅢ：TFR が 2.1 になるように 2010 年の全国値の水準を変化させた年齢別出生率，2010 年の全国の年齢別死亡，2010 年の都道府県別純移動率が最大である東京都の年齢別純移動率.

　ケースⅣ：TFR が 2.1 になるように 2010 年の全国値の水準を変化させた年齢別出生率，2010 年の全国の年齢別死亡，2010 年の都道府県別純移動率が最低である青森県の年齢別純移動率.

注 2：人口集団の人口規模は 100 万人である.

注 3：1950 年の非大都市圏の年齢構造に沖縄県は含まない.

出所：「国勢調査」，「人口動態調査」.

死亡：現状の水準（2010 年全国の年齢別死亡率）
移動：転出超過（2010 年青森県の年齢別純移動率）

　上記のケース I とケース II はいずれも現状を反映した想定に基づいており，両者の違いは前者が転入超過，後者が転出超過という点である．残るケース IIIとケース IV は，ケース I とケース II と異なり出生率が人口の置換水準，すなわち少子化が完全に解消した場合を想定したものである．

　その結果を整理したのが表 2-6 である．同表からは人口規模と人口動態率が同じであったとしても，年齢構造によって人口動態数や人口増加数は大幅に異なることがわかる．例えばケース I をみると，出生数は，高齢化が進む最初の局面では相対的に子を生む年齢層の規模が大きくなる関係で増加するが，その後は高齢化に伴って減少する．それに対して死亡数は高齢化に伴って増加する．純移動数は，高齢化によって移動可能性の高い若年人口の規模が縮小するためにその絶対数は高齢化に伴って減少する．その結果，自然増加数は年齢構造が若い場合には出生率が人口の置換水準を下回るにもかかわらず大幅なプラスであるが，高齢化が進むとマイナスへと転じる．2010 年の大都市圏と同じ場合には，死亡数がかなりの規模に達するために自然増加数はプラスでありながら0 に近い水準となる．また，人口増加数については，高齢化とともに純移動数が減少すると同時に自然増加から自然減少に転じるため人口増加の幅は徐々に小さくなり，高齢化の水準が 2010 年の他の非大都市圏の都市雇用圏外と同じ場合には人口増加数がマイナス，つまり転入超過にもかかわらず人口は減少する．

　年齢構造が人口変化に及ぼす影響は，出生率が人口の置換水準，すなわち少子化が完全に解消した場合にも共通する．表 2-6 のケース III とケース IV でとくに注目すべきは，高齢化の水準が 2010 年の他の非大都市圏の都市雇用圏外と同じ場合，少子化が完全に解消しても出生数を死亡数が大幅に上回る自然減少となってしまうこと，さらに転入超過であるケース III においても人口増加数がマイナスとなることである．

　このように，年齢構造が有する人口変化への潜在的な力というものは実は非常に大きい．現代日本では年齢構造がかなり高齢化しているため，多くの地域

で出生数を死亡数が上回って自然増加数がマイナス（すなわち自然減少）になりやすい状態であり，人口減少が生じやすい．しかも，年齢構造の高齢化は当面は今以上に進む．なぜならば，2010年時点で人口規模の大きい第1次ベビーブーマーを含む60-64歳から第2次ベビーブーマーを含む35-39歳までの人々は10年後には年齢を重ねて70-74歳から45-49歳となるのに対し，10年後に結婚や出産といった家族形成の中心となる20-39歳になるのは2010年の10-29歳の人口であり，この年齢層の人口規模は相対的に小さいからである．また，人口流出地域の人口が全国人口に占める割合が低下していることや，人口移動が活発な若年人口の規模は小さくなっているため，人口流入地域において人口移動が年齢構造の高齢化を抑制する効果は限定的であろう．しかも，人口流入地域では大量に流入したかつての若年人口が高齢期を迎えようとしており，高齢人口が今後大幅に増加するのはほぼ確実である．したがって，大都市圏に代表される人口流入地域においても今以上に人口減少圧力の高い年齢構造へと移行すると見込まれる．実際，2013年の「人口動態調査」では東京都を含む43都道府県で自然減少であり，1993年の5県，2003年の23道県から着実に増加した．

　以上を踏まえ，次節では社人研の「将来推計人口」を用いて，今後の地域人口の動向を概観する．

6　社人研推計にみる今後の地域人口

(1)　社人研推計の概略

　社人研では，公式推計として都道府県別および市区町村別の「将来推計人口」を公表してきた（国立社会保障・人口問題研究所，2013；山内・小池，2014）．この公式推計は，原則として基準時点の人口規模と男女別年齢構造を出発点として，基準時点までに観察された出生，死亡，人口移動の傾向を将来に投影したものである．都道府県別の将来人口は「1985年国勢調査」を基準とした推計結果を1987年1月に，市区町村別の将来人口は「2000年国勢調査」を基準とした推計結果を2003年12月に公表したのがそれぞれ最初であり，

　その後は新しく実施・公表された「国勢調査」に合わせて「将来人口」の推計結果を公表してきた．最新の将来推計人口は 2013 年 3 月に公表されたものである（以下，2013 年 3 月推計とする）．

　2013 年 3 月推計は，2010 年の「国勢調査」を基準として 5 年おきに 2040 年までの男女・年齢 5 歳階級別人口を推計したもので，推計方法は基本的に純移動率を用いたコーホート要因法である．推計の対象とした自治体は，2013 年 3 月 1 日現在の 1 県（福島県）および 1,799 市区町村（東京 23 区（特別区）および 12 政令市の 128 区と，この他の 764 市，715 町，169 村）である．福島県については，2011 年 3 月に発生した東日本大震災に伴う福島第一原子力発電所の事故の影響で，市町村別に今後の推移を見通すことがきわめて困難な状況にあり，県全体について将来人口を推計した．福島県以外の都道府県については，市区町村別の推計結果を合計したものから得た．

　2013 年 3 月推計では，本推計の他に，純移動率の仮定を一律に 0 とした参考推計の結果も合わせて公表された．この参考推計は，人口移動の影響が生じない将来の人口，すなわち出生と死亡という 2 つの要因によってのみ人口が変化するという仮定に基づくものである[9]．

　2013 年 3 月推計のこれ以上の説明はホームページや報告書（国立社会保障・人口問題研究所，2013）に譲り，以下では本推計と参考推計を用いて主に大都市圏と非大都市圏の結果について整理する．

　なお，2013 年 3 月推計の結果を用いた都道府県単位や市区町村単位での分析は上述の報告書の他に，既にいくつかの成果（鈴木ほか，2013a；2013b；2013c；江崎ほか，2013；小池，2014 など）が公表されている．

(2)　自然減少による人口規模の減少

　大都市圏と非大都市圏に分けて人口規模の推移をみたのが表 2-7 である．大都市圏の人口規模は 2015 年をピークに減少に転じ，非大都市圏は 2010 年以降一貫して減少する．2010 年を 100 とした 2040 年の人口規模は大都市圏が 88.1，非大都市圏が 78.6 である．大都市圏の中では東京大都市圏，非大都市圏の中では 4 道県の人口は相対的に緩やかな減少にとどまる．

　参考推計の結果を本推計と比較すると，人口流入地域である大都市圏では参

52

表 2-7　地域別にみた将来人口

指標	地　域	本　推　計							参考推計
		2010 年	2015 年	2020 年	2025 年	2030 年	2035 年	2040 年	2040 年
実数（千人）	大都市圏	69,836	69,890	69,119	67,757	65,968	63,855	61,516	59,433
	東京大都市圏	38,588	38,818	38,545	37,931	37,053	35,970	34,737	32,753
	他の大都市圏	31,247	31,072	30,573	29,827	28,915	27,886	26,779	26,680
	非大都市圏	58,222	56,707	54,981	52,902	50,650	48,268	45,760	47,843
	4 道県	15,787	15,538	15,182	14,715	14,177	13,582	12,934	13,102
	他の非大都市圏	42,435	41,169	39,799	38,187	36,473	34,687	32,826	34,741
	全　国	128,057	126,597	124,100	120,659	116,618	112,124	107,276	107,276
指数	大都市圏	100.0	100.1	99.0	97.0	94.5	91.4	88.1	85.1
	東京大都市圏	100.0	100.6	99.9	98.3	96.0	93.2	90.0	84.9
	他の大都市圏	100.0	99.4	97.8	95.5	92.5	89.2	85.7	85.4
	非大都市圏	100.0	97.4	94.4	90.9	87.0	82.9	78.6	82.2
	4 道県	100.0	98.4	96.2	93.2	89.8	86.0	81.9	83.0
	他の非大都市圏	100.0	97.0	93.8	90.0	86.0	81.7	77.4	81.9
	全　国	100.0	98.9	96.9	94.2	91.1	87.6	83.8	83.8

注：指数は 2010 年を 100 とした値.
出所：国立社会保障・人口問題研究所（2013）.

考推計の方が人口規模の減少はより一層進み，人口流出地域である非大都市圏
では参考推計の方が人口規模の減少は緩やかである．ただし，参考推計でも
2010 年を 100 とした 2040 年の人口規模は大都市圏では 85. 1，非大都市圏では
82. 2 である．両地域とも自然減少の効果が非常に大きく，人口移動が今後の
人口規模の変化に与える効果はかなり限定的である．

　参考推計で大都市圏と非大都市圏のいずれも人口規模が減少するということ
は，想定された出生や死亡の水準では，日本国外から大量の人口流入がない限
り，両地域の人口規模がともに増加する状況を想定できないことを意味する．
また，仮にいずれかの地域の人口規模の減少が人口移動を通じて緩和されると
するならば，もう一方の地域ではより一層減少が進むことを意味する．例えば，
非大都市圏の人口流出が抑制された場合には将来の人口規模が参考推計の値に
近づくことになるが，それは同時に人口流入地域である大都市圏の将来の人口
規模も参考推計の値に近づくことであり，大都市圏では本推計よりも人口規模
の減少が進むことになる．このことは，日本の人口移動の大多数を占める国内
人口移動がそもそもゼロサムゲーム的な特徴を持つため，国全体の人口規模が
減少する場合には当然の帰結なのである．

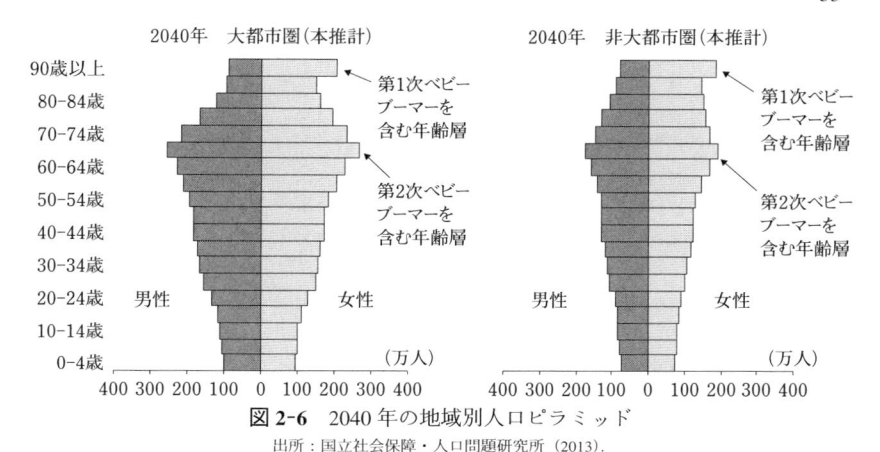

図 2-6 2040 年の地域別人口ピラミッド

出所：国立社会保障・人口問題研究所（2013）.

(3) 年齢構造の更なる高齢化

本推計における 2040 年の大都市圏と非大都市圏の人口ピラミッドを示した
のが図 2-6 である．2040 年に人口規模が最大となる年齢層は，大都市圏と非
大都市圏ともに第 2 次ベビーブーマーを含む 65-69 歳である．この年齢よりも
若い年齢層の人口規模は，年齢が若くなるほど小さくなる．これは出生率の水
準が人口の置換水準を下回って推移し，今後もそのような水準で推移すると見
込まれるためであり，大都市圏と非大都市圏のいずれにも共通する．一方，
65-69 歳よりも高齢の年齢層では，高齢になるにつれて人口規模は小さくなる
が，90 歳以上の女性人口は 85-89 歳よりも多い．女性の場合は男性に比べて
高齢での死亡率が低いことに加え，90 歳以上の年齢層には第 1 次ベビーブー
マーが含まれることの影響である．また，大都市圏に比べて非大都市圏の方が
65-69 歳よりも高齢の年齢層が相対的に厚みをもって存在する．例えば非大都
市圏の 60-64 歳以上の女性人口の規模はどの年齢階級でも 150 万人を超えるの
に対し，55-59 歳以下では全ての年齢階級で 150 万人を下回る．こうした状況
は，2010 年時点の 40-59 歳の人口規模が比較的大きかったことに加え，低出
生率や人口流出が続くことを反映したものである．

このような人口ピラミッドの変化を念頭に年齢 3 区分別人口の変化をみてい
こう（表 2-8）．0-14 歳人口は大都市圏と非大都市圏のいずれも一貫して減少

表 2-8　年齢 3 区分別にみた地域別将来人口

指標	年齢	地域	2010 年	2015 年	2020 年	2025 年	2030 年	2035 年	2040 年
人口	0-14 歳	大都市圏	100.0	95.5	88.8	81.1	74.0	69.6	66.4
		非大都市圏	100.0	92.2	83.8	75.7	68.6	64.0	60.6
	15-64 歳	大都市圏	100.0	95.2	92.3	90.2	86.7	81.3	74.3
		非大都市圏	100.0	92.5	86.7	82.3	77.9	72.9	66.4
	65 歳以上	大都市圏	100.0	117.9	125.7	127.7	130.6	135.7	143.5
		非大都市圏	100.0	112.3	119.2	120.3	119.2	117.8	118.5
割合	0-14 歳	大都市圏	13.0	12.4	11.7	10.9	10.2	9.9	9.8
		非大都市圏	13.3	12.6	11.8	11.1	10.5	10.3	10.2
	15-64 歳	大都市圏	65.5	62.3	61.1	60.9	60.2	58.3	55.2
		非大都市圏	61.8	58.7	56.7	55.9	55.4	54.3	52.2
	65 歳以上	大都市圏	21.4	25.2	27.2	28.2	29.6	31.8	34.9
		非大都市圏	24.9	28.8	31.5	33.0	34.2	35.4	37.6

注：人口は 2010 年を 100 とした値.
出所：国立社会保障・人口問題研究所（2013）.

する．2010 年の 0-14 歳人口を 100 とした場合，2040 年には大都市圏で 66.4，非大都市圏で 60.6 となる．

　15-64 歳人口も大都市圏と非大都市圏ともに一貫して減少し，2010 年の 15-64 歳人口を 100 とした場合，2040 年には大都市圏で 74.3，非大都市圏で 66.4 となる．0-14 歳人口に比べて減少の程度は緩やかではあるが，先の人口ピラミッドに示されたように，15-64 歳人口内部の年齢分布は相対的に高齢に偏る．

　65 歳以上人口はこれらと傾向が異なる．大都市圏では一貫して増加するのに対し非大都市圏では 2025 年をピークにしてその後は横ばいとなる．2010 年の 65 歳以上人口を 100 とした場合，2040 年には大都市圏で 143.5，非大都市圏で 118.5 となる．大都市圏で一貫して増加するのは，大都市圏には 2010 年時点で今後高齢期を迎えることになる人口が数多く存在するからである．それに対して非大都市圏では，大都市圏に比べれば 2010 年時点で今後高齢期を迎えることになる人口規模は小さいため，高齢人口は相対的に緩やかな増加となる．こうした地域差の背景には，かつて大規模に発生した非大都市圏から大都市圏への人口移動がある．

　年齢 3 区分別人口割合については，0-14 歳人口割合や 15-64 歳人口割合が一貫して低下するのに対し，65 歳以上人口割合は一貫して上昇する．ここで

留意すべきは年齢別人口の推移と将来の年齢別人口割合の関係，具体的には，0-14 歳人口は非大都市圏でより減少が進むが 2040 年の 0-14 歳人口割合は大都市圏の方が低く，65 歳以上人口は大都市圏で増加が著しいが 2040 年の 65 歳以上人口割合は非大都市圏の方が高いことである．これら指標の変化からは，いわゆる「少子化」との関連では，0-14 歳人口割合の高い非大都市圏でより一層の子ども数の減少が見込まれることを意味し，一方のいわゆる「高齢化」との関連では，65 歳以上人口割合の低い大都市圏で高齢者の大幅な増加が見込まれることを表す．

　他方，社会の生産・再生産活動の主要な担い手とみなしうる 15-64 歳人口については，非大都市圏でより減少が進み，2040 年の 15-64 歳人口割合も非大都市圏が低い．これは，大都市圏よりも非大都市圏で社会を支える側の人口がより一層ひっ迫する可能性を示すものである．ただし，大都市圏についても状況は楽観できるものではない．例えば，65 歳以上人口 1 人当たりの 15-64 歳人口は，2010 年で大都市圏が 3.1 人，非大都市圏が 2.5 人であるが，2040 年にはそれぞれ 1.6 人，1.4 人となる．

7　おわりに

　本章では，日本を大都市圏と非大都市圏に分け，1950 年以降 2010 年までの地域人口の変化の過程を人口学的な立場から明らかにした上で，高齢化が進んだ年齢構造に着目して将来の人口変化に与える影響を整理し，今後の人口見通しを社人研の 2013 年 3 月推計を用いて概観した．全体を整理すると以下のようになる．

　1950-75 年までと 1975-2010 年では人口変化のメカニズムが大きく変化した．1950-75 年は年齢構造が若かったために全国的に出生数が多く，死亡数が少ないという状況の下，非大都市圏から大都市圏へ大量の人口移動が生じていた．大量の人口移動は，年齢構造が若かったことに加え，非大都市圏の人口が大都市圏より多かったことも一因であった．これらにより，大都市圏では人口規模が急増する一方で非大都市圏では伸び悩み，次第に大都市圏の人口規模が非大都市圏を上回るようになった．

　1975–2010 年は出生率が人口の置換水準を下回った時期であり，次第に年齢構造が高齢化していった．この時期の地域人口の変化に強い影響力を持ったのは出生数と死亡数であった．低出生率と高齢化によって出生数の減少と死亡数の増加が起こり，2000 年代に入ると非大都市圏では死亡数が出生数を上回る自然減少の状態となった．地域人口の変化に人口移動が及ぼす影響は低下したが，背景には非大都市圏よりも大都市圏の人口規模が多くなったという人口分布や，高齢化によって移動可能性の高い若年人口が減少したことがあった．このため，大都市圏では次第に人口規模の伸びが緩やかになったのに対し，非大都市圏では増加から減少へと転じた．

　このような人口規模や動態数の変化の下で，大都市圏と非大都市圏の年齢構造はそれぞれに高齢化が進んだ．その要因は直接的には TFR が低下し，1970 年代後半以降は人口置換水準を継続的に下回るようになったためであるが，各地域での高齢化の程度の違いには人口移動も一定の影響を及ぼした．すなわち，若年人口の流入する大都市圏では相対的に若年者の多い年齢構造，若年人口の流出する非大都市圏では相対的に若年者の少ない年齢構造の進展をより促すという形で作用したのである．大都市圏では，大量に流入した人口規模の大きなかつての若年人口が加齢に伴って高齢期に差し掛かろうとしており，高齢人口の規模の増加が避け難い状態にある．

　人口の年齢構造は，実は将来の人口動向を規定する重要な要素である．簡単なシミュレーションによって年齢構造の違いが出生数や死亡数，純移動数，さらには人口規模の変化に及ぼす影響を評価したところ，2010 年時点の日本の人口は，大都市圏と非大都市圏のいずれも人口減少への圧力がかなり大きい状態にあることが明らかになった．さらに，人口高齢化は当面は今以上に進むことから，大都市圏に代表される人口流入地域においても人口減少を助長する年齢構造への移行は避け難いことが示された．

　社人研の 2013 年 3 月推計によれば，大都市圏と非大都市圏のいずれも今後は人口規模が減少する．したがって，想定された出生と死亡の水準では，日本国外から大量の人口流入がない限り，両地域の人口規模がともに増加する状況を想定できないこと，さらに，仮にいずれかの地域の人口減少が人口移動を通じて緩和されるとするならば，もう一方の地域ではより一層人口規模の減少が

進むことになる．また，年齢構造については今後も高齢化が進み，2040 年までの非大都市圏の高齢化率は大都市圏よりも高いが，65 歳以上人口の実数の増大はむしろ大都市圏で著しいことや，社会の生産・再生産活動の担い手とみなしうる 15-64 歳人口については，非大都市圏での減少がより進むものの大都市圏においても楽観できる状況にないことなどを指摘した．

　本章では，全国を大都市圏や非大都市圏といった地域に区分して論じたが，本章で指摘した地域人口の変化のメカニズムは個々の市区町村を単位とした場合にも原則として妥当する．年齢構造の高齢化はほぼ例外なく進んでおり，ほとんどの市区町村で出生率が人口の置換水準を下回っており，例外的に高出生率の市区町村でも高齢化は著しい．「平成 20 年-平成 24 年人口動態保健所・市区町村別統計」によれば，TFR が 2 未満の市区町村の割合は 98.6% に達しており，TFR が 2 以上の 27 市町村の 2010 年の 65 歳以上人口割合は福岡県粕屋町や沖縄県の一部の市町を除けば 20% を超える[10]．若年人口の流入が継続し，人口が増加する地域は今後もみられるであろうが，例外的な存在にとどまらざるを得ないであろう．

　今後，個々の市区町村，さらにはそれより下位の集落といった多様な地域スケールで過去の人口変化と将来の人口見通しを踏まえた各種の取り組みが計画され，実践されていくであろう．その際，かつてのように人口規模の増加や若い年齢構造を前提とすることは難しい．当面は人口規模の減少と高齢化の進展が避け難いことを念頭に置きつつ[11]，人々の幸せな暮らしが可能になる仕組みをそれぞれの地域が相互に協力して作り上げていく努力が求められる．過度の悲観論にも楽観論にもくみすることなく，冷静に現実を直視した上で進む以外にないのである．

注
1)　区を単位としたのは東京特別区の 23 区のみで，政令市は市全体を単位とした．
2)　年齢不詳は按分せず，65 歳以上人口を総人口で割った値で比較した．青ヶ島村は 2010 年時点でも高齢化率 10.4% で低いが，座間味村では 1980 年時点で 24.8% とかなり高水準で，その後は 2010 年の 23.2% まで横ばいで推移した．
3)　ここでいう人口学的な研究とは，人口とその変化を説明する際，社会経済的，文化的な諸要因と関連づける前に，人口学的な要因とよばれるものに注目する研究であ

　　る．人口学的要因とは，人口とその変化を原理的に規定する出発時点の人口の地理
　　的分布，規模や性・年齢といった構造，その後に生じた人口動態（出生，死亡，人
　　口移動）を指す．したがって人口学的アプローチによる研究では，人口とその変化
　　をまず人口学的要因と関連付け，社会経済的，文化的な諸要因については人口学的
　　要因と関連付ける．
4)　　社会経済的，文化的要因等の人口学的要因以外については紙幅の制約もあるため
　　本章では取り上げない．
5)　　人口増加数は「国勢調査」間の人口変化数である．出生数と死亡数は「人口動態
　　調査」の月別データを利用して「国勢調査」間の値を集計した．純移動数は転入数
　　と転出数の差を表し，ここでは人口変化数と出生数，死亡数を利用して人口学的方
　　程式に基づいて算出した（純移動数＝人口変化数－出生数＋死亡数）．なお，「国勢
　　調査」と「人口動態調査」は調査時点の境域のデータを利用して，沖縄県は除いた．
6)　　石川編（2001）が示すように，時系列でみた年齢別移動率の水準や年齢分布は変
　　化しており，この点は純移動数の変化にも影響を及ぼすと考えられる．しかし，こ
　　の点を十分に論じることはデータの制約などもあって容易でないため，本章では扱
　　わない．
7)　　2010 年の都道府県別純移動率が最大であった．
8)　　2010 年の都道府県別純移動率が最小であった．
9)　　厳密には人口移動がまったく生じない場合を仮定している訳ではない．その理由
　　は，第 1 に，0-4 歳人口の推計に子ども女性比を用いているため参考推計の結果に
　　は出生→0-4 歳の過程で生じる人口移動の影響が含まれること，第 2 に，参考推計
　　の結果を一律に補正して国際人口移動の影響が含まれる全国人口の将来推計（国立
　　社会保障・人口問題研究所，2012）に合致させているためである．
10)　　福岡県粕屋町は 14.7％，沖縄県石垣市は 17.0％，沖縄県豊見城市は 14.4％，
　　沖縄県南風原町は 14.8％ である．
11)　　人口規模を拡大しつつ従来より若い年齢構造を実現する市区町村が今後出現す
　　る可能性は否定できないが，日本全体の人口が減少し高齢化する中では，それらは
　　例外的な存在にとどまらざるを得ないだろう．

参考文献

石川義孝編（2001）『人口移動転換の研究』京都大学学術出版会.

石川義孝編（2007）『人口減少と地域——地理学的アプローチ』京都大学学術出版会.

石川義孝・井上孝・田原裕子編（2011）『地域と人口からみる日本の姿』古今書院.

江崎雄治（2006）『首都圏人口の将来像——都心と郊外の人口地理学』専修大学出版
　　局.

江崎雄治・西岡八郎・鈴木透・小池司朗・山内昌和・菅桂太・貴志匡博（2013）「地
　　域の将来像を人口から考える——社人研『地域別将来推計人口』の結果から」『E-
　　journal GEO』8(2): 255-267.

金本良嗣・徳岡一幸（2002）「日本の都市圏設定基準」『応用地域学研究』7: 1-15.

小池司朗（2014）「都道府県別高齢者人口変化の人口学的要因」『人口問題研究』70
　　(2)：97-119.

厚生省人口問題研究所（1990）『人口統計資料集 1989』研究資料第 264 号.

国立社会保障・人口問題研究所（2012）『日本の将来推計人口――平成 23（2011）-
　　72（2060）年――附：参考推計　平成 73（2061）-122（2110）年（平成 24 年 1 月
　　推計）』人口問題研究資料第 326 号.

国立社会保障・人口問題研究所（2013）『日本の地域別将来推計人口――平成 22
　　(2010)-52（2040）年（平成 25 年 3 月推計）』人口問題研究資料第 330 号.

鈴木透・小池司朗・山内昌和・菅桂太・貴志匡博（2013a）「2040 年までの都道府県
　　別将来人口の見通し――社人研・日本の地域別将来推計人口（平成 25（2013）年 3
　　月推計）より」『地域開発』585：42-47.

鈴木透・小池司朗・山内昌和・菅桂太・貴志匡博（2013b）「2040 年までの南関東 4
　　都県の市区町村別将来人口の見通し――社人研・日本の地域別将来推計人口（平成
　　25（2013）年 3 月推計）より」『地域開発』586：58-63.

鈴木透・小池司朗・山内昌和・菅桂太・貴志匡博（2013c）「65 歳以上人口を中心と
　　する北海道の今後の人口見通し――社人研・日本の地域別将来推計人口（平成 25
　　(2013)年 3 月推計）より」『地域開発』587：47-52.

統計情報研究開発センター・日本統計協会編（2005）『市区町村人口の長期系列――
　　平成の大合併後の市区町村境域による遡及人口系列』日本統計協会.

山内昌和・小池司朗（2014）「地域人口推計」『人口問題研究』70(4)：359-362.

吉田良生・廣嶋清志編（2011）『人口減少時代の地域政策』原書房.

第3章　世帯の動向と将来像

小山泰代

鈴木　透

1　はじめに

　人が誰と一緒に住むかは生活の最も基本的な要素で，その変化は世帯の規模・構造に関する統計から推し量ることができる．20世紀後半以後の産業化・都市化に伴う世帯の変化は，小家族化・核家族化として要約できる．「国勢調査」における一般世帯の平均規模は，1960年の4.14人から1980年には3.22人，2015年には2.33人まで縮小した．一般世帯全体に占める単独世帯の割合は，1980年の19.8％から2015年には34.5％まで上昇した．2人以上の一般世帯に占める核家族世帯の割合は，1980年の75.2％から2015年には85.2％まで上昇した[1]．こうした変化は，農村部から流入した若年層の都市部での家族形成，規模の経済を不要にした経済発展，高学歴化や女性の労働力参加に伴う晩婚化・未婚化，世代間の自立やプライヴァシーを志向する価値変動などによるものだろう．

　今後の急激な人口高齢化に伴い，独居老人や高齢夫婦のみの世帯といった脆弱と考えられる世帯が増え，介護・福祉ニーズの増加が見込まれる．子どもの福祉を考える上では，母子世帯・父子世帯の動向が重要になる．厚生行政以外では，たとえばエネルギー需要の予測では，世帯数の動向がわかればより精密な予測が可能になる．住宅はもちろん，自家用車や耐久消費財など，世帯単位で消費する財は多い．人口に加え世帯数の将来推計への需要が大きいゆえんである．

　世帯に関する統計や将来推計は，世帯主の男女別・年齢別に表示されることが多い．これに対し，世帯主以外の成員を含め，個人から見た所属世帯の類型

や世帯内での地位を「居住状態」と呼ぶ．たとえば高齢者の居住状態について言えば，一人暮らしなのか，夫婦のみなのか，配偶者以外と同居しているのか，老人ホームなどの施設に入居しているかなどが重要な区分である．核家族化を論じる場合，高齢の親が子夫婦と同居しているか否かに加えて，子夫婦の側が親と同居しているか否かも分析する必要がある．このように，世帯単位の情報に加え，個人から見た居住状態も有益で重要な情報を提供する．本章では，世帯および居住状態のこれまでの動向と将来推計について概説する[2]．

2　一般世帯の分類

表 3-1 に「2010 年国勢調査」における世帯の分類と世帯数，世帯人員数および平均規模を示した．世帯はまず一般世帯と施設等の世帯に大別される．本章では，もっぱら一般世帯とその成員（一般世帯人員）を対象とする．一般世帯はまず，単独世帯と 2 人以上の世帯に大別される．2 人以上の一般世帯は，

表 3-1　2010 年国勢調査における世帯類型別世帯数

世帯の類型			世帯数	世帯人員	平均規模
単独世帯			16,784,507	16,784,507	1.00
一般世帯 2人以上の世帯	親族のみの世帯	核家族世帯：夫婦のみの世帯	10,244,230	20,488,460	2.00
		夫婦と子供から成る世帯	14,439,724	52,482,128	3.63
		男親と子供から成る世帯	664,416	1,534,821	2.31
		女親と子供から成る世帯	3,858,529	9,219,406	2.39
		核家族以外の世帯：夫婦と両親から成る世帯	231,622	926,488	4.00
		夫婦と一人親から成る世帯	730,930	2,192,790	3.00
		夫婦，子供と両親から成る世帯	919,748	5,435,353	5.91
		夫婦，子供とひとり親から成る世帯	1,515,891	7,097,944	4.68
		夫婦と他の親族（親，子供を含まない）から成る世帯	121,917	395,134	3.24
		夫婦，子供と他の親族（親を含まない）から成る世帯	430,771	2,017,311	4.68
		夫婦，親と他の親族（子供を含まない）から成る世帯	105,824	569,312	5.38
		夫婦，子供，親と他の親族から成る世帯	350,036	2,372,075	6.78
		兄弟姉妹のみから成る世帯	315,695	660,275	2.09
		他に分類されない世帯	586,214	1,978,949	3.38
	非親族を含む世帯		456,455	1,158,282	2.54
	家族類型不詳の世帯		85,798	232,368	2.71
施設等の世帯			108,197	2,511,749	23.21

「親族のみの世帯」「非親族を含む世帯」「家族類型不詳の世帯」に分けられる．親族のみの世帯は，核家族世帯（4 種類）と核家族以外の世帯（10 種類）に分類される．

　単独（1 人），夫婦のみ（2 人），夫婦と両親（4 人），夫婦とひとり親（3 人）については，世帯規模は自明である．「夫婦と子」世帯の平均子供数は 1.63 人で，男親と子（1.31 人）や女親と子（1.39 人）より多いことがわかる．「夫婦，子供と両親」の世帯では 1.91 とさらに多い．ただしこの表における「子供」には年齢制限はなく，たとえば 50 歳の息子が 75 歳の母親と暮らしていても「女親と子供から成る世帯」に分類される．子供の年齢を限定したければ，より詳細な集計結果を用いる必要がある．

3　一般世帯数の動向

　表 3-1 から 2010 年の総人口に占める一般世帯人員の割合を求めると，98.0％となる．国立社会保障・人口問題研究所（社人研）による世帯数の「将来推計」（平成 25 年 1 月推計，以下同様．国立社会保障・人口問題研究所，2013）では，この割合が 2035 年の 97.3％までわずかに低下すると仮定したが，いずれにせよ人口のほとんどは一般世帯に居住することに変わりない．したがって一般世帯人員の増加率は，総人口の増加率とほとんど一致すると考えてよい．

　図 3-1 には世帯数，世帯人員および平均世帯規模の増加率の推移を示した．世帯数の増加率は世帯人員の増加率（人口増加率に近い）より高く，世帯人員（総人口に近い）が 2010-15 年期間に減少を開始するのに対し，世帯数は2020-25 年期間（補間推計では 2019-20 年期間）に初めて減少に転じる．世帯数の増加率が高く，減少開始が遅いのは，平均世帯規模が縮小を続けているためである．それぞれの増加率の間には，世帯数の増加率＝（世帯人員の増加率－平均世帯規模の増加率）÷（1＋平均世帯規模の増加率）という関係が成り立つ．平均世帯規模の増加率がマイナスなので，世帯数の増加率は世帯人員の増加率より高くなるのは明らかである．

　社人研の「将来推計」では，平均世帯規模の縮小は次第に減速して 2035 年

64

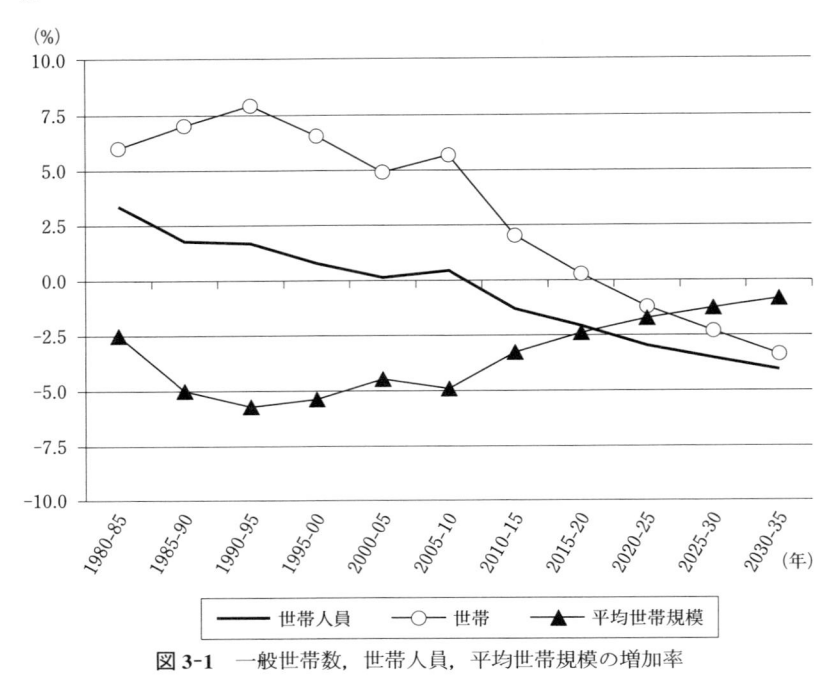

図 3-1 一般世帯数，世帯人員，平均世帯規模の増加率

の 2.20 に至ると仮定されている．この場合，2005-10 年の縮小の再加速は例外的な事象で，1990 年以来の長期的な減速傾向，すなわちゆっくりとした縮小に戻ると仮定している．しかし世帯規模の縮小が想定より早ければ，一般世帯総数の減少開始は 2020-25 年期間よりさらに先送りされる可能性もある．仮に世帯規模の縮小の勢いが衰えず，2005-10 年の－4.9％ を維持したとすれば，2030-35 年期間まで一般世帯総数は増加を続けるだろう．この場合，2035 年の平均世帯規模は 1.88 人程度まで縮小することになる．小家族化がそこまで急激に進むとは考えにくいが，一般世帯総数の減少開始が 2025 年以後にずれ込むことなら十分にあり得る．

　表 3-2 には，家族類型別の世帯数と割合の推移を示した．ここに示した 5 類型のうち，「夫婦と子」「その他」は 1980 年代後半から減少を続けている．「夫婦のみ」の減少開始は，一般世帯総数と同じく 2020-25 年期間で，「単独」「ひとり親と子」は 2030 年代に入ってようやく減少に転じる．「夫婦と子」「その

表 3-2　家族類型別の一般世帯数および割合と，平均世帯人員

年　次	一　般　世　帯							平均世帯人員
	総　数	単　独	核　家　族　世　帯				その他	
			総　数	夫婦のみ	夫婦と子	一人親と子		
世帯数（1,000 世帯）								
1980	35,824	7,105	21,594	4,460	15,081	2,053	7,124	3.22
1985	37,980	7,895	22,804	5,212	15,189	2,403	7,282	3.14
1990	40,670	9,390	24,218	6,294	15,172	2,753	7,063	2.99
1995	43,900	11,239	25,760	7,619	15,032	3,108	6,901	2.82
2000	46,782	12,911	27,332	8,835	14,919	3,578	6,539	2.67
2005	49,063	14,457	28,394	9,637	14,646	4,112	6,212	2.56
2010	51,842	16,785	29,278	10,269	14,474	4,535	5,779	2.42
2015	52,904	17,637	30,116	10,861	14,274	4,982	5,150	2.34
2020	53,053	18,270	30,189	11,037	13,814	5,338	4,594	2.29
2025	52,439	18,648	29,664	10,973	13,132	5,558	4,127	2.25
2030	51,231	18,718	28,770	10,782	12,340	5,648	3,743	2.22
2035	49,555	18,457	27,678	10,500	11,532	5,645	3,421	2.20
割合（%）								
1980	100.0	19.8	60.3	12.5	42.1	5.7	19.9	
1985	100.0	20.8	60.0	13.7	40.0	6.3	19.2	
1990	100.0	23.1	59.5	15.5	37.3	6.8	17.4	
1995	100.0	25.6	58.7	17.4	34.2	7.1	15.7	
2000	100.0	27.6	58.4	18.9	31.9	7.6	14.0	
2005	100.0	29.5	57.9	19.6	29.9	8.4	12.7	
2010	100.0	32.4	56.5	19.8	27.9	8.7	11.1	
2015	100.0	33.3	56.9	20.5	27.0	9.4	9.7	
2020	100.0	34.4	56.9	20.8	26.0	10.1	8.7	
2025	100.0	35.6	56.6	20.9	25.0	10.6	7.9	
2030	100.0	36.5	56.2	21.0	24.1	11.0	7.3	
2035	100.0	37.2	55.9	21.2	23.3	11.4	6.9	

出所：国立社会保障・人口問題研究所（2013）.

他」のような相対的に大きく複雑な世帯が早くから減少を続け，逆に相対的に小さく単純な世帯のシェアが増えており，これが小家族化・核家族化につながっている.

　「夫婦と子」は，かつては40％を超える圧倒的なシェアを持っていたが，次第にシェアを減らし，「2010年国勢調査」ではついに単独世帯に逆転された. ただし表3-1でみたように「夫婦と子」世帯の平均規模は3.63人であることから，2010年時点で「夫婦と子」世帯の成員は一人暮らしの3倍以上いる.

単独世帯は今後もシェアを伸ばすが,「夫婦のみ」の2倍,「夫婦と子」の3倍を超えない限り,個人ベースでそれらの類型を上回ることはない.仮に「夫婦と子」世帯の平均規模が3.63人のまま推移すると仮定すると,2035年に「夫婦と子」世帯に暮らす人は約4,186万人(総人口の約37%)で,一人暮らしの人(総人口の約16%)の2倍以上いることになる.このように世帯ベースでは単独世帯のシェアが圧倒的でも,個人ベースでは「夫婦と子」が最大のシェアを維持することになる.

4　核家族と直系家族

表3-1で核家族以外の2人以上の世帯のうち,夫婦とそのいずれかの親が同居する直系家族世帯は3,854,051世帯で,家族類型が明らかな世帯(5,765,103世帯)の66.9%を占める.また「他に分類されない世帯」「家族類型不詳の世帯」にも,直系家族が多く含まれると考えられる.一方,同じ世代の二組以上の夫婦が同居する合同世帯は,日本ではきわめて例外的と考えられる.したがって核家族化とは,核家族が直系家族にとって代わる趨勢とみなしてよいだろう.

表3-2をみると,単独世帯の増加が著しいため,核家族世帯割合とその他の世帯(その大半は直系家族)の割合は1980年以降減少を続けている.しかし単独世帯を除いた2人以上世帯に占める核家族世帯の割合を計算してみると,前述のように1980年の75.2%から2010年には83.5%まで上昇したことがわかる.社人研の「将来推計」によると,将来も核家族化の趨勢は続き,2035年には89.0%まで上昇すると予想される.

しかし前回の世帯数の「将来推計」(国立社会保障・人口問題研究所,2008)では,図3-2にみるように,2人以上の世帯に占める核家族世帯の割合は2015年の83.0%をピークに減少に転じるという推計結果だった.これは世帯主の年齢構成の高齢化が直系家族を増やすことと(80歳以上の世帯主は直系家族が相対的に多いため),有配偶割合の低下が単独世帯とその他の世帯を増加させ核家族を減少させることによる(鈴木,2012).これは結婚後の親子同居に関する行動の変化がなくても,人口高齢化や有配偶割合の低下といった人口変

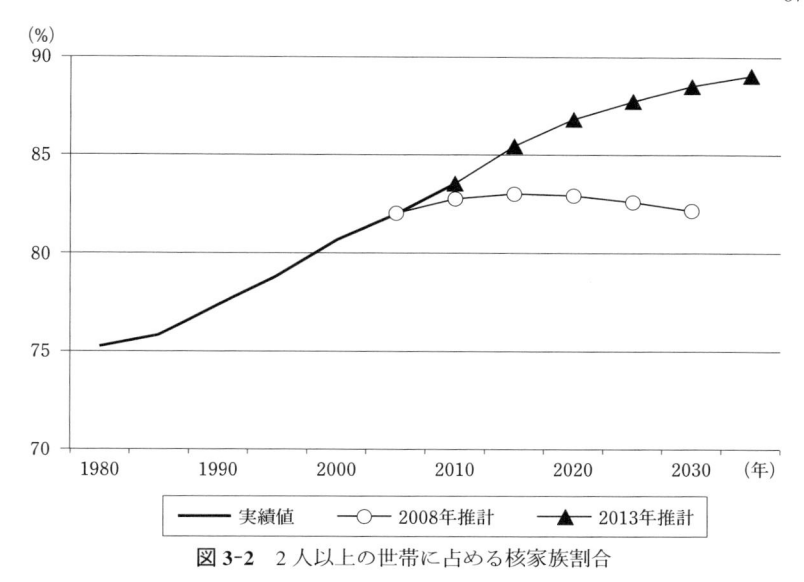

図 3-2　2 人以上の世帯に占める核家族割合

動によって核家族化の趨勢が終焉を迎え，直系家族の復権（加藤，2006）が起こり得ることを示す結果だった．

　ところが今回の結果では，2035 年までにそのような逆転は起こらず，2 人以上の世帯に占める核家族の割合は上昇を続けるというものだった（図 3-2）．これは 2000-05 年に一度減速した核家族割合の増加が再び加速したことと，「将来推計」の前提である推移確率行列の根拠となった「世帯動態調査」（国立社会保障・人口問題研究所，2007；2011）で「その他の一般世帯」からの流出確率の上昇がみられたことによる（鈴木，2014）．「世帯動態調査」から得られた推移確率行列が示唆する定常状態における「その他の一般世帯の世帯主」の割合は，「第 5 回世帯動態調査」（2004 年）が 9.3％ だったのに対し，「第 6 回世帯動態調査」（2009 年）は 7.6％ だった．この 2 時点間にみられた世帯形成行動の変化が，将来推計結果の差異をもたらしたと考えられる．

5　ライフコースと居住状態

　ここまでは世帯の家族類型の変化を見てきたが，この節では個人から見た親子同居について考察する．個人のライフコースを考えると，結婚前に一人暮らしを始める人もいるが，結婚時に初めて親元を離れる人もおり，一部は結婚後も親と同居し直系家族世帯を形成するだろう．結婚して子が生まれれば「夫婦と子」世帯となる場合が多いだろうが，いずれは子が成長して別居していき，夫婦のみの状態（エンプティ・ネスト）になる可能性が高い．さらには配偶者と死別して，独居老人になる場合も多いだろう．以下ではこのようなライフコースに沿って考察していく．

(1)　親世帯からの離家

　若者が親と別居し別世帯に居住するようになることを離家（home-leaving）という．特に最初の離家は心理的・経済的自立への重要なステップで，初婚と同じくらい重要なライフイベントだが，日本で人口学的分析の対象とされるようになったのは比較的最近である（岩上，1999；澤口・嶋崎，2004；Suzuki，2001；2010；鈴木，2003；2007；菅，2009；2011；Takada，2004；福田，2003；2006；Fukuda，2009）．

　仮に全員が結婚前に離家するのであれば，晩婚化は離家のタイミングに影響しないが，実際には結婚時に初めて親元を離れる人も多い．したがって晩婚化は最初の離家のタイミングを遅らせることが予想され，実際にほとんどの分析で離家の遅れが報告されている．いくつの分析では，晩婚化の影響だけではなく，結婚前の離家も減少または遅れていることが指摘されている．

　離家に影響する要因としては，大都市では親元からの進学・就職が可能なため離家が遅いこと，きょうだい数が多いと離家が早いこと，親元が持家で両親がそろっており母親が専業主婦だと離家が遅いことなどが確認されている．持家以外の親の社会経済的地位や本人の地位達成の影響は，確認されているとは言いがたい．

　パラサイト・シングル仮説（山田，1999）では，生活水準の低下を恐れて離家も結婚もせず親と同居を続ける若者の増加が晩婚化・少子化を促進している

ことが主張された．これは Easterlin（1978）や Lutz *et al.*（2006）で言及されている相対所得仮説の一種で，好況期に育った若者の高い期待所得と現実とのギャップが初婚率・出生率を低下させるという主張である．このようにパラサイト・シングル仮説はさほど目新しいものではないが，「パラサイト」という刺激的な用語のせいか，「ひきこもり」「ニート」などと合わせて青少年バッシングに利用された（本田他，2006）．若者の離家や自立の遅れを非難するのは日本に限った現象ではなく，韓国では「カンガルー族」，中国では「啃老族」という言葉が登場し，自立しない／できない若者を批判している．イタリアでも離家の遅さが若者から自立性と決断力を奪っているという主張が提起され（Dalla Zuanna, 2001；Livi-Bacci, 2001），「ピーターパン症候群」として知られるようになった（Billari and Rosina, 2004）．

　ただし近代化・産業化とともに教育年数が延び，世代間の富の流れがもっぱら親から子へ向かうようになることも，高度経済成長が終わって低成長期に入ると若年労働市場が悪化し若者が望むほどの所得が得られなくなることも，必然的な時代の流れである．こうした構造的要因から目をそらして青少年をバッシングしても，学術的にも政策的にも利益にならない（McDonald, 2002；Boling, 2007）．

(2)　結婚後の親との同居

　出生率の低下は，高齢の親が子と同居する確率を低下させる一方，子夫婦が親と同居する確率を上昇させると考えられる．日本では複数の子夫婦が親と同居する合同世帯は皆無に近く，親と同居できる有配偶子は 1 人に限られる．この場合，きょうだい数の減少は親との同居をめぐるきょうだい間の競合を緩和するため，同居性向の低下がきょうだい数減少の効果を上回らない限り，子夫婦から見た親との同居割合は上昇することが期待される（廣嶋，1983；1984）．

　実際に子夫婦の親との同居が増加しているかは明確でない．毎日新聞社の「全国家族計画調査」「全国人口家族世代調査」をプールしたデータの分析によると，新婚時の親との同居割合は 1990 年代末以後上昇しているとされる（Matsukura *et al.*, 2011）．一方，日本家族社会学会の調査の分析では，夫方同居・妻方同居とも減少が続いている（施，2008）．表 3-3 によると，社人研

表 3-3　有配偶者の親との同居割合

全国家庭動向調査	いずれかの親と同居（％）60歳未満の妻	世帯動態調査	自分の親と同居（％）		
			夫妻	夫	妻
第1回（1993年）	26.3				
第2回（1998年）	19.6	第4回（1999年）	16.7	26.2	7.4
第3回（2003年）	27.4	第5回（2004年）	16.4	25.7	7.4
第4回（2008年）	26.1	第6回（2009年）	16.1	23.2	9.1
第5回（2013年）	31.3				

注：「すべての親が死亡」「親との同居別居不詳」を除外して集計.
出所：国立社会保障・人口問題研究所「全国家庭動向調査」「世帯動態調査」.

の「全国家庭動向調査」では，上下動を含みながら同居が増加している印象を与える．同研究所の「世帯動態調査」では，夫方同居が減少し妻方同居が増加しているが，夫妻合計ではほとんど変化がない．

　親との同居の規程要因では，親が無配偶の場合，農村部居住の場合に同居が多いという結果が共通してみられる．また夫が長男だと夫方同居が多いという，直系家族規範の残存を示唆する結果もよく見られる．（Kojima, 1994; Budak *et al*., 1996; 西岡，2000; 坂本，2006; 施，2008; Matsukura *et al*., 2011）．社会経済的地位の影響は明確ではない．地域差については後述する．

(3)　高齢者の居住状態

　図3-3は，「厚生行政基礎調査」（1980, 1985年）および「国民生活基礎調査」（1990, 1995, 2000, 2005, 2010年）による65歳以上高齢者の居住状態の変化を図示したものである．1980-2010年の30年間に，独居は8.5％から16.9％まで，夫婦のみは19.6％から37.2％まで増えた．子との同居割合は69.0％から42.3％まで低下したが，減少したのはもっぱら子夫婦との同居で，配偶者がいない子との同居は16.5％から24.8％に増えている．これらの調査は一般世帯を対象としたもので，施設に居住する高齢者は除外されている．ちなみに，「2010年国勢調査」で65歳以上人口に占める施設居住者は4.1％だった．

　子の配偶関係を問わず，高齢者の子との同居要因を分析した研究によると，子が少ない場合，配偶者が同居している場合，都市に居住している場合に子との同居確率が低いという結果が共通して見られる（Kojima, 1989; Tsuya and

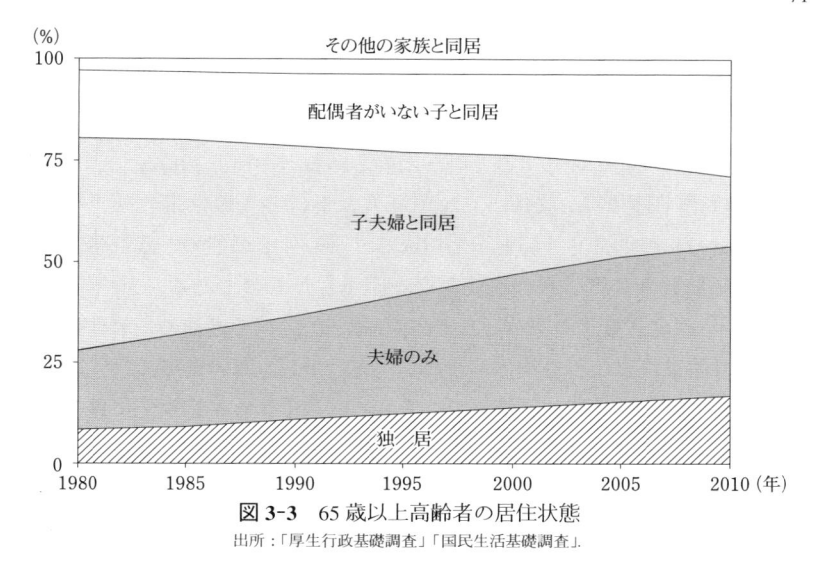

図 3-3 65 歳以上高齢者の居住状態

出所：「厚生行政基礎調査」「国民生活基礎調査」.

Martin, 1992; 田渕, 1998; 田渕・中里, 2004; 八代, 1999; 鈴木, 2001). し
たがって出生率低下に加え，死亡率低下による高齢者の有配偶割合の上昇や都
市化も，子との同居割合低下を促進した可能性がある．しかし低下がもっぱら
子夫婦との同居の減少によることから考えて，主な要因は核家族志向のような
規範意識の変化だろう．

　なお，2010 年に 42.3％ という子との同居割合は，低下したとはいえヨーロ
ッパ諸国よりは高い．やや古いデータになるが，「1994-95 年ヨーロッパ世帯
パネル調査」によると，65 歳以上高齢者の子との同居割合は，南部ーカトリ
ック諸国で 20-40％，北部ープロテスタント諸国では 20％ 未満だった（Ia-
covou, 2000).

6　世帯構造の地域差

　日本の世帯構造については，東北地方や日本海側を中心とする「直系家族
型」と，西南日本地域や大都市圏を中心とする「核家族型」とに二分できるこ
とが多くの研究で示されてきた（伊藤, 1990; 清水, 1996; 熊谷, 1997; 山田,

2002；小山，2007）．こうした地域差は，おもに家族規範の違いによると説明されている．家族規範を形成する要因については，産業構造や親族の空間的距離など挙げられているが（熊谷，1997；原田，2002），地域の世帯構造そのものが個人の同居規範に影響するという指摘もある（中西，2011）．

　図3-4は，「国勢調査」（1985，2010年）における一般世帯数を「単独世帯および夫婦のみの世帯」，「親と子から成る世帯」，「その他の一般世帯」に3区分し，都道府県別に世帯数の構成割合を図示したものである．25年前，すなわち1985年には，東北地方から日本海側にかけて，「その他の一般世帯」が最大あるいは第2位となる自治体が連なる一方，それ以外の地域では「親と子から成る世帯」または「単独世帯および夫婦のみの世帯」が相対的に優勢で，従来指摘されてきた世帯構造の地域性が確認できる．2010年になると，沖縄以外の46都道府県はすべて「単独世帯および夫婦のみの世帯」＞「親と子から成る世帯」＞「その他の一般世帯」となり，小家族化・核家族化の広まりがみてとれる．世帯を単位としてみたときには，日本全体にわたって，「核家族型」からさらに単独世帯または夫婦のみの世帯の，いわば単世代世帯を中心とした構造へと移行していると言える．

　都道府県別に平均世帯人員をみると，1985年には大多数の都道府県で3人以上であったが，2010年にはすべての都道府県で3人以下となっており，平均世帯人員が比較的多いのは，東北地方などの東日本から中部，日本海側にかけての地域である．社人研による世帯数の「都道府県別将来推計」（平成26年4月推計，以下同様．国立社会保障・人口問題研究所，2014）によると，こうした傾向が今後も続くと予想され，平均世帯人員は2010年から2035年まですべての都道府県で減少し，最も少ない東京では，2015年以降は2.0人を下回るという推計結果となっている．

　次に，高齢者の居住世帯の状況をみる．「国勢調査」（1985，2010年）における65歳以上の世帯員のいる世帯について，親子の同別居という視点から，単独世帯および夫婦のみの世帯を「別居世帯」，それ以外を「同居世帯」（少数ではあるが親子以外（兄弟姉妹や非親族）の同居関係も含まれる）と二分し，各都道府県でどちらが多いかをみたものが図3-5である．「別居世帯」が優勢な都道府県については，さらに単独世帯と夫婦のみの世帯のどちらが多いかに

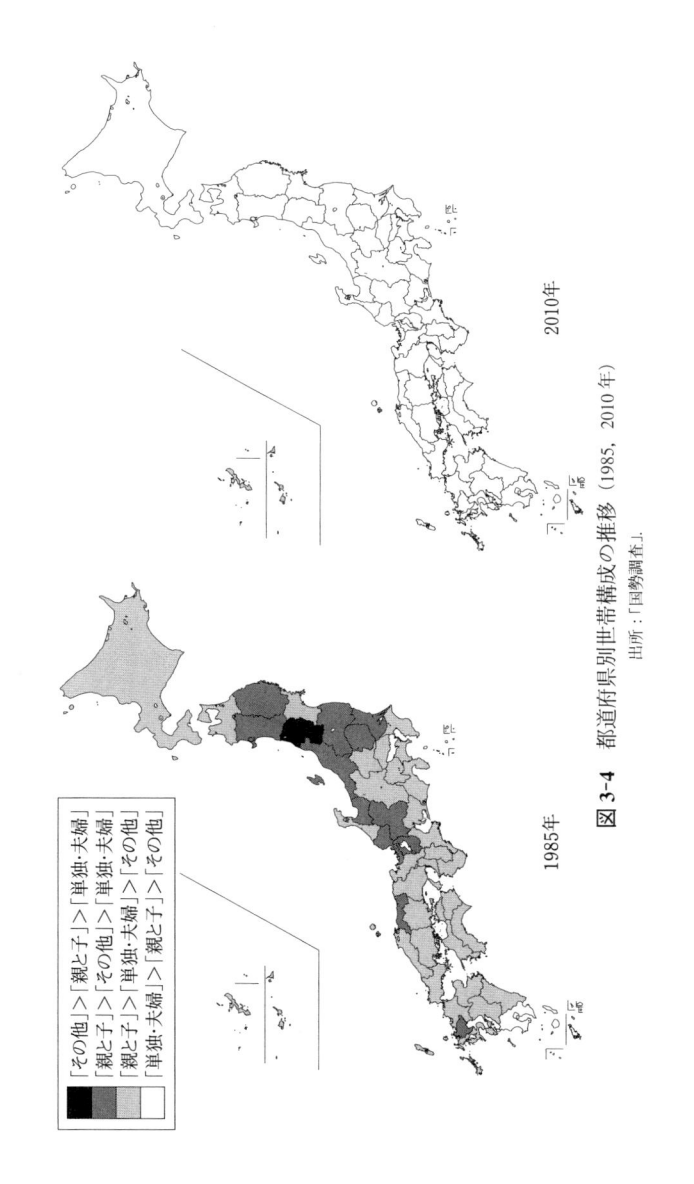

図 3-4 都道府県別世帯構成の推移 (1985, 2010年)

出所：「国勢調査」.

74

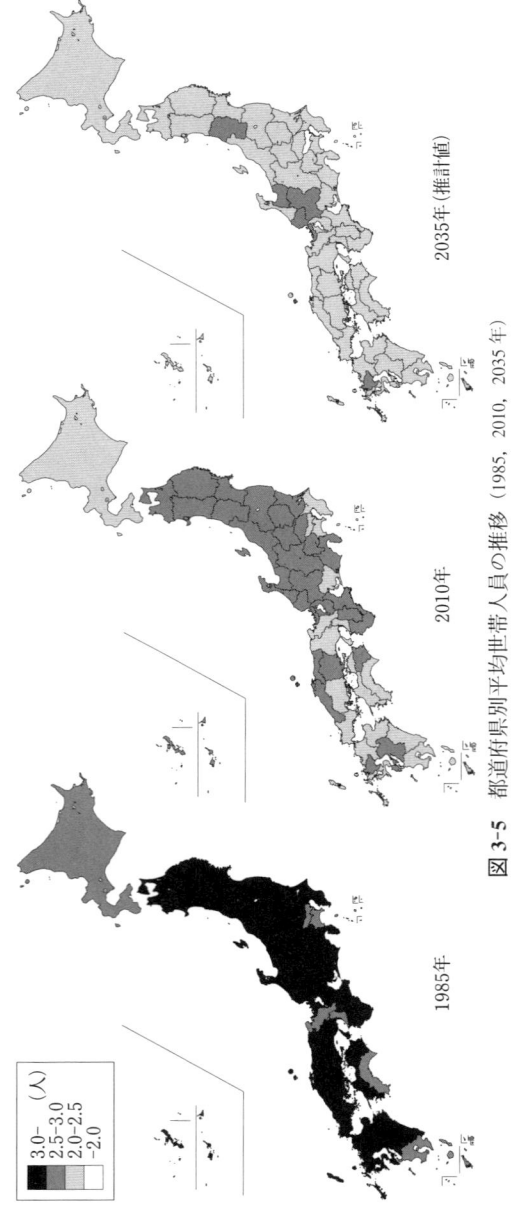

図 3-5　都道府県別平均世帯人員の推移（1985, 2010, 2035 年）

出所：「国勢調査」，国立社会保障・人口問題研究所（2014）.

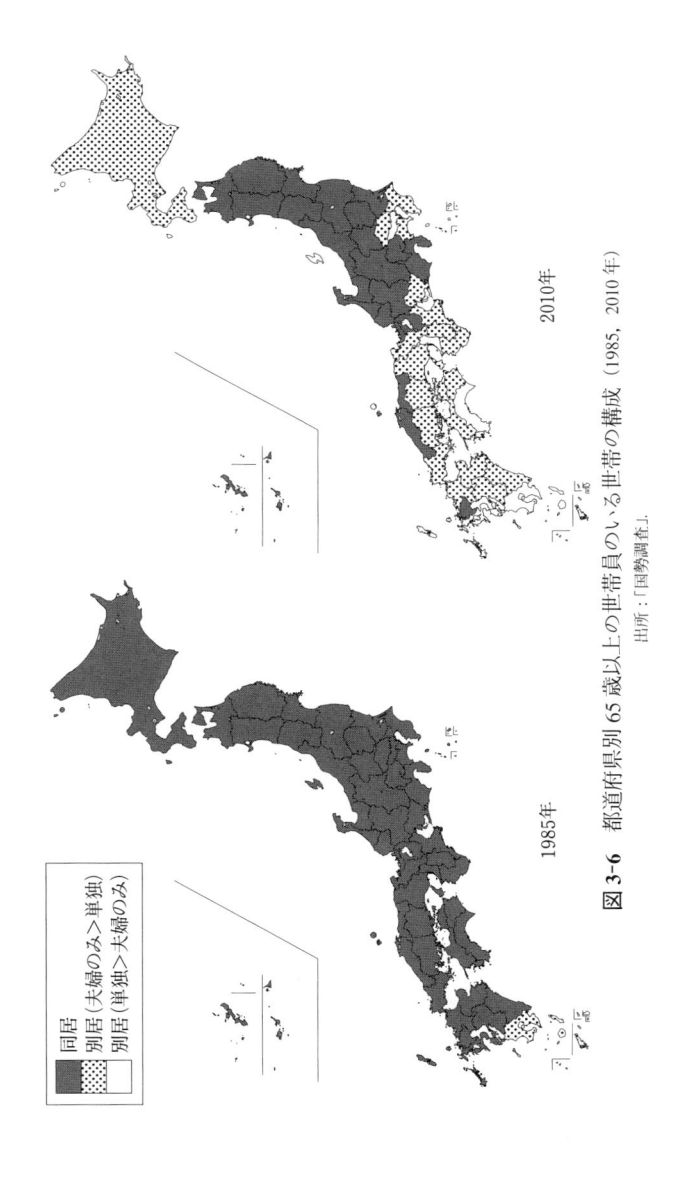

図 3-6　都道府県別 65 歳以上の世帯員のいる世帯の構成（1985，2010 年）

出所：「国勢調査」.

よって区別して図示した．1985年には，ほとんどの都道府県で同居世帯が優勢であるが，唯一鹿児島では別居世帯が優勢である．そして鹿児島の別居世帯においては，夫婦のみの世帯が単独世帯よりも多いことが分かる．その25年後となる2010年では，同居世帯が優勢の地域は半数弱の22県となり，別居世帯が優勢の地域が相対的に多数となる．さらに，別居世帯優勢の25都道府県のうち，東京，大阪，高知，鹿児島の4都府県では，単独世帯が夫婦のみ世帯よりも多い．高齢者の暮らす世帯において，子との同居から，夫婦のみでの居住，さらには一人暮らしへと，小規模化の進行が顕著である．

　上述の東京，大阪，高知，鹿児島の4都府県における高齢者の単独世帯について比較したものが表3-4である．表3-4をみると，65歳以上の世帯員のいる世帯に占める単独世帯の割合はいずれも3割を超えているが，人口の高齢化率は鹿児島・高知の25％を超える水準に対し，東京・大阪という大都市地域では20％強と低く，これら4都府県内の差は顕著である．さらに，65歳以上の単独世帯居住者について配偶関係（未婚者の割合）をみると，未婚の単独世帯居住者は，鹿児島では男性で14.5％，女性で8.2％であるのに対し，東京では男性で31.9％，女性で18.1％と非常に高く，未婚化・非婚化の影響が現れている．高齢者の一人暮らしが多いという地域でも，高齢者個人の属性をみると，そのなかには地域差があることがわかる．なお，東京の65歳以上未婚単独世帯居住者の割合は，1985年には男性で10.7％，女性で8.6％で，2010年の鹿児島よりも低い水準であった．高齢単独世帯の未婚化もまた，全国的に，急激に進行しているといえる．

表3-4　高齢者の単独世帯の割合

2010年	高齢化率（％）	順位	65歳以上世帯員のいる世帯に占める単独世帯の割合（％）	順位	65歳以上の単独世帯に占める未婚者の割合（％）	
					男	女
鹿児島	26.5	12	34.8	1	14.5	8.2
東京	20.4	44	33.9	2	31.9	18.1
大阪	22.4	37	32.2	3	24.7	12.0
高知	28.8	3	31.4	4	20.2	9.6

注：順位は47都道府県における順位．
出所：「国勢調査」．

7　おわりに

　二世代あるいは三世代同居から核家族へ，そして夫婦二人暮らしや一人暮らしへと，日本の世帯・家族の住まい方は大きく姿を変えている．少子化・未婚化の進行は，世帯そのものの変化だけでなく，世帯をとりまく親族のつながりにも変化をもたらしている．とりわけ，長寿化と少子化・未婚化が並走する昨今では，高齢者の居住状態は新たな様相を呈している．今後予想される未婚高齢者の単独世帯の増加は，その顕著な例といえる．親世帯（高齢者）からみれば，子ども世帯と同居するか別居するかという選択以前に，同居可能な子の有無が大きな分岐点となる．また，未婚の子と高齢の親との同居世帯なども今後は存在感を増すだろう．現在はまだ家族規範に根ざした世帯構造の地域差がみられるが，今後は，地域ごとの家族規範は規範として保持されつつも，現実的な条件によって世帯形成行動は規範と乖離していかざるを得ないかもしれない．親族ネットワークが縮小するなかでは，小規模の世帯の脆弱さが表面化しやすいが，それは，高齢者を含む世帯だけでなく，若年層でもひとり親と子の世帯などでは同様である．今後は，世帯に対する支援においては，必然的に親族以外の支援（施設に対する需要を含め）が必要となる．これからの社会を見通すときには，人口だけでなく世帯の面からも，また，世帯数という定量的な部分だけでなく，世帯や世帯員の社会経済的属性も含めた見方が求められる．

注
1)　「2010 年国勢調査」から，親族世帯の一部が「非親族を含む世帯」に分類されるようになったため，2005 年までの定義より核家族割合がわずかに低く出るようになった．しかし遡及推計結果を見ると，2005 年の 2 人以上一般世帯に占める核家族の割合は，旧定義で 82.05%，新定義で 81.86% であり，差はごくわずかである．
2)　世帯数についての将来推計は，最新版が 2010 年国勢調査を基準としていることから，以下では 2010 年までを実績値として扱うこととする．

参考文献
伊藤達也（1990）『世帯構成とその地域性（昭和 60 年モノグラフシリーズ No. 9）』日本統計協会.
岩上真珠（1999）「20 代，30 代未婚者の親との同別居構造——第 11 回出生動向基本調査独身者調査より」『人口問題研究』55(4): 1-15.

加藤彰彦（2006）「戦後日本家族の軌跡」富田武・李静和編『家族の変容とジェンダー——少子高齢化とグローバル化のなかで』日本評論社，pp. 3-30.

加藤彰彦（2009）「直系家族の現在」『社会学雑誌』神戸大学社会学研究会，26: 3-18.

熊谷文枝（1997）「日本の家族の地域性と多様性——地域特性と世帯構造」熊谷文枝編『日本の家族と地域性（上）』ミネルヴァ書房，pp. 19-56.

国立社会保障・人口問題研究所（2007）『現代日本の世帯変動　第5回世帯動態調査（2004年人口問題基本調査）』調査研究報告資料第21号.

国立社会保障・人口問題研究所（2008）『日本の世帯数の将来推計（全国推計）——2005（平成17）-2030（平成42）年——2008（平成20）年3月推計』国立社会保障・人口問題研究所研究資料第318号.

国立社会保障・人口問題研究所（2011）『現代日本の世帯変動　第6回世帯動態調査（2009年人口問題基本調査）』調査研究報告資料第28号.

国立社会保障・人口問題研究所（2013）『日本の世帯数の将来推計（全国推計）——2010（平成22）-2035（平成47）年——2013（平成25）年1月推計』人口問題研究資料第329号.

国立社会保障・人口問題研究所（2014『日本の世帯数の将来推計（都道府県別推計）——2010（平成22）-2035（平成47）年——2014（平成26）年4月推計』2014年4月11日公表（報告書作成中）.

小山泰代（2007）「世帯から見える日本のすがた」稲葉寿編『現代人口学の射程』ミネルヴァ書房，pp. 77-96.

坂本和靖（2006）「親との同居選択の要因とその効果——Propensity Score Matching による分析既婚者の場合」『季刊家計経済研究』72: 21-30.

澤口恵一・嶋﨑尚子（2004）「成人期への移行過程の変動——学校・職業・家族の共時性」渡辺秀樹・稲葉昭英・嶋崎尚子編『現代家族の構造と変容——全国家族調査［NFRJ98］による計量分析』東京大学出版会，pp. 99-120.

清水浩昭（1992）『高齢化社会と家族構造の地域性』時潮社.

清水浩昭（1996）「家族構造の地域性」ヨーゼフ・クライナー編『地域性からみた日本』新曜社，pp. 65-91.

清水浩昭（2000）「人口学的にみた高齢期家族の特徴」染谷俶子『老いと家族——変貌する高齢者と家族』ミネルヴァ書房，pp. 13-33.

施利平（2008）「戦後日本の親子・親族関係の持続と変化」『家族社会学研究』20(2): 20-33.

菅桂太（2009）「離家とパートナーシップ形成タイミングの日米比較」『人口問題研究』65(3): 40-57.

菅桂太（2011）「離家の遅れと未婚化——日米比較分析」阿藤誠・西岡八郎・津谷典子・福田亘孝編『少子化時代の家族変容——パートナーシップと出生行動』東京大学出版会，pp. 69-93.

鈴木透（2001）「人口減少社会の親族資源」『理論と方法』30: 185-197.

鈴木透（2012）「直系家族世帯の動向」『人口問題研究』68(2): 3-17.

鈴木透（2014）「全国世帯推計の方法論的諸問題」『人口問題研究』70(2)：81-96.

田渕六朗（1998）「老親・成人子同居の規定要因——子どもの性別構成を中心に」『人口問題研究』54(3)：3-19.

田渕六郎（2009）「離家とその決定要因——日本・ドイツ・イタリアの比較を通じて」『人口問題研究』65(2)：28-44.

田渕六郎・中里英樹（2004）「親と成人子との居住関係——同居・隣居・近居・遠居をめぐって」渡辺秀樹・稲葉昭英・嶋崎尚子編『現代家族の構造と変容——全国家族調査［NFRJ98］による計量分析』東京大学出版会，pp. 121-148.

中西泰子（2011）「老親扶養規範意識と地域特性——地域の家族構造が及ぼす影響について」稲葉昭英・保田時男編『第3回家族についての全国調査（NFRJ08）第2次報告書』日本家族社会学会全国家族調査委員会，pp. 99-109

西岡八郎（2000）「日本における成人子と親との関係——成人子と老親の居住関係を中心に」『人口問題研究』56(3)：34-55.

原田謙（2002）「ネットワーク特性と家族意識——伝統的規範と非通念的な結婚観に対する許容度に関連する要因」『総合都市研究』78：95-107.

廣嶋清志（1983）「戦後日本における親と子の同居率の形式人口学的分析モデル」『人口問題研究』167：18-31.

廣嶋清志（1984）「戦後日本における親と子の同居率の人口学的実証分析」『人口問題研究』169：31-42.

福田節也（2003）「日本における離家要因の分析——離家タイミングの規定要因に関する考察」『人口学研究』33：41-59.

福田節也（2006）「未婚女性の離家・ライフスタイル・結婚」『家計経済研究』72：31-42.

本田由紀・内藤朝雄・後藤和智（2006）『「ニート」って言うな！』光文社新書.

八代尚宏（1999）『少子・高齢化の経済学——市場重視の構造改革』東洋経済新報社.

山田英代（2002）「国勢調査にみる高齢者世帯の推移と地域差」広原盛明他編『少子高齢時代の都市住宅学』ミネルヴァ書房，pp. 36-54.

山田昌弘（1999）『パラサイト・シングルの時代』ちくま新書.

Billari, F. C. and Rosina, A. (2004) "Italian 'Latest-Late' Transition to Adulthood: An Exploration of its Consequences on Fertility," *Genus*, 60(1)：71-88.

Boling, P. (2007) "Policies to Support Working Mothers and Children in Japan," in Rosenbluth, F. M. (ed.), *Political Economy of Japan's Low Fertility*, Stanford University Press, pp. 131-154.

Budak, M-A. E., Liaw, K-L. and Kawabe, H. (1996) "Co-residence of Household Heads with Parents in Japan: A Multivariate Explanation," *International Journal of Population Geography*, 2：133-152

Dalla-Zuanna, G. (2001) "The Banquet of Aeolus: A Familistic Interpretation of Italy's Lowest Low Fertility," *Demographic Research*, 4(5)：134-162.

Easterlin, R. A. (1978) "What Will 1984 Be Like? Socioeconomic Implications of Recent Twists in Age Structure," *Demography*, 15(4) 397-421.

Fukuda, S. (2009) "Leaving the Parental Home in Post-war Japan: Demographic Changes, Stem-family Norms and the Transition to Adulthood," *Demographic Research*, 20(30): 731-816.

Iacovou, M. (2000) "The Living Arrangements of Elderly Europeans," Institute for Social and Economic Research, Working Paper 2000-09.

Kojima, H. (1989) "Intergenerational Household Extension in Japan," in Goldscheider, F. K. and Goldscheider, C. (eds.), *Ethnicity and the New Family Economy*, Westview Press, Boulder, Colorado, pp. 163-184.

Kojima, H. (1994) "Determinants of Coresidence of Married Couples with an Older Mother in Japan," IPP Working Paper Series No. 11.

Livi-Bacci, M. (2001) "Too Few Children and Too Much Family," *Daedalus*, 130(3): 139-156.

Lutz, W., Skirbekk, V. and Testa, M. R. (2006) "The Low Fertility Trap Hypothesis: Forces that May Lead to Further Postponement and Fewer Births in Europe," *Vienna Yearbook of Population Research 2006*, pp. 115-151.

Matsukura, R., Retherford, R. D. and Ogawa, N. (2011) "Explaining Trends in Coresidence of Newly Married Couples with Parents in Japan," *Asian Population Studies*, 7(3): 195-218.

McDonald, P. (2002) "Sustaining Fertility through Public Policy: The Range of Options," *Population* (English Edition), 57(3): 417-446.

Suzuki, T. (2001) "Leaving the Parental Household in Contemporary Japan," *Review of Population and Social Policy*, 10: 23-35.

Suzuki, T. (2010) "Trends in Household Formation in Japan: Analysis of the National Survey on Household Changes," The Changing Transition to Adulthood in Japan: Current Demographic Research and Policy Implications, 国立社会保障・人口問題研究所所内研究資料第 33 号 : 33-51.

Takada, S. (2004) "Living Arrangements of Single Japanese Women: Are Japanese Parents Altruistic?"『人口学研究』34: 1-11.

Tsuya, N. O. and Martin, L. G. (1992) "Living Arrangements of Elderly Japanese and Attitudes toward Inheritance," *Journal of Gerontology*, 47(2): S45-S54.

第4章　人口動向と社会保障

宮田　智

1　問題の設定

　本章では，まず，社会保障給付費の増加を，高齢者の増加とそれ以外の要因に分けることによって，将来の人口構造の変化がどのような影響を社会保障給付費に与えるかを試算する．これと関連して，より精緻な将来推計を行うために必要なデータについても述べたい．また，社会保障の持続可能性と関連して社会保障負担，国民負担についても触れる．次に，社会保障とそれに関連する政策によって人口動向，特に出生率の向上を図ることについて議論を整理する．その上で，この問題に関連した理論についても触れたい．

　なお，2014年の研究叢書『社会保障費用統計の理論と分析』において，「第4章　我が国の人口動向と社会保障——過去から現在までの期間」（金子，2014a）と「第13章　人口の将来推計と社会保障——日本の将来推計人口と社会保障制度に与える影響」（金子，2014b）が執筆されており，これらとの重複をできるだけ避けた内容としているので併読していただければ幸いである．

2　人口構造の変化と将来の社会保障給付

　過去数十年間の社会保障給付費の推移を見ると，一貫して増加を続けていて，過去20年間でほぼ倍増している（図4-1）．この時期は対GDP比も一貫して上昇しており，12％程度であったのが31％程度まで伸びている．この間の急速な高齢化という人口構造の変化が大きな要因であったことは，この時期に65歳以上人口の割合が12％から25％まで増えていることからも容易に推測

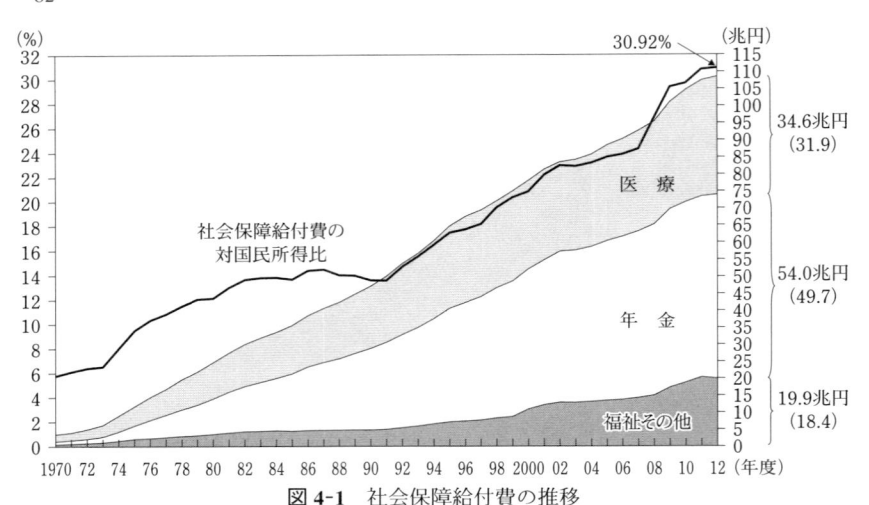

図 4-1　社会保障給付費の推移

出所：国立社会保障・人口問題研究所 SSJ-DB (http://www.ipss.go.jp/ssj-db/017.xls).

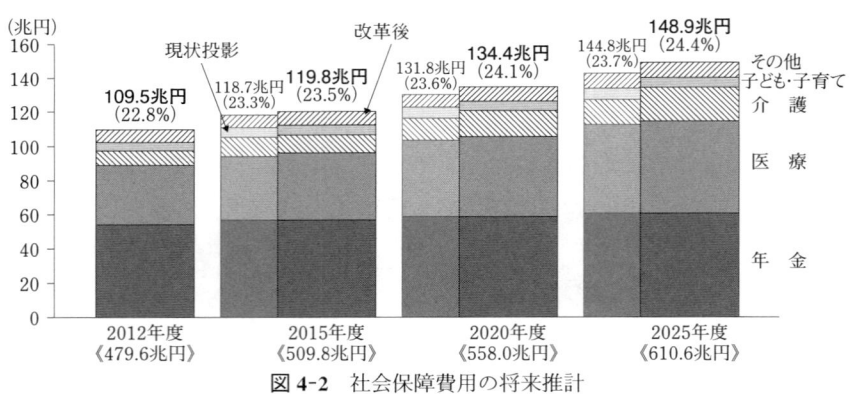

図 4-2　社会保障費用の将来推計

注1：子ども・子育ては，新システム制度の実施等を前提に，保育所，幼稚園，延長保育，地域子育て支援拠点，一時預かり，子どものための現金給付，育児休業給付，出産手当金，社会的養護，妊婦健診等を含めた計数である．
注2：（　）内は対 GDP 比，《　》内は対 GDP 額である．
出所：厚生労働省「社会保障に係る費用の将来推計の改定について」(2012 年).

　できるだろう．今後さらに 65 歳以上人口は，2025 年に全体の 30%，25 年後の 2040 年には 36% と増加し続けると推計されている．これを反映させて今後の社会保障給付費を試算しようとする場合，どのようにすればよいだろうか.

　厚生労働省が 2012（平成 24）年に行った「社会保障に係る費用の将来推計

の改定について」という推計がある（図4-2）．それを見ると，2025年度は「現状投影ケース」で社会保障給付費全体は144.8兆円（GDP比23.7%），「改革後ケース」で148.9兆円（24.4%）となっている．後者の内訳は年金60.4兆円，医療54.0兆円，介護19.8兆円，子ども・子育て5.6兆円，その他9.0兆円である．

　このうち，医療と介護については2011（平成23）年6月の「医療・介護に係る長期推計（主にサービス提供体制改革に係る改革について）」が元になっていると考えられる．図4-3の推計の基本的な考え方を見ると，「需要」に人

【需要／供給，単価，伸び率の考え方】

費用総額（名目値） ＝ 需要／供給（サービスごとの利用者数／提供体制等） × 単価（利用者等単位当額（現状の価格水準ベース）） × 伸び率（経済成長や医療の高度化等要因）

本推計では，年齢階級別人口×同一人当たり医療費による方法に比べて，提供体制改革の政策効果を加味・反映しやすく，病床数やマンパワー等供給量の推計を行いやすい方法（社会保障国民会議で使用された方法）を使用

現状投影シナリオ
（現状の年齢階級別・サービス類型別利用状況がそのまま続いたとした場合の機械的計算
　→　**現状の医療・介護のサービス提供に関する問題点が解決されないまま今後も推移していくシナリオ）**
　需　要：病床ごとの入院，外来・在宅医療，介護施設や居住系サービス，在宅介護サービス等について，仮に，現状の年齢階級別利用状況が続いたとした場合を仮定（サービスの需要について，人口増減及び人口構造の高齢化による変化のみ織り込んだもの）
　供　給：上記のように仮定した需要に見合うよう，現状と同水準で各サービスの供給が行われるとした場合を仮定
　単　価：現在の各サービスにおける単位当たり費用（例えば入院1日当たり費用）が続くとした場合を仮定
　伸び率：経済成長（賃金や物価の上昇等に対応）や医療の高度化等による伸び率を仮定

改革シナリオ
（選択と集中により，医療・介護サービスのあるべき姿を踏まえた場合のシミュレーション）
　需　要：急性期の重点化，亜急性期・慢性期の充実，在宅医療や介護の強化など，各種サービス提供体制の改革を前提として，疾病や状態像にふさわしい医療・介護のサービスを受けたとした場合における，各サービスごとの利用の見込み（サービスの需要について，人口増減及び人口構造の高齢化による変化に加え，提供体制の改革を織り込んだもの）
　供　給：疾病や状態像にふさわしい医療・介護を適用することができるようなサービス提供体制の改革・整備が行われることを仮定
　単　価：急性期病床における人員配置の重点化，亜急性期・回復期・慢性期や精神病床の人員強化など，各サービス提供体制の改革を踏まえた各サービスの単位当たり費用を仮定
　伸び率：現状投影シナリオと同様

図4-3　医療・介護費用推計の基本的な考え方
出所：厚生労働省「社会保障に係る費用の将来推計の改定について」（2012年）．

口増減および人口構造の高齢化による変化を織り込み,「供給」をそれに見合って設定して除して,これに現在の「単価」を乗じている.このような方法を取った理由は,現在の医療・介護の供給と需要との間にミスマッチがあり,その是正のための改革案の裏付けとして示されたものだからだと推測される.これに経済成長や医療の高度化等の要因を乗じているが,経済成長は内閣府の「経済成長の中長期試算(平成24年1月)」慎重シナリオに準拠している.

また,年金については時期的に言って2009(平成21)年の財政検証による推計額と思われるが,2014(平成26)年6月に社会保障審議会年金部会に提出された財政検証結果と比較すると物価上昇率,賃金上昇率といった経済前提(これもまた内閣府の作成した試算に準拠している)が,かなり変わっていることに気づく.財政検証の前提がしばしば変わることについては,財政検証は年金財政の長期にわたる財政収支の見通しを定期的にチェックするためのもので,長期的な推計自体にさほど意味はないという見方もあるかもしれない.

政策当局以外の推計については,日高(2002:131-150)は世代会計の手法を用いて,(給付と負担の現在価値で定義される)生涯純受益を算出する過程で,(当時の)政管健保の支出を推計している.年齢階級別の1人当たり医療費も老人保健と退職者医療の1人当たり給付費も当時(1995年)のまま変わらないとしている点が問題であるが,①医療給付から保険料負担を差し引いて,②国庫負担を所得税としてさらに引き,③これから過去の純受益を(標準報酬の上昇率を用いて再評価して)差し引くことによって,世代間の格差を示そうとした試みは評価されてよいだろう.

また,鈴木ら(2012)は年金,医療,介護の3分野に関する社会保障モデルを構築した上で,社会保障の長期推計を行い,さらに生年別の受益と負担の構造を検討している.年金では厚生労働省が平成21年財政検証に際して公開した計算手法とデータを取り込み,医療モデルと介護モデルでは現行制度と最新データを反映させたとしている.政府による推計結果を再現した上で,世代間の不均衡を(生涯負担率・保険料率と生涯受給率によって)定量的に明らかにしようとしたものである.ただし,それだけに経済前提は平成21年財政検証と同様のものとなっている.

ここでは上記と異なり,かつ簡便な試算として,人口構造の変化とそれ以外

の要因を分離し，後者については過去の長期間の傾向がそのまま続いたとして将来に投影して，人口構造が社会保障に与える影響をダイレクトに見る方法を提示したい．具体的には，①まず高齢者に対する給付とそれ以外への給付に分ける．社会保障給付費のうち「高齢者関係給付費」の推移が第18表として国立社会保障・人口問題研究所のホームページに掲載されているので，これを用いて「医療」「年金」「福祉その他」の3つに分けて，それぞれをその時点での65歳以上人口と65歳未満の人口で除すこととする．ただし，「高齢者関係給付費」が必ずしも65歳以上の者への給付と一致するわけではないことに留意が必要である．この点については，社会支出に関してではあるが，竹沢（2014:36-59）が参考になる．

　図4-4は1990年から5年ごとに2010年まで見たものだが，傾きが緩やかになって，近似式では医療などは右肩下がりにすらなる．医療については医療の

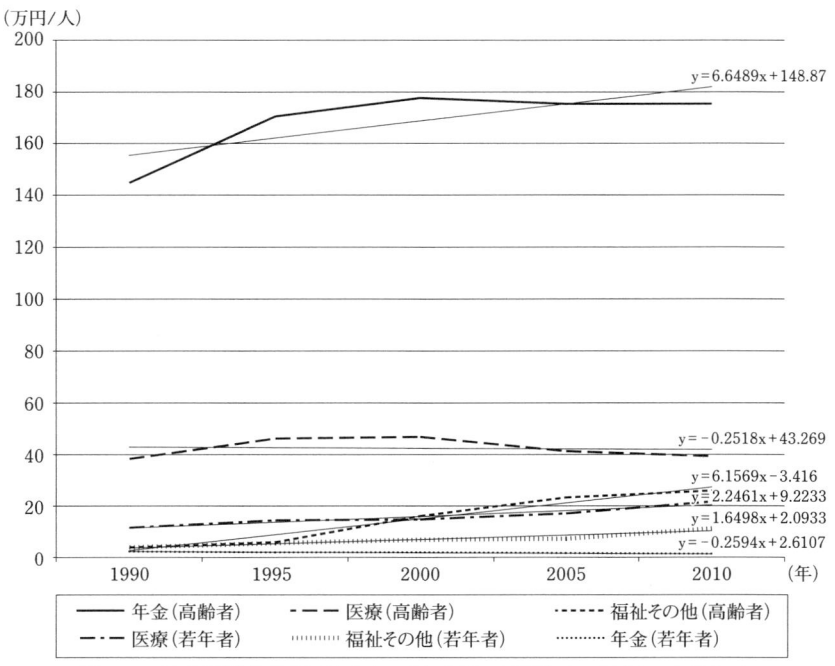

図4-4　社会保障給付費（高齢者・若年者別，部門別／65歳以上・未満人口）
出所：厚生労働省「社会保障に係る費用の将来推計の改定について」（2012年）.

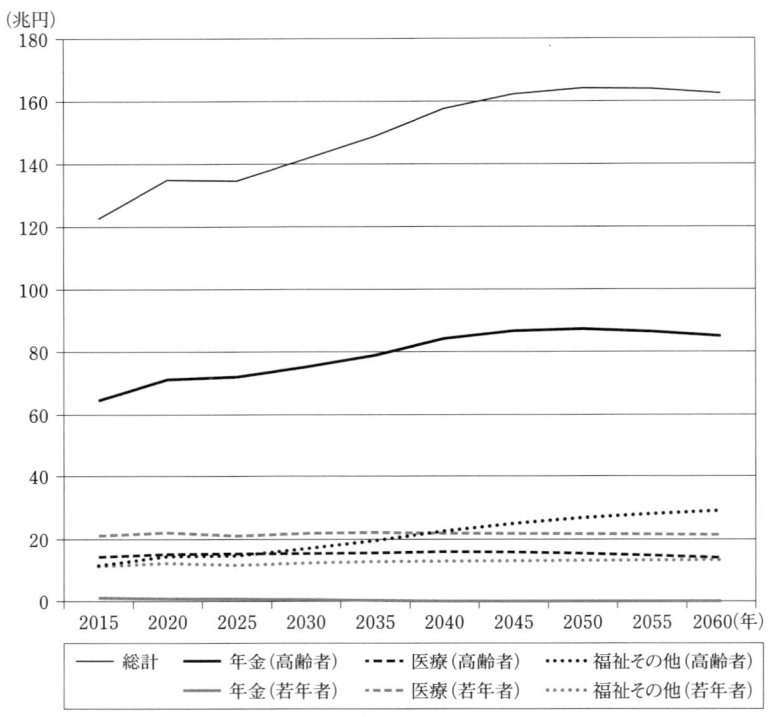

（兆円）

図4-5　社会保障給付費将来試算（高齢者・若年者別，部門別）
出所：厚生労働省「社会保障に係る費用の将来推計の改定について」（2012年）．

高度化よりも医療費適正化の方が強く働いたとか，年金は1人当たり年金額の上昇（年金の成熟化）があったといった解釈ができるかもしれない．いずれにせよ人口の高齢化が大きな要因であることが見て取れるだろう．

　次に，②この近似一次式をそのまま2060年まで伸ばした値に5年ごとの65歳以上・未満の推計人口を乗じて計算する（図4-5．ただし，若年者の年金は近似式のままでは2045年以降が負の値となるので0としている）．すると2025年では「医療」36.4兆円，「年金」72.7兆円，「福祉その他」26.2兆円となって，合計134.6兆円となる．厚生労働省の推計と比べると総額は14兆円あまりも小さくなり，内訳もかなり違うが，経済前提を置くか否かなど基本的なアプローチが違うので当然であろう．しかし，この試算で重要なのは，2020年までの急速な高齢化によって急増することと，その後は2040年頃に高齢者

人口が減少するのを追う形で 2050 年に 164 兆円でピークに達することだろう.

3　情報の見える化・使える化について

　この試算は，高齢化の要因を最重要視して，それ以外の要因はまとめて一定の傾向を持つものとしたわけだが，それは 20 年間という長期間で見れば経済社会の変化も種々の制度改正の影響も十分に取り込まれているだろう，少なくとも今後の社会保障給付費を考える場合，過去を捨象して議論することはあまり意味を持たないだろうという考えを前提にしている．しばしば実勢よりも期待を込めた数値を置きがちな経済前提を取り除いてトレンドだけで見るというわけである.

　もちろん，65 歳以上・未満の人口数の変化しか見ていないから粗雑だという批判はあるだろう．医療費については「国民医療費」を見ると男女別に 5 歳ごとの総額と 1 人当たり医療費（図 4-6）が掲載されている．これを過去 20

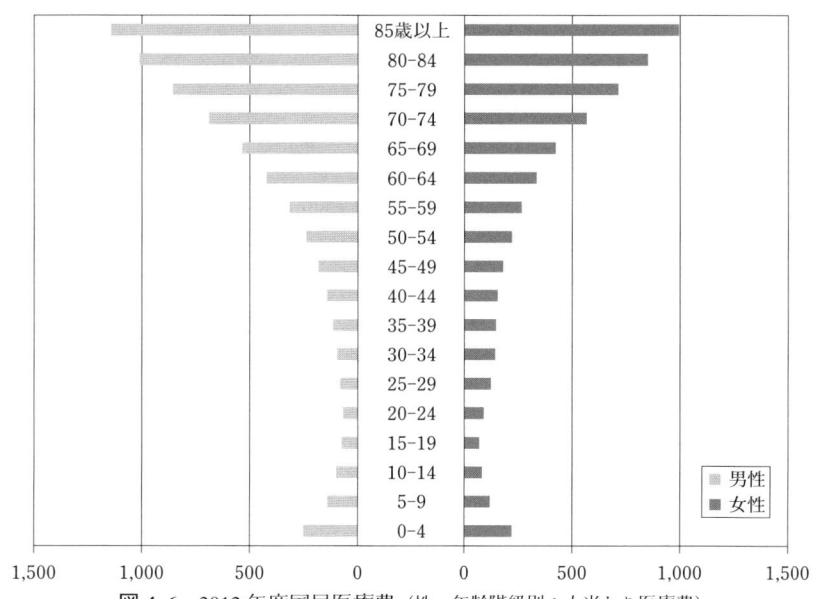

図 4-6　2012 年度国民医療費（性・年齢階級別 1 人当たり医療費）
出所：厚生労働省「社会保障に係る費用の将来推計の改定について」（2012 年）.

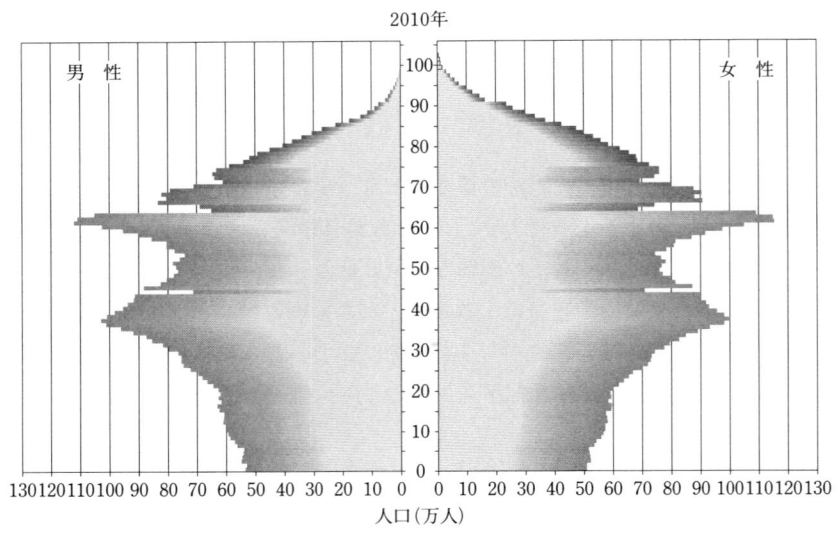

図 4-7 人口ピラミッド（2010 年）

出所：総務省統計局「国勢調査」,「推計人口」.

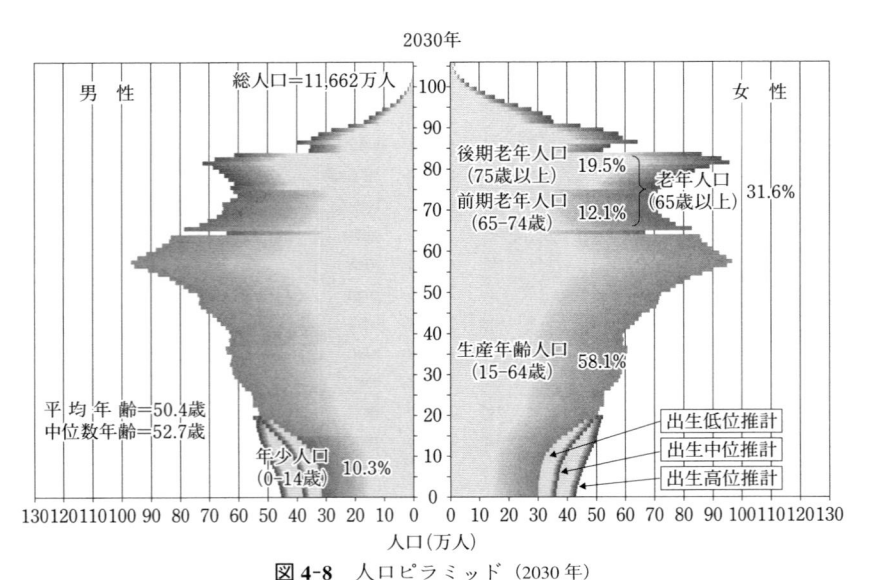

図 4-8 人口ピラミッド（2030 年）

出所：国立社会保障・人口問題研究所「日本の将来推計人口（平成 24 年 1 月推計）」.

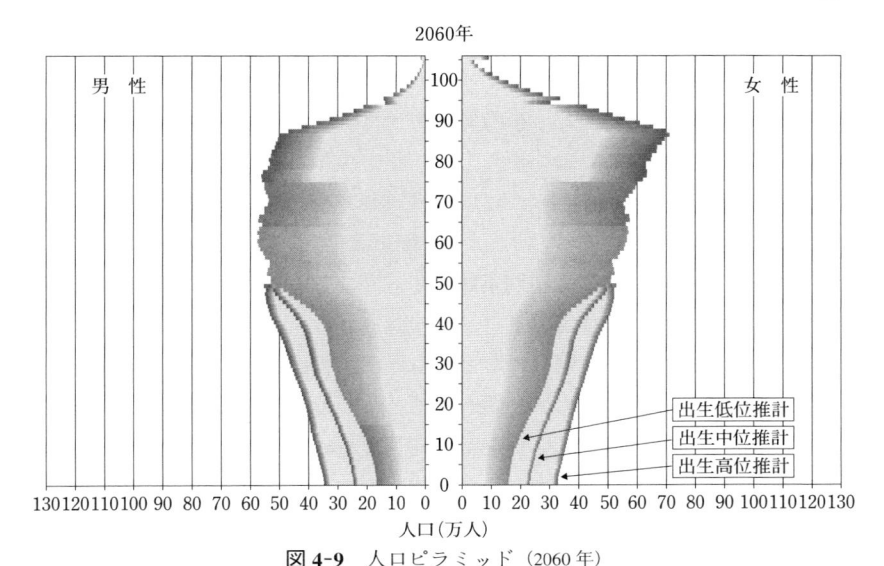

図 4-9 人口ピラミッド（2060 年）
出所：国立社会保障・人口問題研究所「日本の将来推計人口（平成 24 年 1 月推計）」.

年間で観察し，そのトレンドと性・年齢階級別の将来推計人口（図 4-7 から図 4-9）と組み合わせれば，より正確な将来の医療費の試算を行うことができるだろう．高齢になるほど 1 人当たり医療費は増加し，かつ 75 歳，85 歳以上人口も増加していくわけだから，その結果はおそらく先ほどの試算より大きくなるものと考えられる．

　ところが，男女別 5 歳ごとの 1 人当たり医療費は 2000 年度以降の「国民医療費」にしか掲載されておらず，それ以前は 4 区分（0-14，15-44，45-64，65 歳以上）と 70 歳以上の再掲といったものしかなかった．またデータそのものが制度ごとに総額を年齢階級別に按分して計算されているようで，レセプト 1 枚ずつに記載された生年月日と請求額から算出したものではない．状況は年金や介護，福祉についてもまったく同様である．すなわち，人口ピラミッドが示す男女別・年齢階級別の人数（コーホート）ごとにどのような社会保障が，どれだけ給付されているか，あるいはどのように税や社会保険料などで負担されているか，その長期推移はどうかといった点が十分には「見える化」されていないのである．

　社会保障給付費に含まれるほとんどの制度は，個人をキイにして給付されているわけで，現場のパソコンのディスプレイには男女別・年齢別といった属性は映し出されている．しかし，紙の個票を一覧票にまとめ，中央官庁まで報告していたのとあまり変わらないやり方で，インターネットもビッグデータもない時代のやり方で集計されているため，情報の「見える化」に努力しても，「使える化」になりえない．ここで言う「使える化」とは，「見える化」された情報やデータを元に，前提や初期条件を変えてシミュレートしたらどうなるかが簡易にできるような状態を言う．

　様々な仮定を置いて，回帰分析などを行えばある程度のことは言えるが，当然のことながら，その仮定には問題があるとか，相関性は高くないからはっきりしたことは言えないはずだといった批判が容易にできる．また，客観的にどうなのか，どうなると考えるのが合理的なのかについて，種々の前提を変えながら，着実に議論を進めていくことができないのである．100 兆円を超える金額，GDP の 30% を超えるシェアを持ち，今後数十年にわたって増加が確実視される社会保障について，使えるはずのデータを最大限活用すべきであろう．

4　社会保障制度の持続可能性

　2013 年 8 月の「社会保障制度改革国民会議」の報告書とともに，会長の清家篤は「国民へのメッセージ」を公表している．社会保障制度の持続可能性と関係する部分を抜粋しよう．

　　「日本はいま，世界に類を見ない人口の少子高齢化を経験しています．65 歳以上の高齢人口の比率は既に総人口の 4 分の 1 となりました．これに伴って年金，医療，介護などの社会保障給付は，既に年間 100 兆円を超える水準に達しています．

　　この給付を賄うため，現役世代の保険料や税負担は増大し，またそのかなりの部分は国債などによって賄われるため，将来世代の負担となっています．

　　そのこともあり，日本の公的債務残高は GDP の 2 倍を超える水準に達しており，社会保障制度自体の持続可能性も問われているのです．

　社会保障制度の持続可能性を高め，その機能が更に高度に発揮されるようにする．そのためには，社会保険料と並ぶ主要な財源として国・地方の消費税収をしっかりと確保し，能力に応じた負担の仕組みを整備すると同時に，社会保障がそれを必要としている人たちにしっかりと給付されるような改革を行う必要があります．

　また何よりも社会保障制度を支える現役世代，特に若い世代の活力を高めることが重要です．子育て支援などの取組は，社会保障制度の持続可能性を高めるためだけではなく，日本の社会全体の発展のためにも不可欠です．全世代型の社会保障が求められる所以であり，納得性の高い社会保障制度のもとで，国民がそれぞれの時点でのニーズに合った給付を受けられるようにしていくことが大切です．」

　ここではまず，社会保障給付費の増大と保険料と税の負担，すなわち国民負担率の上昇が問題とされている．この点については財務省による図 4-10 などが参考になるだろう．これと関連して，小塩（2005：22-35）は世代間のリスク分散の仕組みとしての社会保障という考えに触れつつ，少子化適応型の政策に力点を置くべきとし，「公」への依存は将来世代への依存を意味するという．さらに，少子化の下では（その時点に存在する人々の政治的な意思を集約する仕組みである）民主主義も機能不全となる危険性があるとし，社会保障改革は民主主義の成熟度を試す，最も重要な試金石という（小塩の考える社会保障改革の方向性は，小塩（2005）の p. 273 などを参照）．

　こうした見方に対し，武川（2009：245-248）は国民負担率の指標としての妥当性について，自己負担，機会費用，シャドウ・ワークなどの存在と，それらが国民負担率とトレード・オフの関係にあることを指摘するとともに，国民負担率の小さい国が必ずしも経済的成果のよい国であるとは限らないこと，財政赤字を加えた潜在的国民負担率で見ても欧州諸国よりは相当低い水準にあることを主張する．その上で，高齢化の度合いに応じた社会保障政策の費用の負担を回避してきたとして，これまでのような増分主義（インクレメンタリズム）の考え方による資源配分ではなく，社会保障諸分野の中での優先順位（プライオリティ）についても真剣に考えなければならないという．これについては厚

92

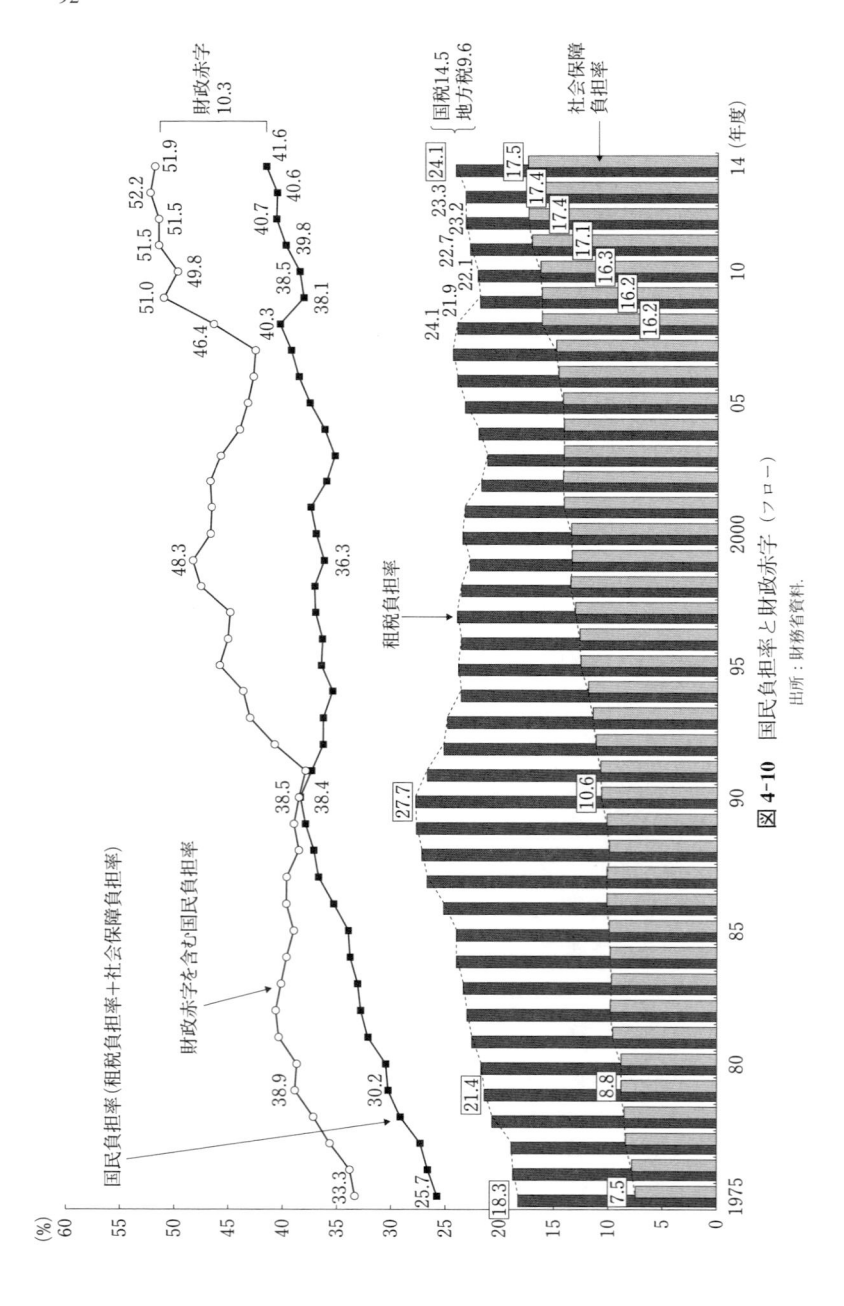

図4-10 国民負担率と財政赤字（フロー）

出所：財務省資料.

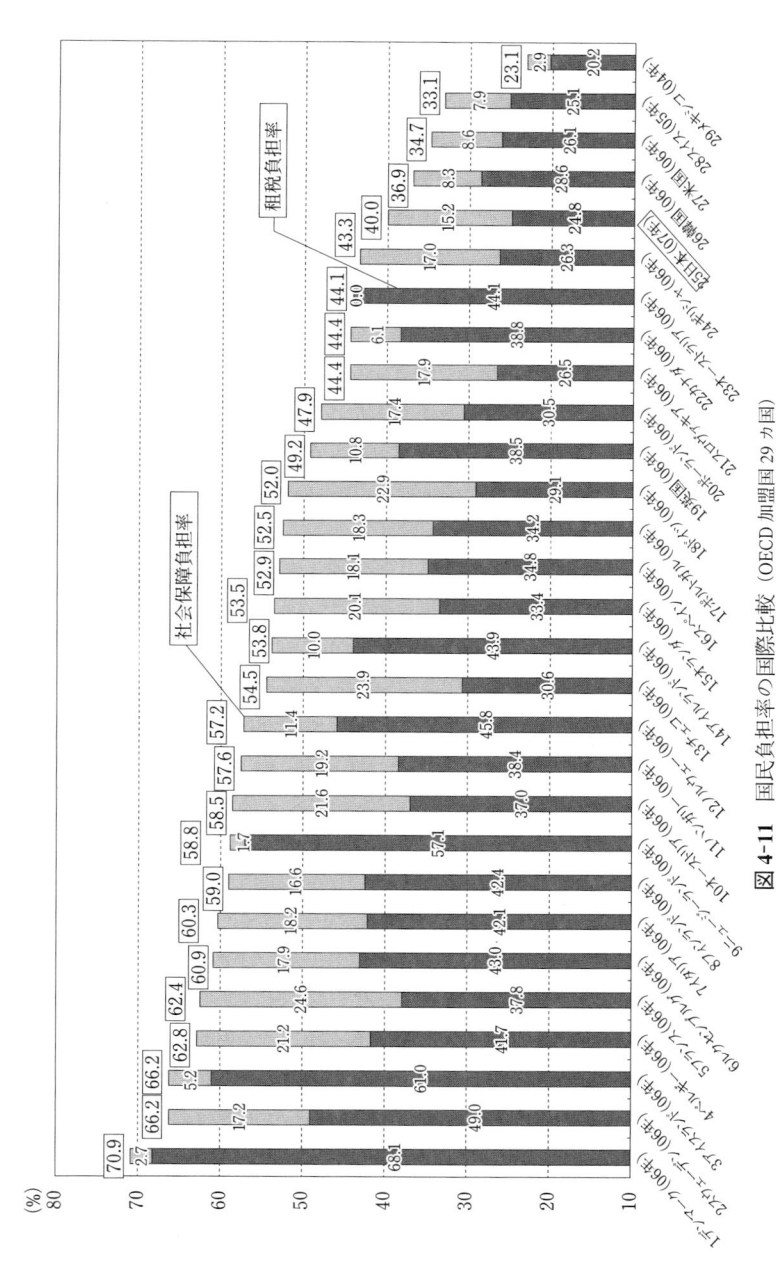

図 4-11 国民負担率の国際比較（OECD 加盟国 29 カ国）

注：OECD 加盟 29 カ国の最新の実績値．トルコについては，計数が足りず，国民負担率が算出不能であるため掲載していない．

出所：日本は内閣府「国民経済計算」等，諸外国は OECD "National Accounts 2008"，OECD "Revenue Statistics"．

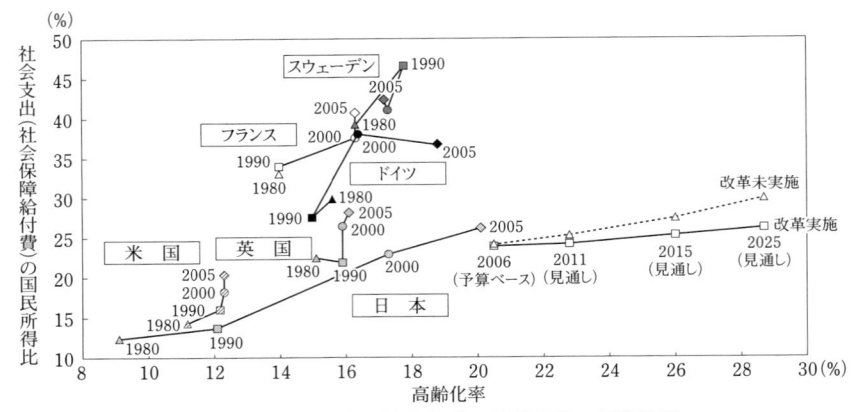

図 4-12　高齢化率と社会保障の給付規模の国際比較

出所：実績は OECD "Social Expenditure Database 2008" 等，見通しは厚生労働省「社会保障の給付と負担の見通し（平成 18 年 5 月）」に基づき，厚生労働省政策統括官付社会保障担当参事官室で算出したもの．実績は OECD 社会支出基準に基づく社会支出データを用いているため，社会保障給付費よりも広い範囲の費用（公的住宅費用，施設整備費等）も計上されている．高齢化率は，日本は総務省統計局「国勢調査」，諸外国は U. N. "World Population Prospects", OECD "OECD Health Data".

生労働省作成の図 4-11，4-12 が参考になるだろう．

　社会保障制度の持続可能性を考える上で，どちらの見方がより将来の指針となるのだろうか．国民負担率が指標として必ずしも妥当ではないという武川の見方には，清家のメッセージにもあったように見かけ上のフローの問題に目を奪われてはならない，巨額の公債残高，特に 509 兆円の赤字国債（特例公債）がストックとしてあるのだという反論があるだろう（図 4-13）．すなわち，2013 年度の GDP が 530 兆円なのでこれにほぼ匹敵する規模であり，1990 年には 65 兆円だったから，その分を毎年フローの租税などで賄っていれば国民負担率は既に相当程度の水準になっていたはずではないか．それを怠り，先送りしすることで将来世代に負担を強いているのではないか．井堀（2002：37-40）は「なぜ年金改革が先送りされるのか」という命題について検討を加えている．先送りの理由として，政策当局や国民といったプレイヤーの非合理性あるいは近視眼的傾向があること．世代間公平に合致したよい改革案がないこと．改革の道筋，方法での戦略がないこと．政策当局が事態や経済環境がよくなるのを待つこと．有権者が情報を持っていない，または情報を信用していないこと，

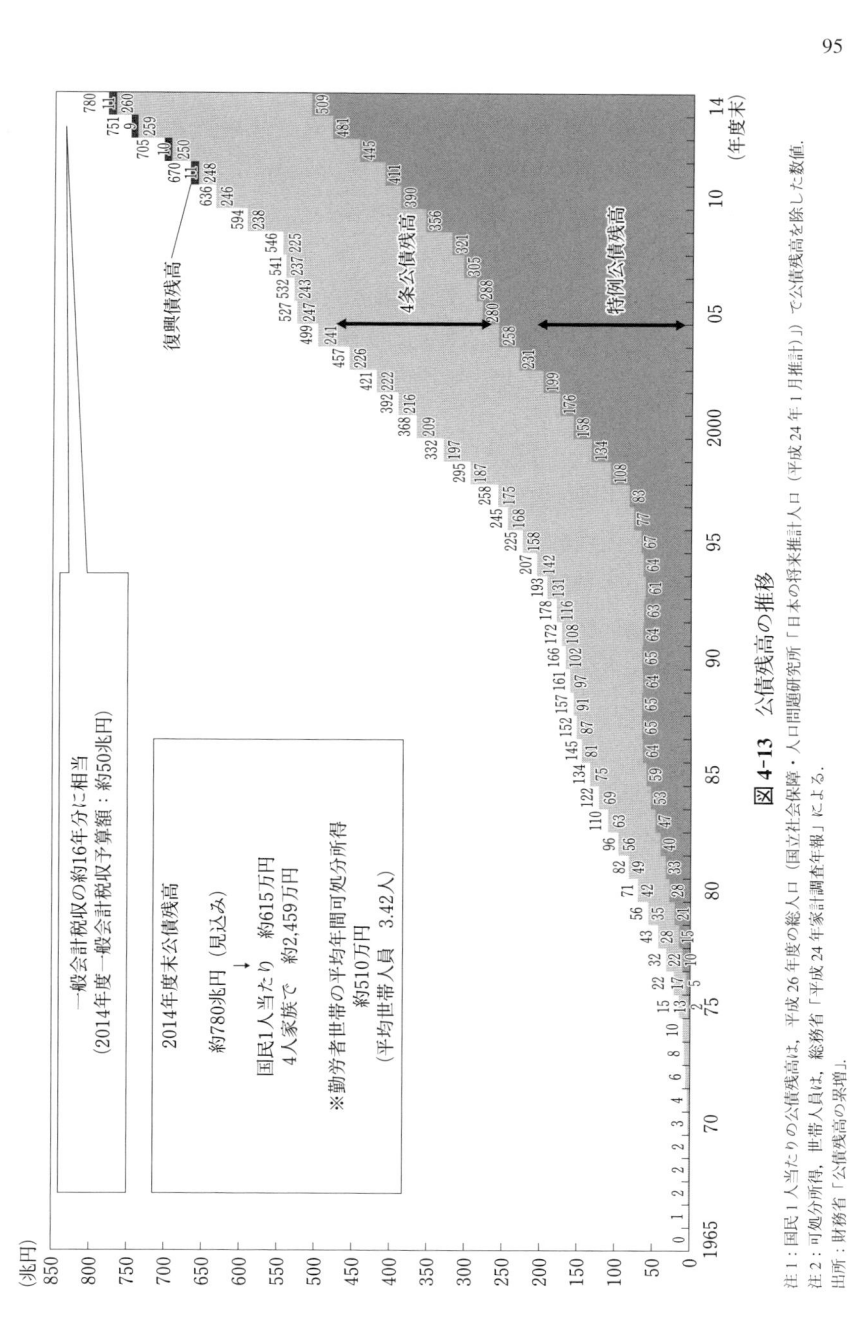

図 4-13　公債残高の推移

注1：国民1人当たりの公債残高は、平成26年度の総人口（国立社会保障・人口問題研究所・人口の将来推計人口「日本の将来推計人口（平成24年1月推計）」で公債残高を除した数値.
注2：可処分所得、世帯人員は、総務省「平成24年家計調査年報」による.
出所：財務省「公債残高」.

などを挙げている.

　公債残高の問題と関連して，国民資産の問題についても触れておきたい．日本銀行の資金循環統計によると個人金融資産は 1,645 兆円にのぼる（図 4-14）.これには個人事業主の保有する事業性の決済資金などが含まれるので一般家庭がこれだけの資産を保有しているわけではないが，いずれにしても家計の 261兆円の証券の中に国債は直接，あるいは投資信託のような商品によって間接的に組み込まれている．かつ，「全国消費実態調査」によれば 1 人当たり家計資産は 70 歳以上が最も多く，2 人以上の世帯の場合 5,024 万円で，そのうち金融資産は 1,860 万円である（表 4-1）.

　これらのことから，次のように考えられないだろうか．今後しばらくは資産を多く持つ高齢者が増え続けるから，国内市場に大きく依存している国債の消化に心配はないが，総人口が現在の 8 割程度になり，高齢者さえも減少に転じる 2040 年以降はこれが困難となり，国債価格の構造的な下落（利回りの上昇）が懸念されるのではないか．すなわち，労働力人口の減少は生産力，引いては国民所得の減少を招くという人口オーナスの先の問題として，やがて来る高齢者人口の減少が資産オーナスをもたらすのではないか．

　また，人口減少が 1 人当たり所得に与える影響については種々の議論があるが，山口（2007:17-36）は，1880 年からの超長期の観察に基づき，3 つのパターンを設定して 2100 年まで推計を行っている．そのうちの労働人口が総人口に先行して減少するパターンでは，2030 年代で毎年 3.24% もの国民 1 人当たり所得の減少を招くと計測している．女性，高齢者，外国人の雇用促進によって労働人口の減少を総人口の減少程度にとどめられたとしても，毎年 2.31%程度のマイナスになるという.

　以上のように社会保障制度の持続性について議論する際には，人口減少をはじめとした人口構造の変化が，社会保障制度の依って立つ基盤である経済社会全体にどのような影響を与えるのか，様々な角度から見ていく必要があるだろう.

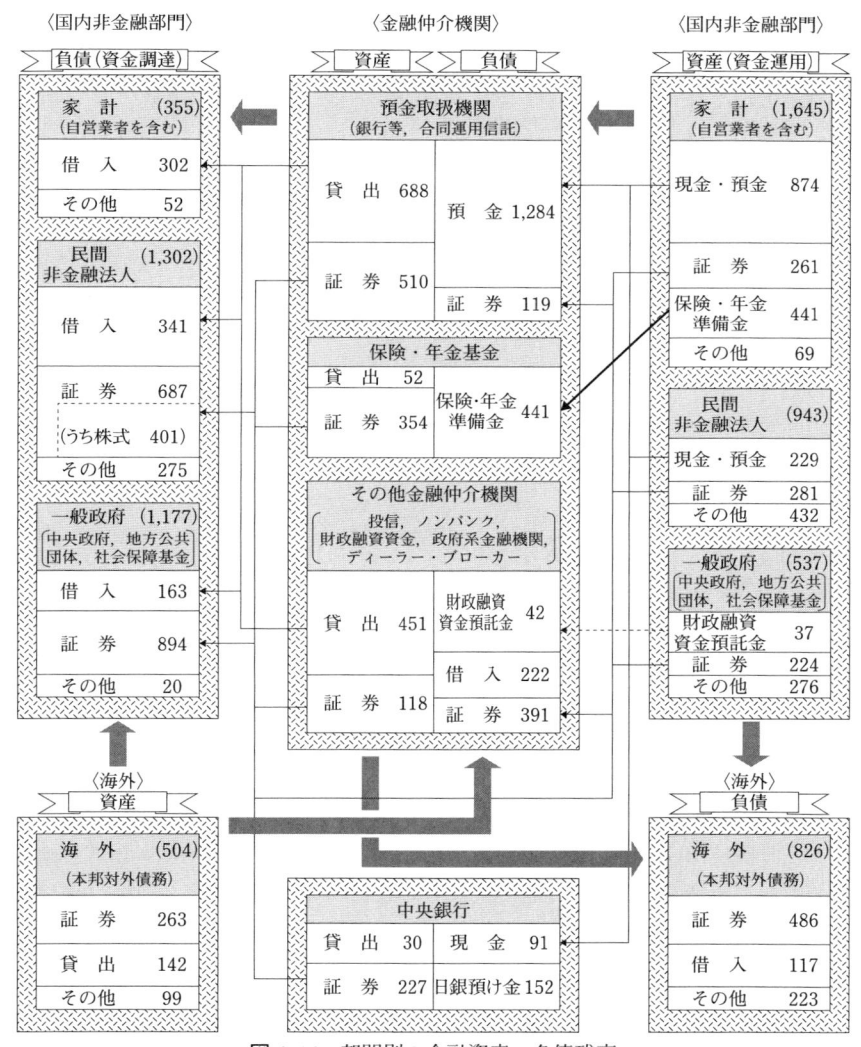

図 4-14 部門別の金融資産・負債残高

注1：主要部門，主要項目を抜粋して資金循環のイメージを示している．
注2：貸出（借入）には，「日銀貸出金」「コール」「買入手形・売渡手形」「民間金融機関貸出金」「公的金融機関貸
　　出金」「非金融部門貸出金」「割賦債権」「現先・債券貸借取引」が含まれる．
注3：証券には，「株式・出資金」および「株式以外の証券」（「国際・財融債」「金融債」「事業債」「投資信託受益証
　　券」「信託受益権」等）が含まれる（本邦対外債権のうち証券については，「対外証券投資」）．
注4：その他には，合計と他の表示項目の差額を計上している．
出所：日本銀行調査統計局「資金循環統計（2014年第2四半期速報）」．

表 4-1 世帯主の年齢階級別 1 世帯当たり家計資産（2 人以上の世帯，2009 年）

世帯主の年齢階級		家計資産								年間収入
		合計	金融資産	住宅・宅地資産			耐久消費財等資産			
				小 計	宅地資産	住宅資産	小 計	耐久消費財	ゴルフ会員権等	
資産額（万円）	平 均	3,588	947	2,514	1,992	523	127	117	10	651
	30 歳未満	854	− 38	776	512	265	116	115	1	446
	30 歳 代	1,400	− 262	1,532	960	573	130	129	1	584
	40 歳 代	2,395	74	2,190	1,536	654	131	127	4	749
	50 歳 代	3,710	927	2,643	2,103	540	140	131	9	841
	60 歳 代	4,925	1,785	3,004	2,497	507	136	118	18	596
	70 歳以上	5,024	1,860	3,069	2,689	380	95	81	14	483
増減率（%）	平 均	− 6.2	− 0.4	− 7.8	− 8.6	− 4.5	− 13.5	− 11.5	− 32.2	− 6.6
	30 歳未満	6.7	−[1]	15.7	20.1	8.1	− 15.7	− 14.8	− 76.2	− 4.9
	30 歳 代	− 2.2	−[1]	2.2	0.5	5.1	− 9.8	− 9.4	− 44.4	− 2.2
	40 歳 代	− 9.9	− 50.0	− 7.1	− 10.1	0.7	− 13.7	− 12.5	− 38.9	− 3.6
	50 歳 代	− 8.9	− 9.1	− 8.5	− 9.5	− 4.4	− 14.7	− 11.5	− 45.2	− 4.2
	60 歳 代	− 9.7	− 5.2	− 12.0	− 13.2	− 5.8	− 12.3	− 7.0	− 36.6	− 4.5
	70 歳以上	− 14.0	− 8.2	− 17.3	− 17.5	− 15.8	− 7.1	− 3.9	− 22.0	− 10.8

注 1：2004 年は，30 歳未満−8 万円，30 歳代−212 万円．
出所：総務省統計局「全国消費実態調査」．

5 社会保障政策による人口動向への影響

　人口構造の変化が社会保障，さらには経済社会に与える影響を概観してきたので，今度は逆に，社会保障政策あるいはもっと広く経済政策などが人口動向に何らかの影響を与えられるか，ということについて検討してみたい．例えば人口政策，家族政策によって出生率を向上させて，人口置換水準に復活させることができるのか，といったことである．

　この議論の前に「そんなことをしてよいのか？　戦前の産めよ殖やせよの復活ではないか？」という「そもそも論」的な反対があるだろう．これは重要なポイントで，総論としてどのような理念・意図で行うのか，各論としてどのような施策であればそうした「そもそも論」に対抗できるのかが，これまで真正面から論じられてこなかったように思う．このこと自体が小規模で脆弱な財源でしか少子化対策が行われてこなかった原因の 1 つのように思える．藤原

（2014：142）によれば日本の家族関係社会支出の規模は諸外国と比較すると総じて低水準であり，保育などの現物給付は特に低く，過去 20 年間で大幅に拡充した現金給付でみても，水準としては諸外国と比較して決して高くないのである．

　妊娠・出産に関わる政策を論じる際には，岡崎（1997：160-163）が紹介しているように，1994 年のカイロにおいて開催された国際人口開発会議の成果を無視することはできない．この会議では 3,500 人の政府代表，4,000 人以上の NGO 関係者らが参加し，新たに登場したリプロダクティブ・ヘルス／ライツの概念によって，各国の人口学者にある種の衝撃を与えた．この概念も「世界中の女性の地位の向上とエンパワーメント」をスローガンとした翌年の北京女性会議の成果との関係で理解することが必要だろう．すなわち，ジェンダーの視点を政府の政策に反映させているか否かが問われるのである．

　こうした点を踏まえて，これまでの日本の人口政策を概観しておこう．人口動向に対応して人口政策にも結婚対策，出生対策，移動対策，死亡対策が考えられるが，「第 1 回国勢調査」の 1920（大正 9）年以降の長期間で見ると，母子保健対策，結核対策，生活習慣病対策などが死亡率改善に目覚ましい効果を挙げたことに異論はないだろう．また，移動については，明治期から戦後間もなくまで海外への移民政策が行われたが，全体として見れば影響は小さく，また日本への移民の受け入れも小規模であった．それよりも国内移動が顕著で，高度経済成長期を中心として大都市への人口集中がほぼ一貫して続いている．戦前においても農村の疲弊は大きな問題であり，また高度経済成長の終わり頃から地方の衰退への危機感があり，政府の総合的な計画が何度も策定されたが，流れを大きく反転させるような成果はなかったと言ってよいだろう．

　出生対策は過剰人口論が長く支配的であったこともあり，全体として積極的ではなく，諸外国と比較して先に述べたように十分とは言えない状況が続いてきた．結婚対策については自治体レベルでは取り組まれているが，所期の目的を果たしているとは言いがたいのが実情のようである．すなわち，結婚，出生に関して，日本の社会保障をはじめとした政策は経験も厚みも乏しいのであり，国民に根付いているとは言えないことを自覚する必要があるように思う．例えば保険証を持っていけば医療機関で診察を受けられ，調剤薬局で薬がもらえ，

しかもさほど高い金額を払う必要がない，という医療アクセスの良さは特筆すべきものだが，何よりその国民皆保険が（1961 年から）50 年間以上続いてきたということが信頼の元になっているだろう．また，年金は 40 年間の現役時代に保険料を払って，老後の 20 年間もらうといったシステムだから，医療保険と同じくらいの年月を経ていても信頼の醸成にはより時間もかかるし，不安を持ちやすくなる．結婚し，子どもを産むというのはそれと同じくらいの長期間にわたるものである．信頼という面から言うと保育所の待機児童がまだまだ多いとか，入所時期に合わせて妊娠を考えるとか，職場の問題も含めて，出産・子育てに関する社会サービス，社会保障施策のアクセシビリティからして立ち遅れていると言わざるを得ない．

　妊娠・出産に関する議論をいくつか見てみよう．加藤（2011:3-39）は未婚化の要因には，マクロ経済成長の低下に伴う階層格差の拡大と，個人主義イデオロギーの普及による見合い結婚などの共同体的結婚システムの弱体化の 2 つがあるという．1970 年代から北西ヨーロッパを中心とした「第 2 の人口転換」は，カトリック的な価値観から世俗化・個人化した価値観への移行を背景として，婚前性交渉，未婚同棲，婚外子，離婚・再婚が増加し，避妊技術が普及することによって，人口置換水準を下回ることを特徴とするが，これに対し，日本においては未婚同棲や婚外子が少数にとどまるとともに，何より見合いや職場を通じた結婚チャネルが衰退し，異性と付き合うこともなく 30 歳代を迎えるなど，かなり様相を異にしていることを指摘している（こうした変化については佐藤ら（2010）所収の各論文も参照）．さらに，個人主義的なイデオロギーや理論は共同体主義的な慣習を時代遅れだとして否定してきたが，ミクロ経済学的な合理的選択の理論を結婚や家族形成に適用することの妥当性に疑問を呈している．この点に関し，エスピン＝アンデルセン（2001）は日本語版への序文で，日本の出生率の低下に言及しつつ，家族の結びつきを支え，出生率の上昇を奨励するという意味での家族主義レジームと，家族への依存関係を再生産しているという意味での家族主義レジームを区別することが大事だという．

　結婚や出産に関連する施策の感応度についても十分な理解が必要だと思われる．ほとんどの人は死を恐れ，避けようとする．疾病や貧困も同じであろう．だからこそ施策の推進によって死亡率は改善し，国民全体の栄養水準は格段に

向上した．医療保険への新薬や新技術の導入も，年金給付の改善も理解が得られやすかった．死などからの回避選好と比べれば結婚し，子どもを持つことの選好度は低く，また選好しない人が増えていることを婚姻率や出生率の長期的かつ持続的な低下は示唆している．それが何に起因するものなのかは多くの議論があるが，同じ資源を投入しても結果が表れにくい施策であることを覚悟する必要があろう．

　したがって，施策の評価も長期的な観察によって行う必要がある．例えば太平洋戦争直前の 1941 年 1 月に「人口政策確立要綱」が閣議決定された 1 つの契機は，ドイツのナチス政権下においてブルクドルファーらの人口政策が出生力の反転に目覚ましい成果を挙げたと見えたことであろう．しかし，エーマー（2008：58）によれば期間合計出生率（TFR）は 1940 年に跳ね上がっているものの，コーホート出生率は持続的に下がっていることから，出生力向上にも寄与しなかったのである．日本でも同様であるだけでなく，70 年以上前の「産めよ殖やせよ」のスローガンへの嫌悪感は今も続いているのである．

　出生率向上を直接・間接に意図した政策を計画する際に重要な視点としていくつか挙げてみたい．①女性，特に 20 歳代から 40 歳代を中心とした妊娠・出産が可能な年齢層の女性の意見を聴くことが肝心だと考える．彼女たちは社会的にも，経済的にも，政治的にもエンパワーメントが十分でないからである．かつ，彼女たちの好悪感情を無視した施策は逆効果ですらあるだろう．②政策の立案・評価について短期的な費用対効果や即効性は重視しない．施策を実行すると決めれば長期投資と考えて，一喜一憂しない．ヨーロッパで成果を挙げていると思える国は長期間にわたって手厚い政策ポートフォリオを維持してきたのではないか．③これと関連して，諸外国や過去の政策を参考にして，例えば有効性や必要性，手法の妥当性といった実際的な面と，個人の自由やリプロダクティブ・ヘルス／ライツを阻害しないかという価値的な面から，多くの分野の専門家によって多元的な評価を行い，その上でさらに女性を中心に一般国民の意見を聴くといったプロセスを確立する．これは出生関連施策という長期投資を理解してもらうためにも，縮小していくパイの配分という困難な合意形成のためにも必要であろう．

6　世代間の負担の公平性と結婚・出産選択

1920 年代に，高田保馬と河上肇は過剰人口論をめぐって激しい論争を繰り広げたが，出生力の低下，人口減少については，「人口が多ければこそ，民族の活動も盛に，すべての方面に其勢力を伸張することが出来る．実に人口は民族のあらゆる努力の源泉である」（高田，1927:93），「人口総数が次第に減少するならば，その民族はすでに滅亡の過程に入ったのである」（河上，1927:3）と共通した考えを有していた．現在においてこうした考えをあからさまに主張する者は多くないだろうが，清家の「何よりも社会保障制度を支える現役世代，特に若い世代の活力を高めることが重要です．子育て支援などの取り組みは，社会保障制度の持続可能性を高めるためだけではなく，日本の社会全体の発展のためにも不可欠です」というメッセージには，社会経済の維持・発展には出生率の回復が必要だとの含意があるだろう．玄田（2010:73-74）は希望学の視点から，社会に希望を取り戻すためには子どもを生み育てやすい社会を実現し，少子化に歯止めをかけることだといい，そのために子どもを持つことに不安を感じないですむような社会づくりが大切だと言う．

社会の側はその持続のために個人に対して，結婚し，子どもを生み育てることを要請，少なくとも期待する．しかし，個人の側は今までよりも重い負担が予想される将来の社会に自らの子どもを委ねることを選好するだろうか．社会は，個人に対し，結婚し，子どもを生むという選択が個人にとっても何らかの意味で効用を拡大するのだと合理的に説得することが可能だろうか．単純化して言えば，先送りされた負担を自分の子どもや孫に負わせることと，子どもを持たずに負担を免れることのどちらに合理性があると主張できるのかということである．

出産・育児への合理的な説得可能性についての議論は，今後生まれてくる子どもたち，すなわち今はまだ存在しない将来世代を含めた衡平性の問題として扱うことができる．鈴村（2002）は世代間衡平性の問題について厚生経済学は確立した理論を備えているとは言いがたく，広く認知された分析的な研究もほとんどないと言う．その上で地球温暖化問題を例にとって，異なる世代間の福祉分配の観点から次のような考察を行っている．世代間の人格の非同一性問題

を考慮すると，①パレート原理や（仮説的な補償の支払いを認める）補償原理は無力であること，②ロナルド・コーズによる（外部効果の発生者と影響を被る人とによる）直接交渉の考え方も不可能であること，③権利―義務関係によってもどの世代にいかなる権利を賦与するかといったエンタイトルメントの理論構成を行うことは至難の技であること，④厚生主義的な情報的基礎と異なる世代間における効用関数を同一とみなすことが不可能であることなどから，伝統的な規範的経済学は有効性を持たないとする．さらに鈴村は，最近のドウォーキンとフローベイの「責任と補償」の原理についても，現在の選択行為の責任主体は現在世代であるが，この選択の外部効果を一方的に受容せざるを得ない主体は未だ存在しない将来世代であり，その外部効果の発生者は現在世代のみでなく，歴史のステージから退場した過去の多くの世代でもあると指摘して，地球温暖化の問題にそのまま適用することは許されないと言う．

　鈴村（2009:189-229）はシジウィック，ピグー以来の世代間衡平をめぐる研究史をたどりながら，主にダイアモンドの示した「パレート効率性」と「世代間衡平性」のジレンマ，あるいは2つの不可能性原理を突破するための理論的な検討を行っている．しかし，現実の地球温暖化問題についての議論の悲観的な結論はほとんど変わらない．将来世代への負担が増すことが確実な社会における出産・育児の合理的説得の可能性についても同様の結論だと考えていいだろう．

　翻って考えれば合理的な選択によって，人は出産・育児を行うわけではないのかもしれない．一般的に生物は次の世代を残すことを本能として行っている（自己の繁殖を図る遺伝子に動かされていると言ってもよいだろう）ように見えるからだ．先に概観したような少子化対策も，本来の「出生力」を妨げている社会的，経済的条件を取り除けば（あたかも鍋の蓋を取れば湯気が湧き上がるように）「自然と」生まれる子どもは増えるという前提に立っているように思える．

　はたして，人間はそうした本能を無前提に持っているのか．近代化の過程で，全体として見れば「子どもを持つことの価値はそのコストを上回らない」といった判断が次第に優勢になってきたと見るのが妥当なのではないか．先に指摘したような社会と個人のジレンマは本質的に解決不可能なのではないか．そも

そも「出生力」自体が弱まっていると考えるのが素直なのではないか．本章では触れられなかったが，性と生殖の分離，性と結婚の分離の進行は極めて重要な問題であろう（この点に関しては，NHK「日本人の性」プロジェクト編（2002）の調査結果が示唆に富む）．なぜなら，それらは他の生物には見られない変化であり，自然主義的な楽観論を超えて社会の持続可能性を正面から考える契機となると考えられるからである．

参考文献

井堀利宏（2002）「年金改革と世代間公平」国立社会保障・人口問題研究所編『社会保障と世代・公正』東京大学出版会，pp. 21-41.

エスピン゠アンデルセン，G. 著／岡沢憲芙・宮本太郎監訳（2001）『福祉資本主義の三つの世界——比較福祉国家の理論と動態』ミネルヴァ書房.

NHK「日本人の性」プロジェクト編（2002）『データブック　NHK 日本人の性行動・性意識』日本放送出版協会.

エーマー，ヨーゼフ著／若尾祐司・魚住明代訳（2008）『近代ドイツ人口史——人口学研究の傾向と基本問題』昭和堂.

小塩隆士（2005）『人口減少時代の社会保障改革——現役層が無理なく支えられる仕組みづくり』日本経済新聞社.

岡崎陽一（1997）『現代人口政策論』古今書院.

加藤彰彦（2011）「未婚化を推し進めてきた2つの力——経済成長の低下と個人主義のイデオロギー」『人口問題研究』67(2):3-39.

金子隆一（2014a）「我が国の人口動向と社会保障——過去から現在までの期間」西村周三監修／国立社会保障・人口問題研究所編『社会保障費用統計の理論と分析——事実に基づく政策論議のために』慶應義塾大学出版会，pp. 73-89.

金子隆一（2014b）「人口の将来推計と社会保障——日本の将来推計人口と社会保障制度に与える影響」西村周三監修／国立社会保障・人口問題研究所編『社会保障費用統計の理論と分析——事実に基づく政策論議のために』慶應義塾大学出版会，pp. 271-288.

河上肇（1927）『人口問題批判』叢文閣.

玄田有史（2010）『希望のつくり方』岩波書店.

佐藤博樹・永井暁子・三輪哲編著（2010）『結婚の壁　非婚・晩婚の構造』勁草書房.

塩野谷祐一（2002）『経済と倫理——福祉国家の哲学』東京大学出版会.

鈴木亘・増島稔・白石浩介・森重彰浩（2012）「社会保障を通じた世代別の受益と負担」内閣府経済社会総合研究所ディスカッションペーパー.

鈴村興太郎（2002）「世代間衡平性の厚生経済学」『経済研究』53(3):193-203.

鈴村興太郎（2009）『厚生経済学の基礎——合理的選択と社会的評価』岩波書店.

高田保馬（1927）『人口と貧乏』日本評論社.

武川正吾 (2009)『社会政策の社会学——ネオリベラリズムの彼方へ』ミネルヴァ書房.

竹沢純子 (2014)「社会保障費用統計の定義と構成」西村周三監修／国立社会保障・人口問題研究所編『社会保障費用統計の理論と分析——事実に基づく政策論議のために』慶應義塾大学出版会, pp. 63-71.

日高政浩 (2002)「医療保障と世代間移転」国立社会保障・人口問題研究所編集『社会保障と世代・公正』東京大学出版会, pp. 131-150.

藤原朋子 (2014)「我が国の少子化政策の変遷と家族関係社会支出の推移」西村周三監修／国立社会保障・人口問題研究所編『社会保障費用統計の理論と分析——事実に基づく政策論議のために』慶應義塾大学出版会, pp. 123-144.

山口三十四 (2007)「人口減少と持続可能な経済成長」三谷直紀編『人口減少と持続可能な経済成長』勁草書房, pp. 17-36.

＊政府機関による統計資料，審議会資料などは，インターネットで容易に検索できるので省略した.

II

生き方の変化

新たな健康・共生社会へ

第5章 長寿化とその影響

石井　太

1　はじめに

　戦後，日本の人口動向を取り巻く状況は急激な変化を遂げてきた．その中でも，特に死亡率改善に伴う長寿化のスピードは先進諸国の中で極めて速く，また今後も引き続くことが見込まれている．本章は，このような日本の長寿化の背景や動向について観察するとともに，これが我々のライフコースに及ぼす影響について述べる．

2　長寿化の進展——生命表と死亡分析

　長寿化の動向を人口学的に分析するにあたっては「生命表」と呼ばれる統計表が用いられる．通常，よく用いられている生命表は「期間生命表」というものであり，ある観察期間（作成基礎期間）における死亡状況を，生命表関数と呼ばれる年齢の関数群として表したものである．生命表は，現実の集団の純粋な死亡状況を取り出したものであり，人口の年齢構成に左右されないため，死亡状況の厳密な分析において不可欠なものである．

　日本では政府統計として，厚生労働省大臣官房統計情報部が公式生命表の作成を行っており，日本全国での死亡状況を表すものとして「完全生命表」と「簡易生命表」，地域別のものとして「都道府県別生命表」と「市区町村別生命表」が公表されている．

　一方，近年，人口学の学術分野では，Human Mortality Database（HMD）という国際的な研究プロジェクトによって生命表のデータベース化が進んでき

ている．HMDとは，研究者，学生，ジャーナリスト，政策分析者をはじめとした，人類の寿命の歴史に関心のある全ての人に対して，詳細な死亡データを提供することを目的とし，国または地域レベルの人口集団について，プロジェクトが独自に計算した死亡率および生命表を，これらの計算に用いた入力データとともに提供している死亡データベースである．最近では，死亡・寿命分野の研究論文や学会報告において，HMDが引用されているのを目にする機会が多く，いまや，HMDは死亡研究者の共通言語といっても過言ではないくらい，寿命研究になくてはならない存在になったということができる（石井，2010）．

　さらに，国立社会保障・人口問題研究所では，このHMDと整合性を保持しつつ，日本の生命表を死亡研究に最適化して総合的に再編成した「日本版死亡データベース（Japanese Mortality Database: JMD）」を構築して提供を行っている．JMDではHMDで採用されている生命表作成方法論を再現するだけではなく，HMDとの整合性を保ちながらも日本の死亡状況により適合させるような独自の改善を行っているという特色がある（石井，2015）．現在，JMDでは全国値については1947年以降，都道府県別については1975年以降に関する生命表を作成して公開しており，死亡分析を中心とした幅広い分野における活用が可能となっている．

　生命表の中で最もよく使われる関数は，ある年齢の者が生命表上でその後生存すると期待される年数の平均値を表した平均余命である．特に0歳の平均余命は平均寿命と呼ばれ，その集団の全年齢の死亡状況を1つに集約して表現した指標となっている．図5-1は，公式生命表に基づく日本の平均寿命の推移を表したものである．1921-25年の状況を示す第4回生命表によれば，日本の平均寿命は男性で42.06年，女性で43.20年であった．戦後直後の1947年の状況を表す第8回生命表では，男性で50.06年，女性で53.96年であり，この間の概ね四半世紀での延びは男性で約8年，女性で約11年となっている．ところが，1960年の第11回生命表では男性で65.32年，女性で70.19年と男性で約15年，女性で約16年の延びであり，概ね半分の期間でより大きな延びを達成しており，戦後直後の平均寿命の延びは極めて大きいことがわかる．その後も平均寿命の延びは徐々に緩やかになりつつも引き続き，1985年には男性74.78年，女性80.48年となり，2015年には男性80.75年，女性86.99年に達

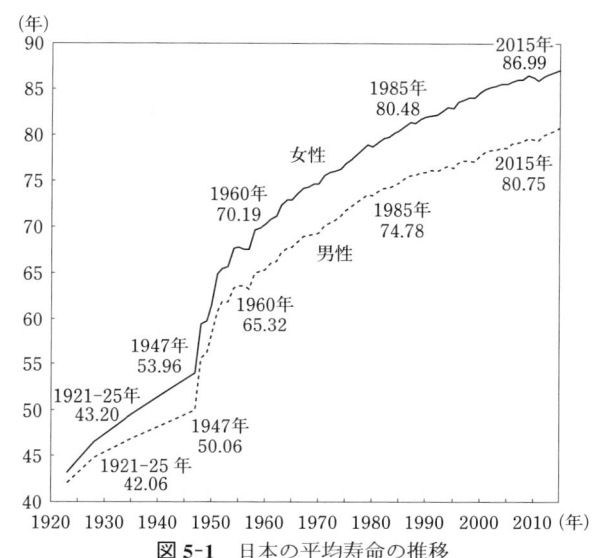

図 5-1 日本の平均寿命の推移

出所：厚生労働省「生命表」「簡易生命表」.

している.

　また，この平均寿命が延びるスピードは他の先進諸国と比較して極めて速い
ものとなっていることも注目に値する．図 5-2 は，HMD に基づき，1950 年以
降について，いくつかの先進諸国と日本の平均寿命の推移を比較したものであ
る．これを見ると，日本と他の先進諸国のグラフの傾きは大きく違っており，
日本の傾きが極めて急であることが観察される．実際のところ，戦後直後であ
る 1950 年には，日本の平均寿命は先進諸国の中で最も低いレベルにあったと
いえよう．しかしながら，日本の平均寿命はその後急速に伸長を遂げ，先進諸
国に追いついた後，それを追い抜いて国際的にトップレベルの位置を達成しつ
つ，さらに延び続けているという特徴を有している．

　平均寿命は全年齢の死亡状況を 1 つに集約していることから，ある集団にお
ける死亡水準の年次推移や，集団間の比較などを単独の指標で行うことができ
非常に便利であるが，特定の年齢の状況などをより詳細に観察したい場合には
平均寿命だけでは不十分なこともある．生命表では，各年齢における死亡状況
を表す関数として，図 5-3 に示す 3 通りの関数を用いる．なお，ここでは資料

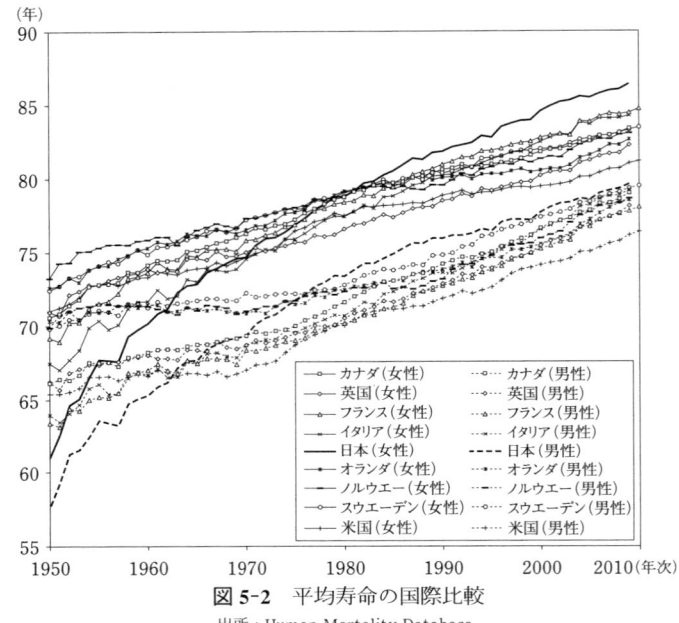

図 5-2 平均寿命の国際比較

出所：Human Mortality Database.

として JMD の女性の生命表関数を用い，1950 年から 2010 年まで 20 年おきに年齢に対する関数値をグラフで表している．一番上の図は各年齢における死亡率を表す関数（m_x）である．ただし，高年齢では年齢別死亡率が指数関数に近いスピードで上昇することから，縦軸を対数軸で表示している．これによれば，年齢別死亡率は年齢に応じて固有のパターンを持っており，乳幼児期に高い死亡率を示すが急速に低下し概ね 10 歳前後で底を打った後は高齢になるにつれて増加する傾向を示していることがわかる．真ん中の図は各年齢の死亡分布を表す関数（d_x）である．これは，生命表上の死亡数がどの年齢で多く起きているかという分布を占めるものであり，乳幼児期と高齢期に 2 つのピークを持つ分布になっていることが観察される．また，一番下の図は 0 歳から各年齢までの生存確率を表す関数（l_x）である．これはその年の死亡率に従って死亡が起きる場合の各年齢での残存確率を示すとともに，グラフと横軸・縦軸で囲われた部分の面積がその集団の生存量，すなわち平均寿命を示すものとなって

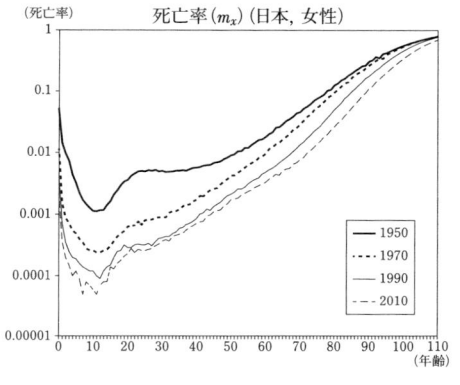

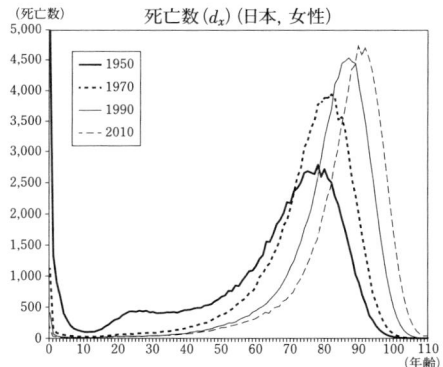

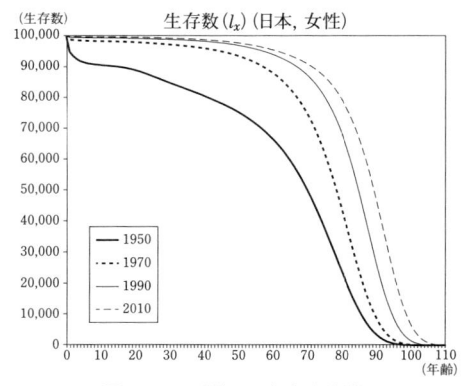

図 5-3　3 種類の生命表関数

出所：国立社会保障・人口問題研究所「日本版死亡データベース」.

いる．したがって，この面積の拡大が先に見た平均寿命の伸長に相当していることとなる．

　ところで，前において観察した平均寿命の伸長からは，これまで，比較的単調に死亡率改善が起きてきたように見えるが，例えば，年齢別死亡率の年次推移を詳細に観察すると，死亡率改善はどの年齢でも一様に起きてきたわけではなく，若年死亡率の改善が大きい時代と高齢死亡率の改善が顕著な時代があることがわかる．そこで，次節において，この年齢別死亡率の改善について観察し，長寿化の背景について考えてみることとしよう．

3　長寿化の背景——疫学的転換

　さて，前節において観察した平均寿命の伸長からは，これまで，比較的単調に死亡率改善が起きてきたように見えるが，実はこの伸長は一様に起きてきたわけではなく，古典的人口転換期とポスト人口転換期の2つの時期に分けて捉えることが可能である．

　古典的人口転換期における死亡率の低下は，疾病構造・死亡分布の変化の観点から，疫学的転換という形で理論的整理がなされている．疫学的転換とは，急性の感染症が少なくなる一方で，慢性の退行性疾患が顕著になるという疾病構造の変化を指し，この疫学的転換により，死亡分布は若年中心の分布から高齢中心の分布へと変化することとなる．Omran（1971）によれば，疫学的転換は，「伝染病と飢餓の時代」，「伝染病後退の時代」，「退行性疾患及び人為的傷病の時代」という3つの段階を通じて移行するとされている．

　この疫学的転換のプロセスは主に若年死亡率改善による平均寿命の延びをもたらしたが，1970年頃までは先進諸国においても高齢死亡率の改善はそれほど顕著でなかった．このことから，Fries（1980）は，仮に人間の最大生存年数に上限があるなら，生存数曲線は長方形に近づき（矩形化），平均寿命の上限は85歳を超えないだろうと論じた．図5-4は，日本人女性に関する生存数曲線の変化を示したものであり，1970年までは日本でも生存数曲線の矩形化が主要因となって生存量が拡大し，平均寿命の伸長に貢献してきたことがわかる．

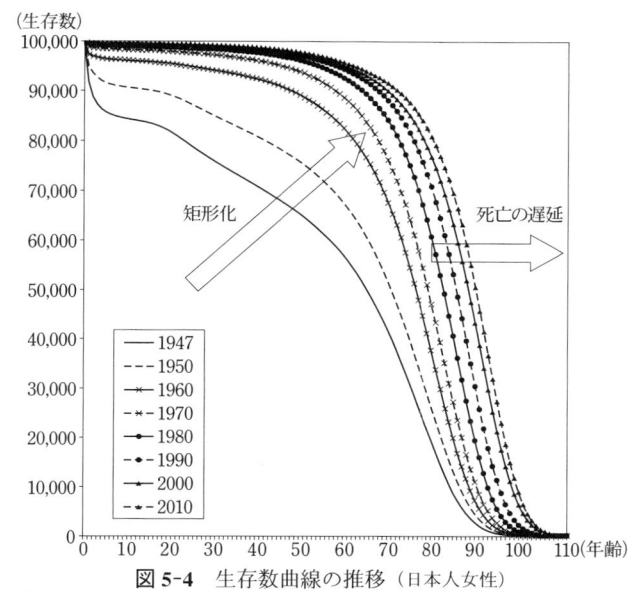

図 5-4　生存数曲線の推移（日本人女性）
出所：国立社会保障・人口問題研究所「日本版死亡データベース」.

　しかしながら，1970 年以降も先進諸国の平均寿命は，慢性的疾患死亡率改善による高齢死亡率の低下により引き続き延びた．Olshansky and Ault （1986）は，米国の死亡率分析に基づき，この高齢死亡率による死亡パターンの変化は従来の疫学的転換の第 3 段階とは異なる第 4 の段階，すなわち，「退行性疾患遅滞の時代」と位置づけることを提案した．

　このように，近年における先進諸国の平均寿命の伸長は 20 世紀前半に見られた生存数曲線の矩形化とは異なるメカニズムに基づいて起きているものと考えられる．図 5-4 でも，近年の日本の死亡率改善は矩形化のプロセスとは異なっていることが観察され，「死亡の遅延」とでも呼ぶべき動きによって生存数曲線が高齢側に張り出すような形で生存量が拡大している様子を見ることができる．

　次に，これらのプロセスを死因別に観察してみよう．図 5-5, 5-6 は，1950 年以降の日本の主要死因別年齢調整死亡率の推移を示したものである．これを見ると，男女とも戦後すぐに結核の死亡率が急速に低下していること，一方で，

年齢調整死亡率(人口 10 万対)

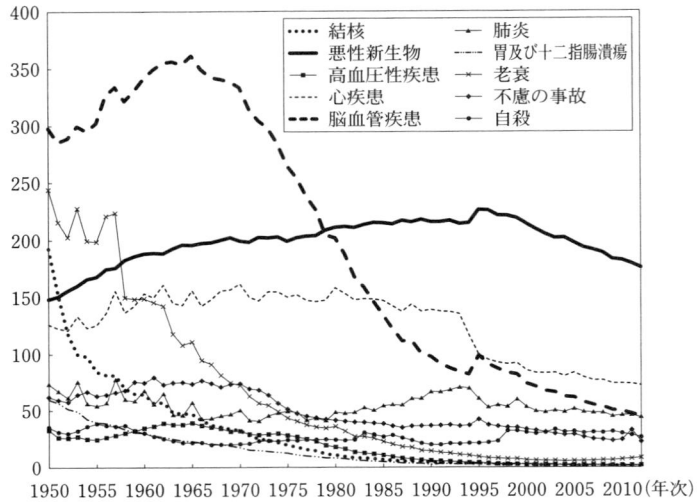

図 5-5　年齢調整死亡率の推移（男性）

出所：厚生労働省「人口動態統計」.

年齢調整死亡率(人口 10 万対)

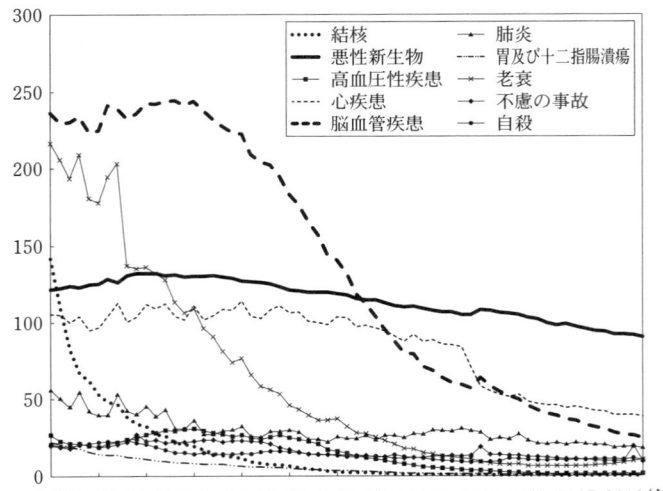

図 5-6　年齢調整死亡率の推移（女性）

出所：厚生労働省「人口動態統計」.

これとほぼ同時期に，脳血管疾患と悪性新生物の死亡率が上昇していることが観察される．これは，まさに古典的人口転換期における疫学的転換プロセスに対応した感染症死亡率の低下と退行性疾患の死亡率の顕著化を示すものであり，日本でも第二次大戦直後においては疫学的転換による死亡低下プロセスが経験されていたことがわかる．

しかしながら，一方，1960年代後半以降に日本の死亡率改善の中心となり，寿命の伸長に寄与したのが，脳血管疾患の死亡率低下である．悪性新生物の年齢調整死亡率は，男性については1990年代に入るまでは緩やかに上昇してきたが，1990年代後半以降，やや減少に転じている．女性については1960年代から緩やかに減少してきているものの，概ね横ばいに近い形で推移している．ウィルモス（2010）は，過去2世紀にわたる寿命伸長は，基本的には，人々が死因を認識（Recognition）し，その死因を回避または遅らせる方法を探すことにより対応（Reaction）し，それが全ての年齢層にわたる死亡率を低下（Reduction）させてきたという社会的な現象であると述べ，これを，様々な時代の，また，感染症，心疾患，脳血管疾患，悪性新生物，自動車事故等の様々な死因に関する死亡率低下のプロセスを適切に特徴づけるものとして，「トリプルR理論」と呼ぶことを提唱している．これに従えば，脳血管疾患死亡率の低下を受け，次なるターゲットとして悪性新生物という死因が認識され，これにがん医療の進歩等による対応がなされて，死亡の回避や遅延に成功してきたという，悪性新生物に対する挑戦の歴史が反映されていると見ることも可能だろう．

堀内（2001）は，過去に加えて，将来も含めた人間の死亡パターンの歴史的変遷を5つの転換として表すことを提案している．それは，

1 感染症による死亡率の上昇（外的障害から感染症）
2 感染症による死亡率の下降（感染症から内因性疾患）
3 循環器系疾患による死亡率の下降（脳血管・心疾患死亡率の低下）
4 がんによる死亡率の下降
5 老化の遅滞・減速

の5段階である．これに従えば，既に悪性新生物の年齢調整死亡率低下が始まっている日本は，第4段階に入っていると見ることができよう．そして，さらに，将来，仮に老化の遅滞・減速に成功すれば，平均寿命はまだ延びる可能性があるということができる．

このような死亡率改善プロセスの変化は，若年死亡率改善のみが顕著であった疫学的転換の時代に想定されていたような寿命の限界論を打ち破って人類の長寿化が進展してきたとともに，今後についてもどこまで寿命が延びるかという不確実性が大きいことをも示している．このように，ポスト人口転換期における死亡率改善は，「長寿リスク」という新たなリスクを我々に認識させるに至ったということもできよう．

4　長寿化の影響

平均寿命の伸長は生存量の拡大を意味するが，古典的人口転換における疫学的転換プロセスによる若年死亡率の改善と，ポスト人口転換期における高齢死亡率の改善は，我々のライフコースに対して異なった形での影響を及ぼすこととなる．表5-1は0歳あるいは65歳から特定年齢まで生存が期待される確率を示したものである．1950年では0歳から20歳，65歳まで生存が期待される確率は男性でそれぞれ88.2％，51.9％，女性でそれぞれ89.0％，59.4％であり，成人を迎えられるか，老年期まで生存できるかどうかという不確実性がまだ高い時代であった．しかしながら，若年死亡率改善によって1970年には20歳は男性97.0％，女性98.0％となり，ほぼ全ての者が成人を迎えられるようになっている．さらに，65歳の確率については1970年に男性で72.2％，女性で82.6％まで上昇しているが，2010年には男女とも約9割まで上昇し，現在では，老年期を迎えられるかという不確実性も低い水準となっていることがわかる．

一方で，ポスト人口転換期における高齢死亡率の改善は，1950年，1970年にはかなり低い水準であった65歳から90歳，100歳まで生存が期待される確率を改善させてきた．特に，1970年から1990年にかけて，65歳から90歳まで生存が期待される確率は男女とも概ね3倍に増加し，さらに，1990年から

表 5-1 特定年齢まで生存する確率 (%)

		男　　性					女　　性				
		1950	1970	1990	2010	2060	1950	1970	1990	2010	2060
0歳を 100%と した場合	0	100.0	100.0	100.0	100.0	100.0	100.0	100.0	100.0	100.0	100.0
	20	88.2	97.0	98.8	99.4	99.8	89.0	98.0	99.2	99.5	99.8
	65	51.9	72.2	82.6	87.0	91.0	59.4	82.6	91.3	93.6	95.7
	90	1.4	3.4	11.6	21.4	38.8	3.4	8.6	25.7	46.1	64.1
	100	0.0	0.0	0.4	1.3	6.7	0.1	0.2	1.4	6.3	20.6
65歳を 100%と した場合	65	100.0	100.0	100.0	100.0	100.0	100.0	100.0	100.0	100.0	100.0
	90	2.7	4.7	14.0	24.6	42.7	5.7	10.4	28.2	49.2	66.9
	100	0.0	0.1	0.5	1.5	7.3	0.1	0.2	1.5	6.8	21.5

出所：国立社会保障・人口問題研究所「日本版死亡データベース」，「日本の将来推計人口（平成24年1月推計）」死亡中位推計.

2010年にかけてまた倍増し，2010年には男性で概ね4分の1，女性では概ね半数となっている．このような高齢死亡率の改善傾向は今後も引き続くものと見込まれ，「日本の将来推計人口（平成24年1月推計）」（以下，「平成24年推計」）の死亡中位仮定によれば，2060年で65歳から90歳まで生存が期待される確率は男性で42.7%，女性では66.9%まで到達する見込みである．

　このような死亡状況の変化は，我々の生涯の長さや一生涯における特定年齢の位置づけの変化など，ライフコースの捉え方に大きな影響を及ぼしている．疫学的転換による若年死亡率の低下は，新生児が果たして成人を迎えられるのか，そしてさらに老年期まで生存できるのか，ということに関する不確実性を減少させた．この変化は，持とうとする子ども数の考え方に影響を及ぼすほか，成人するまでの間に行う教育などの人的投資の有効性をも増すこととなる．一方，ポスト人口転換期における高齢死亡率の改善は，教育投資に加え，若い時に健康へ投資することの老年期における回収効率の向上をもたらすこととなる．また，2060年に男性で約4割，女性では約3分の2が65歳に達した後90歳まで生存することが期待されるということであれば，その時に老年期を迎える者の老後の生活設計も，現在とは考え方の変革が迫られよう．

　図5-7は，「平成24年推計」（出生中位・死亡中位推計）における90歳，100歳以上人口とそれらが総人口に占める割合を示したものである．90歳以上人口は，2010年現在で137万人と総人口の1.1%となっている．また，百寿

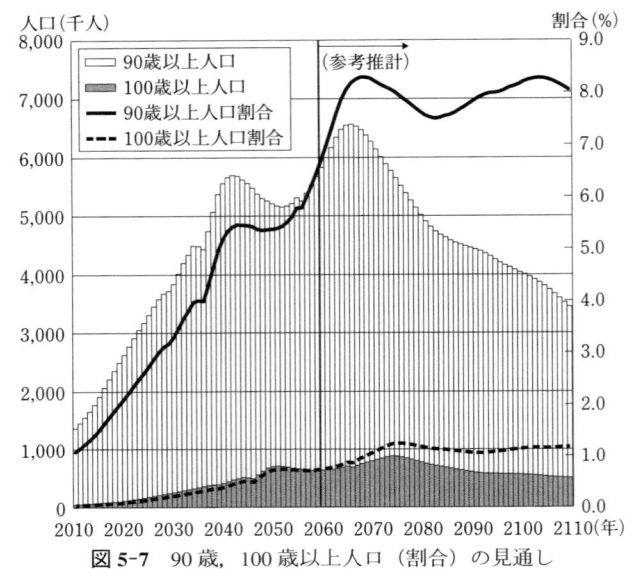

図 5-7 90歳, 100歳以上人口（割合）の見通し

出所：国立社会保障・人口問題研究所「日本の将来推計人口（平成24年1月推計）」
出生中位・死亡中位推計.

者（センテナリアン）である100歳以上人口に関しては4万4,000人と総人口に占める割合は0.03％に留まっている．ところがおよそ50年後である2060年を見ると，90歳以上人口は583万人と2010年の約4倍，100歳以上人口は64万人と約14倍にまで増大することが見込まれる．また，参考推計ではあるが2110年までの見通しによれば，このような超高齢者の割合はさらに上昇し，2110年では90歳以上人口割合は概ね8％，100歳以上人口割合は概ね1％まで増加するものと見込まれる．このように，50年後や100年後はこのような超高齢者が現在に比較して多数を占める社会となり，老年期の位置づけを再考することが迫られることになろう．

　また，ポスト人口転換期における死亡率改善は，どこまで寿命が延びるかという不確実性を増大させ，「長寿リスク」という新たなリスクを我々に認識させるに至ったということを述べた．「平成24年推計」ではこのような今後の寿命動向の不確実性に対応する観点から，死亡仮定を3通り設定し，死亡仮定の変化が将来人口に与える影響について示している．標準的な中位仮定では，

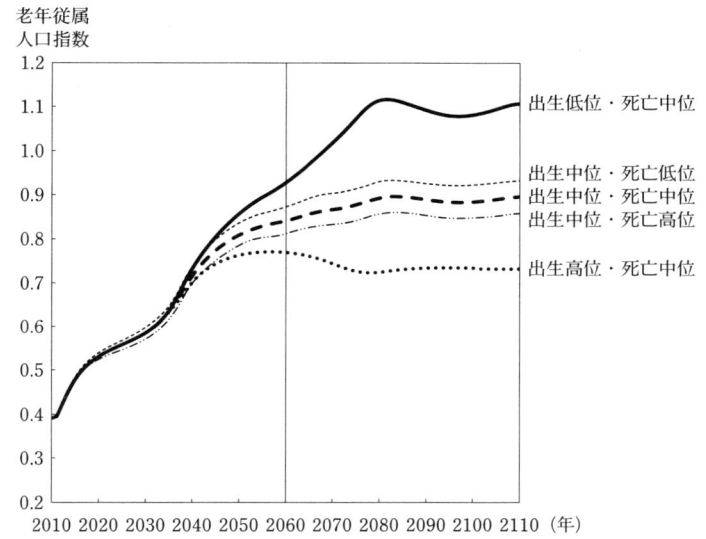

図 5-8 老年従属人口指数（20-64 歳人口に対する 65 歳以上人口の割合）の
見通し

出所：国立社会保障・人口問題研究所「日本の将来推計人口（平成 24 年 1 月推計）」.

2060 年の平均寿命は男性 84.19 年，女性 90.93 年となるのに対し，高位推計
では男性 83.22 年，女性 89.96 年，低位推計では男性 85.14 年，女性 91.90 年
となる見込みである．これらの変動幅は中位仮定に対して約 1% 程度に留まっ
ており，出生の高位・低位仮定が出生率で約 2 割もの変動幅があることに比べ
ると極めて小さい違いのように見える．

　しかし，この認識は公的年金制度の将来像を考える上では必ずしも正しくな
い．図 5-8 に，公的年金財政に影響の大きい老年従属人口指数（20-64 歳人口
に対する 65 歳以上人口の割合）を示したが，死亡変動も出生仮定の違いほど
ではないものの，老年従属人口指数の変動を通じて年金財政に影響を及ぼすこ
とがわかる．さらに，厚生年金の「平成 26 年財政検証」では，所得代替率
（現役世代の手取り収入に対する給付の比率）を実際に評価している．出生仮
定が変動する場合，経済前提ケース C における最終的な所得代替率は，出生
中位仮定の 51.0% から，出生高位では 54.4%，出生低位では 47.3% であり，
概ね±3〜4 ポイントの変動幅となっている．一方，死亡の動向が変化する場

合，死亡高位では 53.0％，死亡低位では 49.0％ であり，所得代替率は±2 ポイント変動する．実に出生のインパクトの半分以上に相当する大きなものである．このような，長寿リスクの存在は，今後の我々の老後の生活設計を考える上でも影響を及ぼすものであろう．

5　おわりに

　本章においては，日本の長寿化の背景や動向について死亡分析の方法論の中心となる生命表を用いて観察するとともに，死亡分析の実体人口理論の中心となる疫学的転換およびそのポスト人口転換期における位置づけについて述べ，最後に長寿化の影響について考察を行った．本章における様々な観察から明らかな通り，現在の日本の死亡水準は他の先進諸国から見ても極めて改善が進んでいる状況にあり，さらに今後も寿命の伸長が見込まれている．特に，今後も高齢死亡率改善は引き続いていくと考えられることから，老後の捉え方などについても再考が必要であるということを述べた．このような高齢期の生存量の拡大に対応し，その生存の質を向上させるということは重要な課題となろう．本章においても教育投資に加え，若い時に健康へ投資することの老年期における回収効率の向上を指摘したところであるが，現在，政府の成長戦略においても国民の健康寿命の延伸が課題として掲げられているところであり，このような高齢期の生存の質を測定する「健康生命表分析」は益々重要な課題になると考えられる．しかしながら，健康の測定は必ずしも簡単な問題ではなく，多角的な観点から検討が必要な問題である．今後，健康概念の十分な検討や測定法に関する議論を踏まえ，複数の健康概念に基づいた健康寿命に基づいて高齢者の生存の質を定量的に評価していくことが求められることとなろう．

参考文献

石井太（2010）「寿命研究と Human Mortality Database」『人口問題研究』66（3）：80-87.

石井太（2015）「日本版死亡データベースの構築に関する研究」『人口問題研究』71（1）：3-27.

ウィルモス，ジョン・R.（2010）「人類の寿命伸長——過去，現在，未来」『人口問

題研究』66(3): 32-39.

国立社会保障・人口問題研究所 (2012)『日本の将来推計人口——平成24年1月推計』厚生労働統計協会.

国立社会保障・人口問題研究所「日本版死亡データベース」. 〈http://www.ipss.go.jp/p-toukei/JMD/index.html〉(最終アクセス2015年4月17日).

堀内四郎 (2001)「死亡パターンの歴史的変遷」『人口問題研究』57(4): 3-30.

Fries, J. F. (1980) "Aging, Natural Death, and the Compression of Morbidity," *New England Journal of Medicine*, 303: 130-135.

Human Mortality Database. University of California, Berkeley (USA) and Max Planck Institute for Demographic Research (Germany). 〈http://www.mortality.org/〉 or 〈http://www.humanmortality.de/〉 (last access 2015/04/17).

Olshansky, S. and A. Ault (1986) "The Fourth Stage of the Epidemiologic Transition: The Age of Delayed Degenerative Diseases," *The Milbank Quarterly*, 64(3): 355-391.

Omran, A. (1971) "The Epidemiologic Transition: A Theory of the Epidemiology of Population Change," *The Milbank Memorial Fund Quarterly*, 49(4): 509-538.

第6章 少子化とその影響

岩澤美帆

1 出生力転換から少子化へ

　近代化以前の社会では，男女が結婚すると概ね自然にまかせて子どもを持つのが一般的であった．結婚に関する文化や子育て期の暮らし方などによって，生まれる子どもの数には幅があったものの，夫婦が平均で 4-6 人の子どもを生んでいたと考えられる．しかし一方で，子どもは成人を迎える前に亡くなることが多く，周期的に疫病が流行することでも人口はたびたび減ったため，人口の増加が極めて緩慢な時代が続いた．これを多産多死状態と呼ぶ．

　こうした社会が近代化とともに変貌を遂げる．生活水準の改善や公衆衛生の普及は死亡率を低下させ，生まれた子どもが亡くなることなく成人に達するようになり，人口の急増を招くことになった．多産少死時代の到来である．日本における明治期以降の人口増加も，こうした変化の過程で起こった．子どもの生存率が上がり，経済発展とともに，合理性や個人の欲求を重視する考え方が広く受け入れられるようになると，夫婦は少ない子どもにより豊かな生活や教育機会を与えることをめざすようになり，夫婦の子ども数が次第に減少していった．1950 年代の日本では，希望する数を超えた妊娠の多くが当初人工妊娠中絶によって中断されたが，やがて避妊の知識と手段が普及するようになり，子どもをほしい時期に，ほしい数だけ妊娠するというライフスタイルが確立していく．この段階は，死亡の水準も出生の水準もともに低く，少産少死と呼ばれる．人口増加は再び緩慢となり人口増加は最終的に静止する．この多産多死から少産少死に至る一連の変化は，欧州を皮切りにその後，日本を含む多くの地域で経験され人口転換と呼ばれている．とくに出生率の低下過程は出生力転

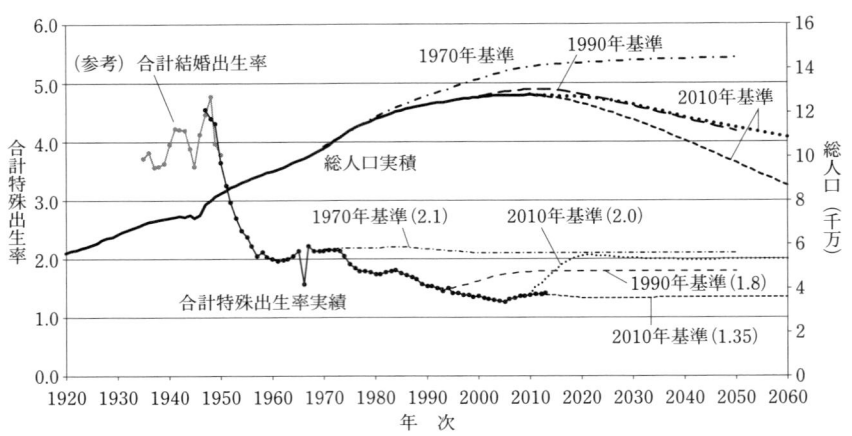

図 6-1　合計特殊出生率と総人口（実績と各時点の推計）

注：合計特殊出生率実績値は「人口動態統計」による．ただし，1947 年以前は「出生動向基本調査」による合計結
　婚出生率に基づく推計値．出生率と総人口の推計値は，国立社会保障・人口問題研究所（旧厚生省人口問題研究
　所）による「日本の将来推計人口」に基づく．1970 年基準は「昭和 50 年 2 月推計」出生中位推計，1990 年基準は
　「平成 4 年 9 月推計」出生中位推計，2010 年基準は「平成 24 年 1 月推計」出生中位・死亡中位推計と「条件付き
　推計」による結果．合計出生率ラベルの（　）内は，合計出生率の最終レベルを示す．

換と呼ばれる．

　この出生力転換は，日本の人口の推移に大きく影響している．図 6-1 には国
立社会保障・人口問題研究所（旧厚生省人口問題研究所）によって実施された
これまでの「将来推計人口」について，それぞれの推計時点で仮定された出生
力の水準とその時の推計人口の結果が示されている（厳密には死亡仮定や移動
仮定による影響を含んでいる）（国立社会保障・人口問題研究所，2012a）．

　後ほど詳しく述べる合計特殊出生率は，1950 年代以前には 4 を超えるレベ
ルであったと推測されるが，50 年代を通じて急激に低下し，1960 年代には 2
前後の水準となった．1970 年の人口や出生力状況に基づいて行われた「将来
推計人口」では，合計特殊出生率が最終的に 2.1 の水準で推移すると仮定され
ており，それまで急増していた人口は 2010 年代に 1 億 4,000 万に達した後，
高止まりすることが予想された．しかしながら，現実にはその後に想定外のこ
とが起きる．出生率は 1974 年以降下がり続け，増加していた人口は予想より
も早く停滞し，2008 年を越えるとついに減少局面に入った．2012 年の「将来
推計人口」と同時期に行われた「条件付き推計」によれば，2020 年代に合計

特殊出生率が1970年代と同水準の2.0の水準にまで回復しても，人口は2060年までは減少しつづけることが示されている（国立社会保障・人口問題研究所，2013）.

このように長期的に人口減少を引き起こすほどにまで出生率が低下している状況を日本では「少子化」と呼んでいる．以下では，少子化を理解するために，様々な指標の推移に着目し，少子化がいつ頃から始まり，どのような行動や意識変化を背景としているのかを明らかにする．

ある社会あるいは人口における出生の実相を出生力と呼ぶが，そもそも出生力の正体は何であろうか．子ども数と何が違うのか．出生力とは，集団に対する概念であると考えることができ，その集団からどの程度出生が発生しやすいかを示す指標で表すことができる．出生力の高低や変化を示す指標は様々に存在するが，重要なのは，指標の意味を正しく理解し，知りたい現象に適したものを選ぶことである．本章では，異なる構造を持つ社会の比較を可能にする標準化指標，世代別の変化を観察できるコーホート指標，出生をめぐる家族の変化，という視点に沿って出生力指標を紹介し，少子化の進展とその影響について解説する．

2　出生離れはいつ起きたか——標準化出生率の時代変化

(1)　出生数と出生率

日本における出生離れは，いつから，どのように起きたのか——この時代的な変化を把握するためには出生力指標の時代変化を見ればよい．最も単純な指標は出生数である．出生数は，限定された地理空間において，子どもがたくさん生まれる社会なのか，生まれない社会なのかを示す．ただし，出生数は，その社会の人口規模に依存してしまうので，出生数を通常人口1,000人当たりで示した粗出生率によって人口規模が異なる社会を比較することができる．図6-2に出生数と粗出生率の推移を示した．また，15年後の15歳人口，50年後の50歳人口を示すことで，各時期に出生した者が15歳，50歳までどの程度生存できたかも示した（国際人口移動の影響は無視できるほど小さいと仮定し

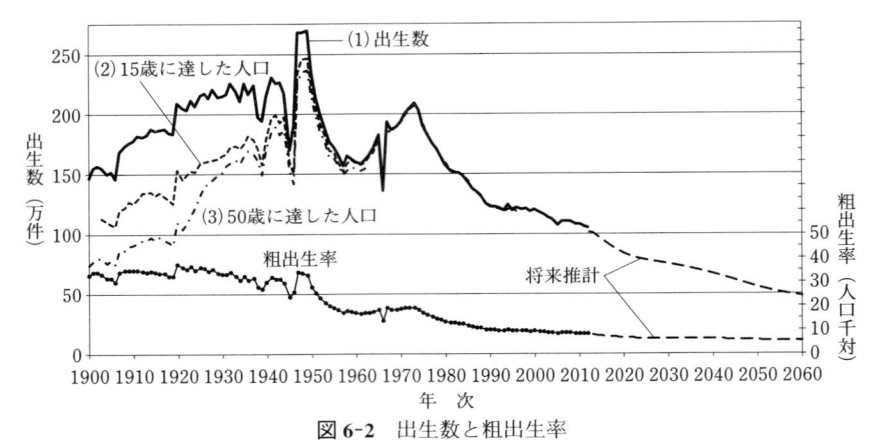

図 6-2 出生数と粗出生率

注：出生数は「人口動態統計」による．(1) 1984 年以前は日本国籍児，1985 年以降は外国人を含んだ出生総数，(2)(3)
は当該年に生まれた子どもが 15 歳，50 歳まで生き残った数を示す目的で，15 年後，50 年後の 15 歳総人口，50
歳総人口を示している．破線は「日本の将来推計人口（平成 24 年 1 月推計）」出生中位・死亡中位推計に基づく．

ている）．戦前は，たしかに生まれた子ども数は多かったが，高い死亡率によ
って成人に達した人口ははるかに少ないことがわかる．また日本は，戦後の
1947-49 年と 1971-74 年に 2 度のベビーブームを経験していることからもわか
るように，ひとたびベビーブームが起こると，一世代のちに親となる人口が増
えることで出生増が起きるエコー効果が期待される．実際 1971-74 年のブーム
は，1947-49 年出生世代によるエコー効果である．しかしながら，次のエコー
効果すなわち第 3 次ベビーブームが予想された 2000 年代の出生増はそれほど
はっきりとはしておらず，1 人当たりの出生数が以前よりも大幅に落ち込んで
いることを示唆する．

(2) 合計特殊出生率——人口・性別・年齢を標準化した出生の発生率

出生数は，人口が多い社会だけでなく，生物学的に子どもが産める女性が多
い場合，とりわけ子どもが産まれやすい 20 代や 30 代の女性が多い場合に多く
なる．これを，出生力は性や年齢によって異質であると表現する．本来 “子ど
もの生まれやすさ” を示す出生力を比べる場合，同質な集団を比較したいとこ
ろである．しかし，実際の社会は，様々な男女比や年齢構造を持っており，同
じ社会であっても時代によってそうした条件は変化してしまう．そこで，人口

規模に加え，こうした男女比や年齢構造（ほかにも看過できない異質性を示す構造）の影響を取り除いて比較できるようにしたものが標準化指標である．代表的なものが合計特殊出生率 Total Fertility Rate である．合計特殊出生率は，人口規模のほか，男女比や，女性の年齢構造が異なる様々な集団間で出生力を比較することができる．出生順位別に算出することができ，その場合，どの出生順位の子どもの生まれ方に変化があったのかを知ることができる．出生は男性よりも女性との結びつきが強く，より正確に捕捉できるため，人口分析の分野では女性について合計特殊出生率を観察することが一般的である．

　合計特殊出生率は，標準化指標という利点のほかに，もう1つのメリットがある．それは，この指標が，出生力を女性が生涯に生む平均的な子ども数に換算して解釈できるということである．正確に表現すると，「女性集団が再生産年齢期間が終わるまで1人も死亡することなく，その年の子どもの生まれ方を示す年齢別出生率に従って子どもを出生した場合に実現しうる女性1人当たりの平均子ども数」となる．ただし，この年次別の指標は，様々な世代の様々な年齢時の出生力を，ある年について「仮想的」に合成した指標であり，現実に存在する女性集団の平均子ども数を算出したものではない．このような指標は期間指標と言われ，晩産化など子どもを生む年齢が世代別に変化している場合には，テンポ効果と呼ばれる特有の変動が生じることに注意が必要である．多くの欧州諸国で，1990年代頃まで下がり続けていた合計特殊出生率が，1.3を下回るような極端に低い水準から2000年代に入り反転上昇を示しているが，こうした動きの多くは，出生年齢の高齢シフトが引き起こした見かけ上の落ち込みと上昇を含んでいる[1]．なお，現実の女性集団が平均何人の子どもを生んでいるかも，出生力変動を理解する上で重要な指標となるが，これについては，上記の期間指標に対しコーホート指標と呼ばれるものがあるので本節3項で解説する．

　通常女性について算出される合計特殊出生率であるが，男性についても算出することができる．ただし，人口動態統計による男性の年齢別出生数を使う場合，子の母と婚姻関係にある男性の情報に限られるため，嫡出出生率しか算出することができない．

　図6-3には(1)人口動態統計と同定義の合計特殊出生率，(2)日本人女性から生

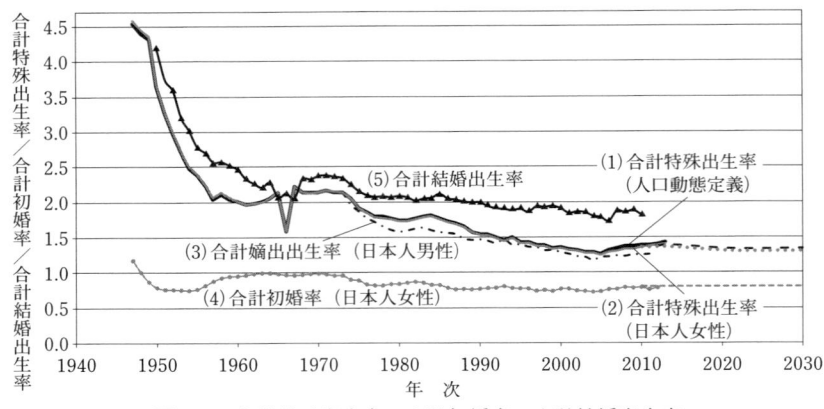

図 6-3 合計特殊出生率・合計初婚率・合計結婚出生率

注：(1)は人口動態統計による公表値と同様，日本国籍児に対し，日本人女性人口を分母にしたもの．(2)は日本人
女性から生まれた日本国籍児に対し，日本人女性人口を分母にしたもの．(3)は日本人男性から生まれた嫡出の
日本国籍児に対し，日本人男性人口を分母にしたもの．(4)は妻日本人の初婚数に対し，日本人女性人口を分母
にした年齢別初婚率を 50 歳まで合計したもの．届出遅れを補正している．(5)「出生動向基本調査」を用い，初
婚持続期間別，出生順位別出生率を結婚 35 年まで合計したもの．破線は「日本将来推計人口（平成 24 年 1 月
推計）」出生率・死亡率中位仮定に基づく．

まれた日本国籍児に出生を限定した合計特殊出生率（日本人女性の合計特殊出
生率），(3)日本人男性の合計嫡出出生率の推移を示した．日本人女性から生ま
れた日本国籍児に出生を限定した出生率(2)は，人口動態定義の出生率，すなわ
ち，外国人女性が生んだ日本国籍児を含む出生率(1)よりもわずかに低くなるが，
2000 年以降，国際結婚の増加に伴いこの差が徐々に開いている．人口動態統
計定義による出生率の上昇には，このように日本人男性と国際結婚をして日本
国籍児を生んだ外国人女性の増加による影響が含まれている．一方，男性の合
計嫡出出生率は女性の合計出生率に比べて低い．2010 年，日本人女性の合計
特殊出生率が 1.36 に対し，日本人男性の合計嫡出出生率は 1.25 であった．後
者には婚外出生が含まれないという事情もあるが，現在の日本ではこの影響は
依然として小さく，2000 年以降の乖離は，主に再生産年齢層において女性よ
りも男性の人口が多いことに起因している．

(3) 合計初婚率——人口・性別・年齢を標準化した初婚の発生率

合計特殊出生率は，未婚女性も含めた女性 1 人当たりの生涯の出生児数に換
算できると説明した．しかし，日本では未婚者が子どもを持つことが少ないた

め，出生力の低下の要因は，未婚者が増えることと，結婚した夫婦の出生数が減少していることに要因を分けることができるであろう．未婚化の動向については，先ほどの合計特殊出生率の考え方を初婚に応用した合計初婚率を見ることが有効である．初婚は再生産年齢を過ぎても発生するが，ここでは出生の要因としての初婚を考えるので，再生産年齢が終わるまでに発生する初婚に着目する．すなわち，女性の年齢別初婚率を 15 歳から 49 歳まで合計したものを合計初婚率とすると，その値は「女性集団が再生産年齢期間が終わるまで 1 人も死亡することなく，その年の年齢別初婚率に従って初婚を経験した場合に実現する 50 歳時点での既婚者割合」に相当する．すなわち，人口の規模，性別，年齢構造の違いによって影響を受けないある年の初婚の起きやすさを示している．図 6-3 の(4)に推移を示した．2012 年の女性の合計初婚率は 0.78 であり，50 歳までに女性の 78％ が初婚を経験するような初婚の発生状況であることがわかる．1970 年代前半は 95％ を超えるような水準であったが，2004 年に 72％ まで低下し，その後わずかに上昇している．ただし，合計初婚率も合計特殊出生率と同様に期間指標であるため，事象発生のタイミング変化の影響を受ける．1980 年代に観察された合計初婚率の急激な低下は女性の高学歴化によって初婚年齢が高齢にシフトしたこと（晩婚化）が原因だったが，その後，結婚が遅れるだけでなく非婚（50 歳までに一度も結婚を経験しないこと）となる割合も増えることによって，高年齢における取り戻し効果は限定的となり，合計初婚率の上昇はわずかな幅にとどまっている．

(4)　合計結婚出生率——人口・性別・結婚持続期間を標準化した夫婦出生の発生率

　女性の合計初婚率の推移により，この 40 年間で初婚の発生が大きく低迷していることがわかったが，出生力を抑制するもう 1 つの側面である夫婦の子どもの産み方はどうだろうか．それを知るためには，標準化された夫婦の出生力指標を求める必要がある．ここでは対象を夫婦に限定し，女性の年齢の代わりに，結婚からの経過時間で標準化した合計結婚出生率を見てみよう．図 6-3 の(5)に推移を示した．

　この指標は，初婚どうし夫婦からの出生の発生率を標準化したものであり，

再生産期間が終わるまで（ここでは結婚後 35 年とする）結婚生活を継続した初婚 1 組当たりの平均子ども数と解釈することができる．ちなみに，この指標も，実際に存在する夫婦集団の平均子ども数ではなく，毎年の様々な結婚持続期間にある夫婦の子どもの産み方を「仮想的」に合成した指標である．算出には，結婚持続期間別の夫婦の出生数と結婚持続期間別の初婚どうし夫婦の数（妻の人口）が必要であり，今回は全国標本調査である「出生動向基本調査」のデータを用いた（合計結婚出生率の算出方法については，岩澤（2015）を参照）．

　結婚 35 年時点までの出生を累積した合計結婚出生率の推移（3 年移動平均）を見ると 1988 年まで 2.0 を上回っていたがその後同水準を下回り，2006 年には 1.72 まで低下している（図 6-3 (5)）．その後，わずかに上昇傾向を示しているが 2010 年時点では 1.81 である．合計結婚出生率も期間指標であるため，先送りされていた出生が後ほど産み戻されることによる変動に注意が必要であるが，近年の夫婦の平均子ども数が概ね 2 を下回ること，一方で 2000 年代半ばを境に低下の勢いに変化が起きたと見てよいであろう．2000 年代は様々な家族支援政策が強化された時期でもあり，結婚出生率の底打ち感がこうした取り組みに対する反応を示している可能性もある．

(5)　初婚行動と夫婦の出生行動の変化の寄与

　合計初婚率および合計結婚出生率を観察することで，この 40 年にわたって，未婚化と夫婦の出生行動の変化が出生力を引き下げていたことがわかった．では，合計特殊出生率の変化にそれぞれの行動変化がどの程度寄与していたのかを定量的に示すことはできないだろうか．ここでは，合計特殊出生率が，初婚行動と初婚後の夫婦の子どもの生み方で決まるモデルを考え要因分解をしてみたい．このモデルでは，女性の年次別年齢別出生率が，その年齢までに初婚を経験した女性の初婚年齢別分布と，妻の初婚年齢別・各時点年齢別の出生率で決定されると仮定する．そして，このモデルに反実仮想的なデータをあてはめたシミュレーションを行う．シミュレーションは 2 つ行う．まず，(1)年齢別初婚率にも妻の初婚年齢別・各時点年齢別出生率にも変化がなかった場合の合計特殊出生率を基準値として算出する．合計特殊出生率は概ね 2.0 の水準となる．

(2)もう 1 つのシミュレーションでは，年齢別初婚率のみ実績値を用い，妻の初婚年齢別・各時点年齢別出生率には標準パターンを用いる．すなわち，(1)と(2)との差は初婚行動の変化によってもたらされたと解釈できる．さらに(2)と(3)合計出生率実績値との差は，初婚率の変化では説明できない要因，すなわち主に夫婦の結婚後の出生行動の変化による効果を表すと考えることができる．

　図 6-4 には，(1)初婚行動・夫婦出生行動がともに不変であった場合の合計特殊出生率（基準値），(2)初婚のみ現実通りに変化した合計特殊出生率，そして(3)実績値の推移を示した．1990 年頃までは，出生率低下の多くが初婚行動の変化によって説明されることがわかるが，1990 年代以降，初婚行動の寄与に加え，それだけでは説明できない低下分が生じており，これは，夫婦の初婚年齢別出生率がかつての標準パターンよりも低くなっていることを示唆する．こうした夫婦の出生行動の低迷は 2000 年代前半まで続くが，2005 年以降状況が再び変化する．初婚率の低下による出生率の低下が下げ止まった一方で，夫婦の出生行動の変化分はむしろプラスに転じ，出生率を回復に向かわせている．

　表 6-1 は，各時点間の変化量を初婚行動の変化の寄与と初婚行動以外の変化（主に夫婦の出生行動の変化を意味するが離再婚行動の変化も含まれる）の寄与に分けて示したものであるが，合計特殊出生率の基準値 2.01 から 2012 年の1.38 までの変化量は，約 90% が初婚行動の変化，約 10% が初婚後の夫婦の行動変化で説明できることがわかる．初婚率の低迷が続く一方で，夫婦の出生行動に回復の兆しが見えることは，夫婦が子どもを持ちやすくなったと見ることができるかもしれない．しかし，今日の日本では，結婚の目的が限りなく子どもを持つことと重なりつつある．たとえば，未婚者が結婚のメリットとして挙げる最も大きな要素は「子どもや家族が持てる」であり，未婚女性の理想・予定のライフコースや未婚男性の期待するライフコースにおいて，結婚し子どもを持たない DINKS（Double Income No Kids）を挙げる割合は極めて少ない（国立社会保障・人口問題研究所，2012b）．このように現在の若者の結婚意欲と出生意欲にはかなり強い関係があり，低迷する初婚率は，子育ての見通しが得られない男女の増大や出生意欲そのもの低調さがもたらしている可能性もあるので注意が必要であろう．

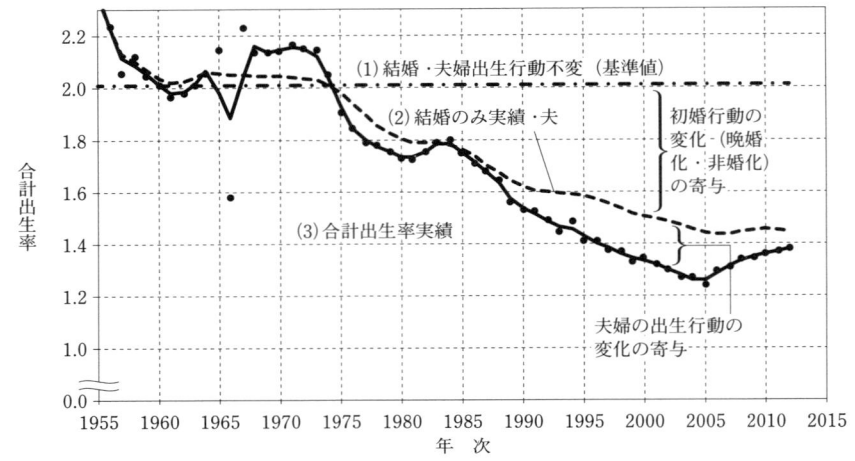

図 6-4　初婚行動および夫婦の出生行動に規定されるモデル合計出生率の推移

表 6-1　合計特殊出生率変化に対する初婚行動と夫婦の出生行動の変化の寄与

期　　間	基準値	-	1980	-	1985	-	1990	-	1995	-	2000
合計特殊出生率 実績値 （日本人女性）	2.01	└ −0.27 ┘	1.74	└ 0.02 ┘	1.75	└ −0.22 ┘	1.54	└ −0.11 ┘	1.43	└ −0.09 ┘	1.33
総変化量		(100.0)		(100.0)		(100.0)		(100.0)		(100.0)	
初婚行動の変化 に起因する											
変化量		−0.21		−0.04		−0.14		−0.04		−0.08	
寄与率（％）		(75.5)		(−233.0)		(65.6)		(35.0)		(84.5)	
初婚行動以外の 変化に起因する											
変化量		−0.07		0.06		−0.07		−0.07		−0.01	
寄与率（％）		(24.5)		(333.0)		(34.4)		(65.0)		(15.5)	

期　　間	2000	-	2005	-	2010	-	2012		基準値	-	2012
合計特殊出生率 実績値 （日本人女性）	1.33	└ −0.07 ┘	1.26	└ 0.10 ┘	1.36	└ 0.02 ┘	1.38		2.01	└ −0.63 ┘	1.38
総変化量		(100.0)		(100.0)		(100.0)				(100.0)	
初婚行動の変化 に起因する											
変化量		−0.06		0.02		−0.01				−0.56	
寄与率（％）		(86.0)		(16.0)		(−45.9)				(89.1)	
初婚行動以外の 変化に起因する											
変化量		−0.01		0.08		0.03				−0.07	
寄与率（％）		(14.0)		(84.0)		(145.9)				(10.9)	

注：1940-51 年生まれ日本人女性の年齢別初婚率，および 1932-1957 年生まれ女性の初婚年齢別・各時点年齢別出
　　生率を標準パターンとし，両者とも標準パターンを用いた合計出生率の基準値(1)，年齢別初婚率のみ実績値を
　　用いたモデル値(2)，および実績値(3)を示した．初婚行動の変化の効果以外には，夫婦の出生行動および離婚・
　　死別・再婚行動の変化による効果が含まれる．基本的な考え方は岩澤（2008）に従い，2012 年までデータを更
　　新した．

3　子どもの生み方はどう変わったか──世代別に見る出生行動

(1)　コーホート完結出生児数──生涯に持つ子ども数

　前節までで示した様々な期間指標は，社会全体における子どもの持ちやすさや，出生離れを短期的に観察するのに適している．ここでは，数十年にわたる個人のライフコースが世代によってどのように変化しているのかを見るために，生涯に持つ子ども数やイベントを経験する年齢といったライフコース指標に着目してみたい．同時期に生まれた集団を生涯にわたって観察することで得られる指標はコーホート指標と呼ばれる．

　女性が生涯に何人の子どもを持つのかを表す指標は完結出生児数と呼ばれる．これは再生産年齢期間を過ぎた女性にこれまでに生んだ子ども数を訊ね集計することによって算出することができ，これを生まれ年別に集計したものはコーホート完結出生児数と呼ばれ，世代間の比較が可能になる．この指標は年次別，生まれ年別に年齢別出生率を算出し，再生産年齢上限（一般に 45 歳や 50 歳）まで足し上げることでも近似できる．期間の合計特殊出生率と同様に 15 歳から 49 歳までの年齢別出生率を合計した値は，コーホート合計特殊出生率と呼ばれる．1935 年生まれ以降の推移を表 6-2 に示した．

　図 6-5 には日本人女性のコーホート完結出生児数（コーホートの年齢別出生率を 15 歳から 44 歳まで合計した値）を 1870 年代生まれから 1974 年生まれにわたって示した．人口動態統計が得られない 1935 年以前に生まれた世代については「国勢調査」や「出生動向基本調査」に基づく推計値を示し，45 歳に達していない 1970 年代前半生まれについては過去の関係式によって 40 歳指標を 45 歳指標に拡大した推計値を示している．また，1950 年代までの日本では，前節で示したように子どもの死亡率が高く，生まれた子ども全てが 15 歳まで生存することは難しかった．そこで，完結出生児数とともに，世代生命表から算出した当時の子どもの生存確率を用いて，15 歳まで生存した平均子ども数も重ねて示している．1900 年頃に生まれた女性の平均完結出生児数は 5 人程度と極めて多いが，15 歳まで生存できた子ども数はそのうちの 76％，3.8 人程度であったことがわかる．若年者の死亡率が大幅に改善したその後の疫学的

表 6-2 出生力に関する女性のライフコース指標

生まれ年	コーホート合計特殊出生率（日本人女性出生率）	出生児数分布（％）					平均出生年齢（歳）				
		無子	1人	2人	3人	4人以上	全子	第1子	第2子	第3子	第4子以上
1935	2.04	7.8	15.3	49.8	19.6	7.5	27.6	25.7	28.4	30.4	32.3
1940	2.04	7.8	13.4	52.0	21.0	5.8	27.6	25.7	28.4	30.6	32.6
1945	1.92	12.1	12.8	51.1	19.5	4.5	27.4	25.6	28.2	30.3	32.5
1950	1.97	10.6	12.2	51.3	21.3	4.6	27.6	25.8	28.3	30.9	33.2
1955	1.96	12.6	11.8	47.1	23.4	5.0	28.2	26.3	28.8	31.3	33.7
1960	1.81	17.5	13.9	43.5	20.4	4.7	28.7	27.0	29.4	31.6	34.1
1965	1.59	23.9	16.7	40.0	15.5	3.9	29.4	27.9	30.1	32.1	34.3
1970	1.44	28.4	18.6	37.0	12.5	3.5	30.0	28.6	30.8	32.6	34.7
1975	1.39	30.3	19.5	34.9	11.8	3.5	30.5	29.1	31.3	33.1	34.9
1980	1.39	29.9	20.6	33.4	12.5	3.6	30.6	29.3	31.4	32.9	34.1
1985	1.35	32.1	20.2	31.6	12.5	3.6	30.5	29.3	31.3	32.5	33.7
1990	1.30	35.5	18.2	30.4	12.4	3.5	30.6	29.4	31.4	32.6	33.8
1995	1.30	35.6	18.2	30.3	12.4	3.5	30.6	29.4	31.4	32.6	33.8

注：1960 年生まれ以前は実績値．それ以降は「日本の将来推計人口（平成 24 年 1 月推計）」（国立社会保障・人口問題研究所，2012a）の出生中位仮定を含む推計値．

転換の進展に伴い，両者の差は縮小していき，1940 年代，50 年代前半生まれ女性の平均完結出生児数は 2 前後の水準に落ち着いていく．

　ところが 1950 年代後半以降に生まれた世代から完結出生児数は再び低下を開始し，1970 年生まれで 1.43 人（45 歳時点の数字）にまで低下している．平成 24 年 1 月の「将来推計人口」の出生中位仮定では，続く世代でもコーホート完結出生児数は回復することはなく，1.3 人台にまで低下すると見込まれている．なおコーホート完結出生児数の平均値低下の背景には，子どもを 3 人以上持つ人が減り，1 人しか持たない人が増えるといった子ども数の減少のみならず，子どもをまったく持たない女性の増加という事情も存在する．子どもを持たない割合を無子割合といい，表 6-2 でこの割合をコーホート別に示しているが，1935 年生まれでは 8％ を下回っていた無子割合が 1960 年生まれでは 17.5％ にまで上昇し，将来推計によると 1995 年生まれ前後では 3 人に 1 人の女性が生涯にわたって子どもを生まない可能性が示唆される．

　図 6-5 にはドイツのマックスプランク人口研究所が中心となって整備している出生力データベース Human Fertility Database に基づく諸外国のコーホー

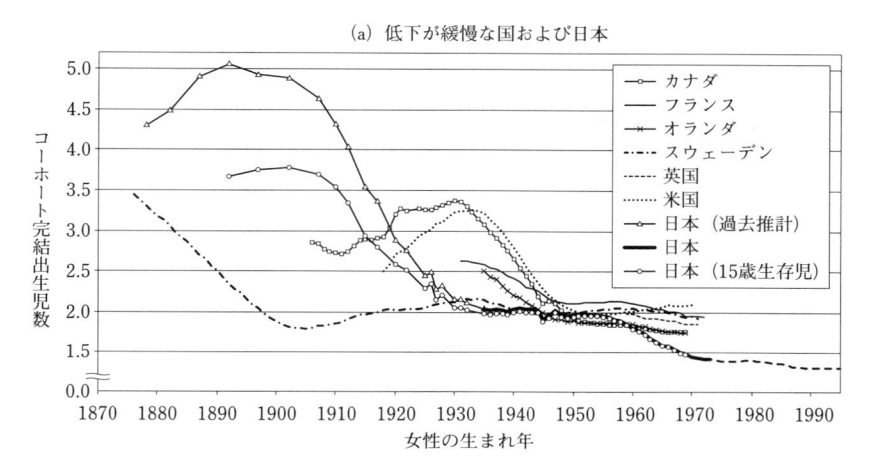

(a) 低下が緩慢な国および日本

凡例:
- カナダ
- フランス
- オランダ
- スウェーデン
- 英国
- 米国
- 日本(過去推計)
- 日本
- 日本(15歳生存児)

縦軸：コーホート完結出生児数
横軸：女性の生まれ年

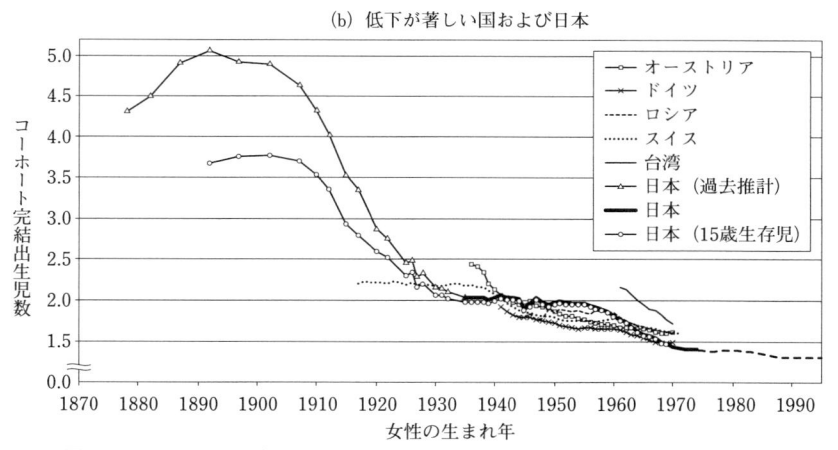

(b) 低下が著しい国および日本

凡例:
- オーストリア
- ドイツ
- ロシア
- スイス
- 台湾
- 日本(過去推計)
- 日本
- 日本(15歳生存児)

縦軸：コーホート完結出生児数
横軸：女性の生まれ年

図 6-5 日本および諸外国のコーホート完結出生児数（45歳時点累積出生率）

注：日本は 1935 年生まれ以前は「国勢調査」または「出生動向基本調査」に基づく平均完結出生児数推計値．
　　1935 年生まれ以降は「人口動態統計」による 45 歳時点のコーホート累積出生率．破線は「日本の将来推計人
　　口（平成 24 年 1 月推計）」出生中位仮定に基づく．
　　諸外国はドイツのマックスプランク人口研究所が中心となって整備している Human Fertility Database に基
　　づく．最新時点で 45 歳に達していない 40 歳以上のコーホートについては，過去の関係式によって 40 歳指標を
　　45 歳指標に拡大した値を用いた．

ト完結出生児数も示している．ほとんどの国が，1930年代，40年代生まれで平均完結出生児数の低下を経験しているが，1950年代生まれになると2前後で推移する国と2を大きく下回る地域に分かれているように見える．日本はこれらの国の中でも，世代ごとの変化のペースが急激であり，同様に急激な変化を1960年代に入り経験しているのが台湾である．フランス，スウェーデン，米国では1950年代生まれでも平均完結出生児数がほとんど低下していないが，1960年代生まれになると，明らかに2.0を超えているのは米国だけであり，フランスもスウェーデンも緩やかに低下している．スイス，オーストリア，ドイツ，そして日本ではさらなる低下を示しており，先進国のなかでも水準の多様性が認められる．

(2)　出生の年齢パターン──子どもをいつ持つか

コーホート完結出生児数の低下は，いつ子どもを持つかといった出生年齢の変化も伴っている．図6-6の2つのグラフには1951年生まれと1975年生まれの日本人女性の年齢別出生率のパターンを重ねて示している．1951年生まれ，すなわち2015年時点で55歳前後の女性は，26歳頃を出生のピークとし，27歳のときには平均で1人の子どもを生んでいた．しかし1975年生まれ，すなわち2015年時点で40歳前後の女性は，ピークが29歳，平均出生児数が1を超えるのは33歳である．また，1951年生まれではほとんど存在しなかった35歳以上の出生が大幅に増加していることもわかる．表6-2には，出生順位別にコーホートの平均出生年齢がどのように変化しているかを示した．いずれの出生順位も最近のコーホートほど平均年齢が高くなっており晩産化が進んできたことがわかる．

では諸外国における1975年生まれの女性は，いつ子どもを生んでいるのだろうか．図6-6には左のグラフ(a)に，米国（全国，非ヒスパニック白人），英国，ドイツ，台湾を示し，右のグラフ(b)にフランス，スウェーデン，オランダを示した．両図とも二時点の日本のパターンと比較することができる．上のグラフは，現在の日本よりも若年出生率が高い地域を掲載している．米国，英国はコーホート合計出生率が2.0前後と先進国の中で高いほうであるが，10代後半および20代前半の出生率が高いことが寄与していることがわかる．一方，

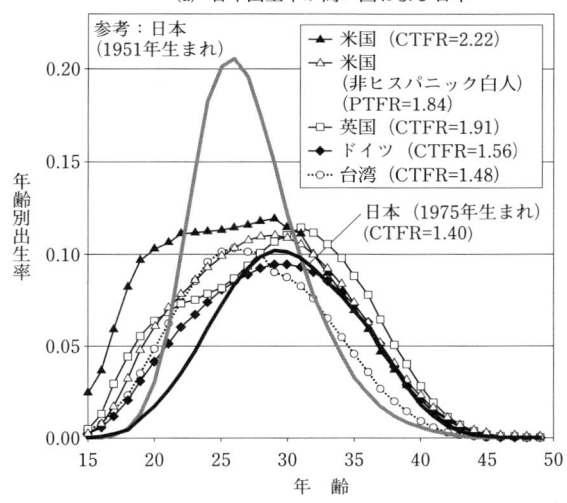

(a) 若年出生率が高い国および日本

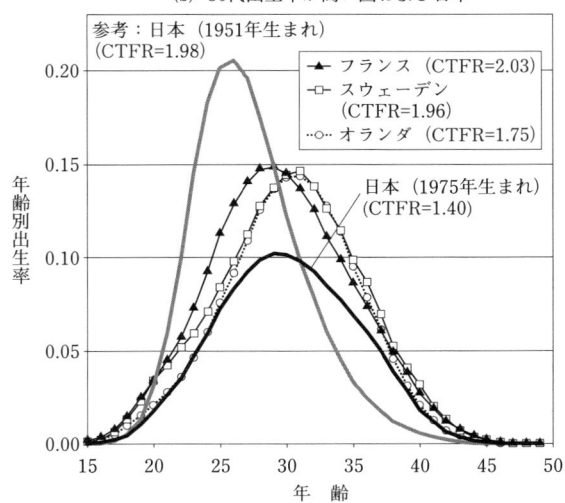

(b) 30代出生率が高い国および日本

図 6-6 日本および諸外国のコーホート年齢別出生率（1975 年生まれ女性）

注：日本については人口動態統計および実績値のない高齢部分は「日本の将来推計人口（平成 24 年 1 月推計）」出生
中位仮定．1975 年生まれとして 1974-76 年生まれの平均値を用いた．諸外国はドイツのマックスプランク人口研
究所が中心となって整備している Human Fertility Database に基づく．米国の非ヒスパニック白人は米国疾病管
理予防センターの National Center for health Statistics による 2005 年の 5 歳階級出生率をスプライン補間し各
歳出生率推計値を求め代用した．ラベルの（　）内の CTFR は年齢別出生率を合計したコーホート合計特殊出生
率，PTFR は期間合計特殊出生率を意味する．

下のグラフに示したフランス，スウェーデン，オランダは，10代の若年出生率が日本と同様に比較的低く，代わりに20代後半および30代前半の出生率が高い．三国とも，日本よりも合計特殊出生率の水準が高いが，その違いは30歳前後の出生率の違いがもたらしていることがわかる．

　このように，平均2人前後の完結出生児数を実現している国であっても，若年出生率が高いケースと高年齢出生率が高いケースがあるなど子どもを生む時期に違いがある．若年出生は意図しない妊娠に基づく場合も多く，若年出生の多い国では，学業の継続が困難になる若者の存在や貧困に陥りやすい親子の増加など，少子化とは別の問題が課題となっている（OECD, 2011）．

4　家族をめぐる生き方はどう変わるのか

(1)　大独身時代の到来──結婚離れと離婚の増加

　最後に，出生率低下の背景にある家族の変化，とくに結婚や離婚といった配偶関係行動の変化と出生力に作用するいくつかの要因をまとめてみよう．

　前節のコーホート完結出生児数は女性が生涯に持つ平均的な子ども数を表しているが，日本の場合，出生の大部分が有配偶女性から発生していることから，有配偶者の割合が出生力の水準を決める重要な要素となる．未婚率の増加のみならず，死別や離婚の発生は有配偶期間を短縮することになり，再婚によって十分に取り戻されない限り，出生力にはマイナスの影響をもたらす．前節で子どもの生み方を生まれ年別で見たように，女性の結婚に関する指標と結婚した場合の出生力指標の変化を表6-3に示した．なお，2010年時点で50歳に達していない女性の指標は，国立社会保障・人口問題研究所の「日本の将来推計人口（平成24年1月推計）」の出生中位仮定において設定された出生や結婚行動の推移に基づく．

　まず女性の平均初婚年齢は1950年代後半生まれ以降一貫して上昇しており，1960年生まれで25.7歳であった初婚年齢は1995年生まれでは28.2歳に達すると見込まれる．また，50歳時点で未婚である割合は1960年生まれでは9.4％であるが，1995年生まれでは20.1％にまで上昇する．また結婚に至っても

表 6-3　配偶関係行動に関する女性のライフコース指標

生まれ年	(A)	配偶関係構造			(E)	(F)	初婚どうし夫婦の出生児数分布(%)				
		(B)	(C)	(D)			無子	1人	2人	3人	4人以上
1935	24.3	4.4	86.4	9.2	11.0	2.19	3.0	10.5	56.5	24.6	5.3
1940	24.2	4.2	85.1	10.7	13.0	2.18	3.3	9.8	56.9	25.3	4.7
1945	24.3	5.3	83.2	11.5	15.1	2.11	4.0	10.7	58.7	23.3	3.3
1950	24.4	5.1	81.9	13.0	17.8	2.13	4.0	9.8	57.7	25.8	2.6
1955	24.9	5.9	81.0	13.1	18.3	2.16	4.6	9.6	54.5	27.7	3.6
1960	25.7	9.4	75.8	14.8	21.6	2.07	6.6	11.6	52.5	26.1	3.1
1965	26.5	13.5	69.9	16.6	25.7	1.93	8.2	16.6	53.0	19.0	3.3
1970	27.2	15.3	67.0	17.7	28.3	1.81	10.4	19.7	51.1	16.2	2.6
1975	27.8	17.1	65.7	17.2	28.3	1.78	10.8	21.5	49.3	15.7	2.7
1980	28.1	17.4	65.6	17.0	28.1	1.80	10.0	22.9	47.6	16.7	2.8
1985	28.1	18.3	64.7	16.9	28.3	1.76	11.9	22.8	45.7	16.8	2.8
1990	28.2	20.0	63.0	17.0	29.0	1.74	14.5	20.7	45.0	17.0	2.8
1995	28.2	20.1	62.7	17.2	29.2	1.74	14.5	20.6	44.9	17.1	2.8

注：(A)：平均初婚年齢（歳），(B)：50 歳時未婚者割合（生涯未婚率）（%），(C)：50 歳時有配偶者割合（%），(D)：50 歳時死離別者割合（%），(E)：初婚が 50 歳までに離婚に終わる割合（%），(F)：初婚どうし夫婦の完結出生児数（人）.
　1960 年生まれ以前は実績値．それ以降は「日本の将来推計人口（平成 24 年 1 月推計）」出生中位仮定を含む推計値．配偶関係に関する指標は，人口動態統計に基づき算出しているため，国勢調査による結果とは異なる．

離婚する確率が高まっている．初婚が 50 歳までに離婚に終わる割合は，1935 年生まれでは 11% 程度であったが，1960 年生まれでは 21.6% にまで上昇し，今後も上昇が見込まれる．その結果，50 歳時点での死離別者割合は 14.8% から 17.2% にまで上昇し，50 歳時点で有配偶である割合は 75.8% から 62.7% にまで低下する．これは 50 歳時点で未婚・既婚を問わず独身でいる女性が，2010 年時点では 4 人に 1 人であるが，2045 年には 4 割近くまで増加している可能性を意味する．大独身時代の到来と言えるであろう．

　独身者の増加は，未婚化と離婚確率の上昇が主な要因である．未婚化の進展については，当初は進学率の高まりなどによって結婚する年齢が高くなることが主因と見られたが，その後，結婚生活と競合するような多様なライフスタイル（仕事や趣味など）の登場，ある程度の年齢で結婚すべきといった社会的規範や圧力の弱まり，安定した生活が見込めない若年者に不利な雇用環境，見合い文化や職場結婚文化の衰退による社会的マッチメークシステムの衰退，とい

った事情が重なり結婚離れが一気に進んだ．2000年代後半以降，「理想的な結婚相手」の不在が意識されるようになり，1980年代以降下火となっていた結婚相手を探す行為に再び関心が寄せられるようになっており，「婚活」といった言葉も登場した．意識の面での結婚離れに歯止めがかかる兆しは見えるものの，結婚生活や配偶者に期待する水準も高まり続けており（国立社会保障・人口問題研究所，2012b），結婚に対するハードルそのものが低下しているわけではないと見られる．

(2)　「もう生まない」，「まだ生めない」そして「もう生めない」へ

夫婦の子どもの持ち方も女性の世代別に変化が起きている．夫婦が何人の子どもを持つかは，前項で示したように，何歳頃から結婚生活が始まり，それがどの程度継続するかに規定されるが，それ以外にも，夫婦の性交頻度や避妊などの出生調節の状況，流死産・不妊の発生状況，生殖補助医療の効果といった妊娠・出生をめぐる様々な近接要因が関わってくる．

性交頻度に関しては，夫が単身赴任であるといった夫婦の長期間の別居や，長時間労働により夫婦の生活パターンが合わないといった事情が性交頻度を押し下げ，出生力にマイナスの影響をもたらすことがある．さらに夫婦の性交頻度は結婚持続期間とともに減少する傾向があるため（Wood, 1994），出生の先送り傾向も，性交頻度の低下を通じて子ども数を抑制する．近年の日本では，2000年代を通じてセックスレスとされる夫婦の割合が上昇していることが指摘されている（北村，2011）．

続いて不妊や流死産の発生であるが，一般に途上国に比べ先進国では栄養状態がよく，妊孕力（妊娠しやすさを示す能力）は有利と言われる（Menken *et al.*, 1981）．しかし，晩婚化による妊娠年齢の高さは受胎確率や流死産確率とは明らかな負の関係を示すほか（流死産確率は妊娠年齢が30歳以下のときは10%を下回るが，40歳では30%を超える（国立社会保障・人口問題研究所，2012c），女性のストレスや喫煙，過度のダイエットなど，都市的な生活様式も受胎・流死産確率に作用し，マイナスの影響をもたらす．実際に，現代の日本では，子どもを持つことを希望しながら出産にいたらない不妊・不育に悩む夫婦が多数存在し，不妊の検査や治療を受けたことがある夫婦は全体で16.4%，

子どものいない夫婦では 28.6% に上るほか，流死産経験率も上昇傾向にある（国立社会保障・人口問題研究所，2012c）．

　1950 年代，60 年代の出生力低下は，2-3 人子どもを持った夫婦が追加出生を回避したことで一気に進んだ．しかしその後については，理想子ども数や予定子ども数のわずかな低下傾向は認められるものの，実際の出生行動の変化に比べると変化は小さいと言える．今日の夫婦の子ども数の減少は，出生意欲の低下よりも，出生の先送りに起因しており，子どもを望んでいる夫婦の割合は，むしろ，以前よりも上昇している．すなわち，今日の少子化は，当初若年での出生を回避することで進んだが，今日では，先送りの結果，時間切れを迎えるケースが増大し，望んでいた子ども数に達しない局面を迎えつつある．生殖補助医療や卵子の凍結といった医療技術が，こうした逸失を多少は補うことができるかもしれないが，現時点では高年齢における需要と供給のギャップを埋めるほどの効果は期待できない．かつて望まない妊娠を避けるために家族計画の導入が進んだが，望む妊娠を実現するためのプランニングが求められる時代となっている．

5　まとめ

　日本は，19 世紀後半の死亡率も出生率もともに高い時代，20 世紀前半から中盤にかけての死亡率が低下するなかで夫婦が子ども数を抑制した時代，そして，1970 年代以降に進んだ人口減少を招くほどの低出生率の時代を歩んできた．少子化と言われる今日の低出生力は，結婚行動の変化，すなわち未婚化と離婚の増加による出生機会の逸失が大きく寄与している．無子割合の増大もさることながら，女性 50 歳時の独身者割合が，現在の 4 人に 1 人の水準から 4 割近くまで上昇することは夫婦単位の家族が標準とされていた中高年の生活を大きく変えることになるであろう．晩婚化により夫婦の妊娠開始年齢が高くなることによって流死産や不妊の確率が高まっており，望んでいた子ども数に達しないリスクも高まっている．夫婦の完結出生児数は，妻が 1960 年生まれの場合，平均で 2 を超えているが，続く世代では 2 を下回り，1995 年生まれでは 1.74 まで低下すると見込まれている．夫婦の子ども数の分布にも変化が生

じ，子どもが1人，あるいは持たない夫婦割合が増加する．現時点では夫婦の出生意欲は現実の子ども数の変化に比べると高い水準を保っている．しかし，日本よりも完結出生児数の低下が早く観察されていた中央ヨーロッパ諸国では，近年になり若い世代で理想子ども数が顕著に低下していることが観察されている（Goldstein, 2003）．完結出生児数の現実の低下が，若者の家族のイメージに影響し，今後は意欲自体を引き下げる可能性も考えられる．

　少子化は生まれた子どもにどのような影響を与えるであろうか．晩産化は長男長女と親との年齢差を拡大させる．1970年生まれの場合，母親との年齢差が25年未満の割合が48%，25-34年が50%であった．2010年生まれの子どもの場合，25年未満の年齢差は17%，25-34年が66%，35年以上が17%となっている．また，きょうだいの数が減少し，一人っ子の割合も増加する．1950年生まれの母親を持つ子世代の中で，一人っ子の割合は5%にとどまるが，1975年生まれの母親を持つ子世代では12%と見込まれる．その他，親世代の離婚・再婚の増加によって，血縁のない親の元で養育される子どもの割合も上昇することになるであろう．

　少子化時代は，社会における子ども数が減少し，人口減少を招くと理解されているが，個人の生き方の変化に焦点をあてると，総じて，カップルが成立しにくく，配偶者も子どももどちらも持たないという生き方が増加するとともに，次世代については親族が少ない中で生きることを余儀なくされる．このように今後の人口の推移と個人の生き方の変化は密接に結びついている．21世紀日本社会の存続のためには，両者の結びつきを理解した上で社会制度や産業のあり方を議論することが重要である．

注

1)　2015年の合計特殊出生率は1.45と，本章で扱っている2012年の水準よりも若干上昇している．しかしながら，その上昇は専ら30歳以上の高年齢で生じており，本章で行った分析から大きな乖離はないものと考える．

参考文献

岩澤美帆（2008）「初婚・離婚の動向と出生率への影響」『人口問題研究』64(4)：19-34.

岩澤美帆（2015）「標本調査を用いた期間合計結婚出生率について」厚生労働科学研

究費補助金政策科学推進研究事業「人口減少期に対応した人口・世帯の動向分析と次世代将来推計システムに関する総合的研究（H 26-政策-一般-004）」（研究代表者：石井太）.

北村邦夫（2011）「『第 5 回男女の生活と意識に関する調査』結果報告」『現代性教育研究ジャーナル』7: 1-6.

国立社会保障・人口問題研究所編（2012a）『日本の将来推計人口──平成 24 年 1 月推計』厚生労働統計協会.

国立社会保障・人口問題研究所編（2012b）『わが国独身層の結婚観と家族観──第 14 回出生動向基本調査』厚生労働統計協会.

国立社会保障・人口問題研究所編（2012c）『わが国夫婦の結婚過程と出生力──第 14 回出生動向基本調査』厚生労働統計協会.

国立社会保障・人口問題研究所編（2013）『日本の将来推計人口──平成 24 年 1 月推計の解説および参考推計（条件付推計）』厚生労働統計協会.

Goldstein, J., Lutz, W. and Testa, M. R. (2003) "The Emergence of Sub-replacement Family Size Ideals in Europe," *Population Research and Policy Review*, 22(5-6): 479-496.

Menken, J., Trussell, J. and Watkins, S. (1981) "The Nutrition Fertility Link: An Evaluation of the Evidence," *The Journal of Interdisciplinary History*, 11(3): 425-441.

OECD (2011) *Doing Better for Families*, OECD Publishing.

United Nations, Department of Economic and Social Affairs, Population Division (2011) *World Population Prospects: The 2010 Revision*, New York.

Wood, J. W. (1994) *Dynamics of Human Reproduction: Biology, Biometry, Demography*, New Brunswick, NJ: Transaction Publishers.

第7章　ライフコースと家族
──その実践と意識の変化──

釜野さおり

1　はじめに

　前章までに示されたとおり，日本における長寿化および少子化の進行は著しい．本章ではこれらの人口学的変化の起きている社会を舞台に，人々がどのような家族関係を作っているのか，また家族に対してどのような考え方を持っているのかを，ライフコースという切り口からみていく．

　人が生まれ，年齢を重ねていく中で，結婚する，子どもを持つ，子どもが自立する，孫が生まれる，親が死亡するといったことを多くの人が経験するが，ライフコースの考え方は，こうした家族役割の変化を伴う経験の過程を捉えようとするものである[1]（多賀，2013）．

　昨今の少子高齢化の影響で日本の人々のライフコースはどのように変化してきたのだろうか．例として，1960年生まれの女性と1995年生まれの女性の平均的なライフコースをみてみよう．まず，1960年生まれの女性は25.7歳で結婚し，2.07人の子どもを産み（国立社会保障・人口問題研究所，2012c），この世代の平均寿命は86.1年と推計されている（国立社会保障・人口問題研究所，2012c）．その35年後の1995年に生まれた女性は，1960年生まれの女性より2.5年遅い28.2歳で結婚し，0.3人少ない1.74人の子どもを産み[2]（国立社会保障・人口問題研究所，2012c），この世代の平均寿命は，1960年生まれの人よりも3.9年長い90.0歳と推計されている[3]．

　このように，30年余りの間に人々が結婚や出産といったことがら（ライフイベント）を経験する平均年齢が高くなり，寿命が延びたことで，家族と何らかのかたちで関わり合いながら（関わりのない場合も含めて）生活する年数も

大幅に長くなっていることがわかる．あるライフイベントを経験する年齢も多様化している．たとえば結婚をみると，人々が結婚する年齢の幅が広がり，平均結婚年齢に近い年齢での結婚の割合が減っている．それに加え，以前は大半の人が経験した結婚や出産を経験しない人が増加し，離婚のように経験する人が少なかったことを経験する人が増加する，といったように，ライフイベント経験の有無にも多様化がみられる．さらに，男女が婚姻届を出して結婚し（法律婚），その結婚の中で子どもを産み育てるという，これまで典型的とみなされてきたライフコース以外の生き方も，ある程度可視化されつつあり，これに伴い，たとえば子どもを持つ人の再婚によって形成される家族，同性のパートナーとの生活をベースにした家族に関する研究も散見されるようになった（牟田，2010）．

　以下では，結婚やその他のかたちでのパートナーシップ形成，親になること，離婚・再婚，介護をする，というライフイベントに的を絞り，そこで繰り広げられる家族生活の実践と，そうした生き方に対する人々の意識をみていく．今日の家族研究における蓄積を踏まえ，法律婚をしてそこで子どもを産み育てる典型的な生き方以外についても，適宜みていく．

2　結婚というライフイベントをめぐる家族関係と意識

(1)　結婚するかしないか

　日本全体をみれば，法律婚という生き方が圧倒的に多数派であるが，晩婚化と非婚化の進行は著しい．50歳時点で未婚である人の割合（生涯未婚率）は，1980年では男性で2.6％，女性で4.5％であったが，2000年ではそれぞれ12.6％と5.8％，2010年では20.1％と10.6％で，特に2000年以降に急増している（国立社会保障・人口問題研究所，2014）．

　では，結婚する場合は，何歳くらいで結婚するのだろうか．平均初婚年齢は，1980年では男性28.7歳，女性25.1歳であったが，2010年では男性31.2歳，女性29.7歳で（国立社会保障・人口問題研究所，2014），結婚するとしても，この30年間で男性は2年，女性は4年以上遅い年齢でこのライフイベントを

経験するようになった．ライフコースという観点からみると，「結婚していない状態で過ごす年月」が長期化し，このライフイベントを経験しない人も増えているということである．

　結婚せずに男女が共同生活をする同棲というライフイベントはどの程度一般的なのだろうか．1992年では，20代後半で同棲している割合は男性1.3％，女性1.4％，30代前半では男女とも1.6％，2010年では20代後半男性2.9％，女性2.1％，30代前半男性1.6％，女性2.8％で，この間における他の年齢層をみても男女ともに3％を超えることはない．30代前半でこれまでに同棲を経験したことのある割合をみれば，1992年では男性7.1％，女性6.1％，2010年では男性8.9％，女性9.3％で1割に近いが（国立社会保障・人口問題研究所，2012b），晩婚化と非婚化が進む中でも，ある時点において同棲をしている割合はほとんど増えていない．

結婚やその他のパートナーシップに関する意識

　では，結婚するかしないかに対する考え方は，変化しているのだろうか．独身という生き方をすることについての意識を「出生動向基本調査」のデータからみてみる．「生涯を独身ですごすというのは，望ましい生き方ではない」と考える割合は，未婚男性の3分の2，未婚女性の6割近くである．少し詳しくみると，未婚男性の場合は1992年では65.3％，2010年では64.0％，未婚女性の場合は1992年では57.6％，2010年では57.1％である．1990年代前半と2010年の割合はほぼ同じであるが，1997年にはこの割合が下がり（男性57.5％，女性49.1％），2000年代になって再び上昇したという変化をたどっている（国立社会保障・人口問題研究所，2012b）．つまり結婚をしていない人は増えているが，生涯独身という生き方に対する意識では，どちらかといえば否定的な見方をする人の方が多い．実態として最も典型的な，結婚というあり方が意識の上でも支持されているといえる．

　それでは結婚以外のパートナーシップに対しては，どのような考えを持っているのだろうか．前述のとおり同棲をする人は稀であるが，やはり「男女が一緒に暮らすなら結婚すべきである」という考えを支持する未婚者の割合は，1992年では男性78.5％，女性72.6％，2010年でも73.5％，女性67.4％で7

割前後である．やや減少傾向にあるものの，いぜんとして同棲に対する否定的な意見の方が多い[4]（国立社会保障・人口問題研究所，2012b）．この点では，同棲が少ない実態と矛盾はないといえる．

　結婚しない人の中には，異性ではなく同性パートナーと一緒に生活している人もいる．日本においては同性間の婚姻もさることながら，同性間のパートナーシップを公的に登録する制度もなく，ふたりの関係に対して法的な保障がないまま生活しているのが現状である[5]．また，同居している同性カップルの数は把握されていない[6]．では，こうした同性カップルに対し，人々はどのような意識を持っているのだろうか．20-49歳の女性の場合，「ホモセクシュアルやレズビアンなどの同性同士のカップルについて」，抵抗感を示す割合は，1994年の77.0％から2004年の61.0％へと10年で15ポイント以上減少しており，これらを受け入れる方向に変化している（毎日新聞社人口問題調査会，2005）．

　また，日本初の性的マイノリティについての全国意識調査によると，「同性どうしの結婚を法で認めること」に賛成・やや賛成と答えた割合は男性44.8％，女性56.7％で，女性だけをみれば過半数を超えている（釜野ほか，2016）．このように，この20年間をみると，意識の上では同性間のパートナーシップに抵抗感を示す人は減っている．

独身でいる人の家族生活の実態

　未婚者は，2010年現在ではどのような生活をしているのだろうか．2010年に実施された「出生動向基本調査」によると，未婚者の7-8割が親と同居している．18-34歳の男性では69.7％，女性では77.2％である．1980年代からみていくと，男性では概ね7割前後で推移しており（1990年代に一時6割台），女性では8割超（82.0％）から，その後は7割台半ばを保っている．30代以上に限ってみても，男性の30代前半では74.4％，30代後半では71.1％，女性はそれぞれ80.3％，74.0％となっており，未婚者で親元で生活している人は7-8割であることには変わりがない．

　ただし，就業状況によっては違いがみられ，正規職員に比べ，パート・アルバイトの場合は同居割合が高い．18-34歳男性で正規職員の場合は66.7％，パ

ート・アルバイトでは 83.7％ であり，女性ではそれぞれ 76.3％ と 85.6％ となっている（国立社会保障・人口問題研究所，2012b）．

　親と同居する未婚者の生活実態や家族関係を 2013 年に実施された「全国家庭動向調査」によってより詳しくみてみよう．まず，未婚の子と同居する母親は，子と会話をしているだろうか．母親の回答によると，男性 20 代の 78.7％，30 代の 83.1％ で毎日会話があるという．女性では，20 代の 87.5％，30 代の 88.9％ が母親と毎日会話する．会話がほとんどない（月 1 回未満の）割合は男性では数％，女性では 1％ 未満と稀であり，5 年前の 2008 年に比べると，毎日会話をする割合はやや減少した（国立社会保障・人口問題研究所，2015）．

　同居する親と未婚の成人子は，どのように家事を行っているのだろうか．夫婦の場合と違い，親子間の分担を示すデータはないが，親と未婚子の互いへの支援についての母親の回答（過去 1 年間）からみえてくるものがある．まず，母親が未婚成人子に支援した，と回答する割合は，高い順に，食事（男性 94.9％，女性 91.5％），洗濯（92.0％，84.2％），掃除・片付け（69.6％，62.4％），買い物（51.3％，54.3％）である．買い物以外は，女性よりも男性の子に対して行っている割合の方が高い．未婚子の年齢によっても母親の支援割合が異なる．たとえば，母親は，20 代の未婚子が男性の場合は 97.2％，女性の場合は 95.8％ に対して，食事の支度の支援をしている．同数値は，未婚子が 30 代男性では 93.3％，30 代女性では 86.3％，40 代男性では 8 割台（87.4％），40 代女性では 7 割台（74.6％）である．洗濯については，未婚子が男性の場合は，食事の支度とほぼ同程度の支援をしている（20 代 95.4％，30 代 89.0％，40 代 82.7％）．未婚子が女性の場合は，20 代では 91.9％，30 代では 73.9％，40 代では 57.7％ で，食事の支度に比べて洗濯を支援する割合が低くなっている．一方，母親が未婚子からしてもらったと認識している家事をみると，どの家事についても男性よりも女性の未婚子から支援される割合が高く，年齢による違いはそれほど顕著ではない．未婚子から受ける支援の割合を家事別にみると，高い順から，男性では買い物（35.5％），掃除・片付け（18.8％），食事（14.8％），洗濯（11.2％），女性では買い物（56.9％），食事（49.4％），掃除・片付け（47.1％），洗濯（38.0％）である．同居している未婚子が男性の場合，母親が支援しているという割合の方が，子から支援を受けたという割合

よりも高い．未婚子が女性の場合は，子が30代以上では，掃除・片付けで授
受がほぼ同割合，買い物においては，母親が子から支援された割合の方が，子
を支援した割合よりも高くなっている（国立社会保障・人口問題研究所，
2015）．

(2)　結婚後の家族生活

　次に，ある人が結婚というライフイベントを経た場合，どのような生活が営
まれているのかをみていく．ここでは，親との同居状況を確認した後，夫婦間
の家事の分担，夫婦のどちらが決定権を持っているか（裁量権），そして夫婦
がどれくらいコミュニケーションをとったり一緒に行動したりしているのか
（伴侶性）に注目する．

結婚後の親との居住関係

　結婚後の生活には，親と同居する場合とそうでない場合があり，妻の父母と
夫の父母の4人のうち，少なくとも1人と同居している夫婦は1993年では4
組に1組（26.3％）であったが，2013年では3組に1組（31.3％）で，やや
増加傾向にある．妻よりも夫の親との同居が多いことに加え，父親よりも母親
が生存していることが多いため，4人の親のうち夫婦が同居するのは，夫の母
親との場合が一番多く，2013年では24.9％であった（国立社会保障・人口問
題研究所，2015）．

家事遂行と家事分担

　妻の家事時間は，1998年の平日では313分，2013年の平日では280分で，
15年間の間に30分程度減っている．しかし夫婦間の家事分担をみると，家事
の8割以上を妻が行っている．夫の家事の分担割合の平均は1998年の11.3％
から2013年では微増して14.9％となったが，大半の家事を妻が分担している
ことには変わりがない．ただし，家事分担の状況は年齢によって多少異なり，
40代では偏りが特に極端で，7割（69.1％）の妻が家事の90％以上をやって
いる．他の年齢層で妻が90％以上の家事をやっている割合は，20代で5割
（50.2％），30代で6割（61.0％），50代では6割5分（65.1％）である．どの

年齢層でも1998年に比べればこの割合は低下したが，年齢層によって変化の度合いが異なっており，顕著なのは若い20代（1998年では66.4％，16ポイント減少）と30代（1998年では72.0％，11ポイント減少）である．40代と50代ではそれぞれ4ポイント減（1998年では73.5％，）と5ポイント減（1998年では70.0％）と変化が小さい．

　夫婦間の家事分担は妻が仕事に就いているかどうかによる違いがみられるが，妻がパートタイムや自営の場合と専業主婦の場合での違いはわずかである．家事の90.0％を妻が担っている割合は，専業主婦・他73.0％，自営72.7％，パート67.0％であるのに対して，妻が常勤の場合は43.7％と半数を切っている．1998年と比べると，専業主婦・他（74.6％，変化なし），自営（67.5％，5ポイント増），パート（69.9％，3ポイント減）であまり変わりないが，常勤の妻では変化が大きい（59.4％，15ポイント減）．妻が常勤で働く場合，夫の家事分担はこの15年の間に増えたといえる．ただし，妻が常勤であるにもかかわらず，半数の妻が家事の90.0％をやっているということは，家事負担が妻に偏っている法律婚の家族の現状を象徴している．

　夫が週1-2回以上と，比較的多く担う家事は，ゴミ出し（40.6％），日常の買い物（36.6％），食後の片付け（33.1％），逆に夫の遂行が少ないのは，部屋の掃除と炊事である（掃除19.2％，炊事21.0％）．ただし，どの家事についても15-20年前よりも夫が行う割合は増えている（国立社会保障・人口問題研究所，2015）．

　高齢期に入った夫婦では，妻が50代までの夫婦と比べると，妻の家事の分担割合が少なくなる．60代の妻で90.0％以上の家事を担っている割合は6割未満で58.7％，70代になると半数程度（50.3％）である（国立社会保障・人口問題研究所，2014b別途集計）．高齢になると夫が定年退職して家にいるようになり，一方で妻も体力が落ちてくるために，夫の分担が増えると考えられる．夫婦でもライフコースのどの時点にあるかによって，家事の分担が変わってくることがわかる．

夫婦の日常的な関わり合い

　結婚した夫婦の間での裁量権がどのようになっているのかということも，家

族生活の詳細を知る 1 つの道標である．「全国家庭動向調査」によると，家計管理や運営について，妻が担っている割合が 6 割台（63.1％），一緒にやっている割合が約 2 割（21.0％）で，この点においても分担は妻に偏っている．ただし，妻が家計管理と運営を担っていることが，妻が「強い」ということを意味しないことは，これまでの家族研究で示されている．家計管理をするということは，多くの場合，余裕のない収入をやりくりするという「家事」を担うことであり，妻は自発的に自分のための消費を控える傾向があることも指摘されている（木村，2000）．一方で，車，家具や家電などの高価なものの購入の決定は，夫婦が一緒にやっている場合が半数（47.4％），夫が主に行うという割合は 4 割（40.4％）であるのに対し，妻が主に行うという割合は 1 割（12.1％）であり（国立社会保障・人口問題研究所，2015），大きなものについての決定権はどちらといえば夫にある．

　次に，結婚している夫婦がどの程度行動を共にしているのかをみよう．夫と一緒に夕食を食べることがよくあるという妻は 7 割で，1998 年（71.4％）から 2013 年（71.8％）の間での変化はみられない．ただし，これには年齢による違いがみられ，60 代以上では 9 割前後が「よくある」（60 代では 86.6％，70 代では 90.5％）と回答する一方で，40 代では 55.6％である．これは 60 代では夫が家にいることが多いためだと思われるが，就労している年齢である 40 代では，食事を一緒にしない夫婦がかなりの程度いることがわかる（国立社会保障・人口問題研究所，2015）．その他の生活行動では，夫と一緒に買い物に行くことがよくあるという妻の割合がおよそ 3 分の 1 で，こちらもあまり変化していない（1998 年では 32.8％，2013 年では 33.7％）（国立社会保障・人口問題研究所，2015）．

　共同生活を営むために必要なコミュニケーションとしては，「その日の帰宅時間や週の予定などを話す」ことが「よくある」という妻は 1998 年と 2013 年のどちらでも約半数である（49.8％，50.6％）．「よくある」あるいは「ときどきある」と回答する割合は 20-30 代では 8 割台，40-60 代では 7 割台であるが，70 代になると 6 割台で，高齢になるとコミュニケーションが減る．ただし，一緒に過ごす時間や機会が多ければあえて連絡を取り合う必要がないということかもしれない．「心配事や悩み事を相談する」ことについては，「よくある」

という妻は 1998 年（37.5％）と 2013 年（32.5％）共に 3 割台である．悩み事の相談をするという妻の割合は，20-30 代では 8 割台であるが，40 代以上では 6 割台で，やや低くなる．

　全体の傾向をまとめると，夫婦のおよそ 7 割がよく一緒に夕食をとり，およそ 3 割がよく一緒に買い物に行き，約半数がよくその日の帰宅時間や予定を話し，3 割が心配事や悩み事を相談することがよくある，ということになる．夫婦の外に目をを向けると，夫婦間で問題がある場合の相談役となるのは，まず親（44.8％）ときょうだい（18.8％）である．その割合は 2003 年と 2013 年でほとんど変化はない（国立社会保障・人口問題研究所，2015）．

(3)　法律婚以外のパートナー関係における家族生活

　法律婚以外のパートナー関係については，これまで研究の蓄積が少なく，実態が明らかでない面が多いが，家事分担に関してはいくつかの研究が散見される．結論を先取りすると，婚姻関係にない男女のカップル（同棲関係），男性同士のカップル，女性同士のカップルでは，婚姻関係にある夫婦に比べて家事分担に偏りが少ないことが指摘されている．

　同棲関係では，結婚している夫婦よりも家事が平等に分担されていることが示されている（善積，1997）．また男性同士のカップルの事例研究では，10 組のうち，家事を 6 対 4 よりも平等に分担しているカップルが 4 組，偏りのある分担をしているカップルが 6 組である．一方が生活費の大半を出しているので，もう一方は率先して家事をしている，というケース，一方の仕事が時間的に融通をつけることが難しいのでもう一方が多くやっている，一方が自分を「妻」とみなしているので多くやっている，というケースなどが報告されている（神谷，2013）．事例研究であるため，上で言及した夫婦と直接比べることはできないが，夫婦では常勤同士でも，6 対 4 より偏りのある分担をしているカップルは 86％（国立社会保障・人口問題研究所，2015）にものぼることから判断すると，男性同士のカップルは，夫婦よりも平等に家事を分担している可能性がある．女性同士のカップルにおいても，男女間と同レベルの家事分担の偏りはみられない（Kamano，2009）．日本におけるこうしたカップルに関する研究は途上であり，法律婚をした夫婦に比べると生活実態の把握が進んでいない

が，これらの事例研究は法律婚の家族生活を相対化するための参考にはなろう．

3　子どもを持つ，というライフイベントと子育て

(1)　子どもを持つか否か──結婚を経て，子どもを持つというライフコース

　ここでは子どもを持つ，というライフイベントについてみていく．数の上で
もっとも多い典型的なライフコースは，結婚をして子どもを持つというもので
ある．少子化傾向にあっても，完結出生児数，つまり結婚持続期間 15-19 年の
夫婦の子ども数をみると，結婚した夫婦は 1970 年代から 1990 年代までは安定
して 2.20 人前後の子どもを産んでいた．それが 2005 年では 2.09 人となり，
2010 年では初めて 2 人を下回る 1.96 人となった（国立社会保障・人口問題研
究所，2012a）．このように夫婦の持つ子ども数は減る傾向を見せ始め，子ど
もを持たない夫婦の割合（結婚持続期間 15-19 年の夫婦における無子の割合）
も，1992 年では 3.1％，2010 年では 6.4％でやや増加傾向にある．しかし，
それは 1 割にも満たない少数派であって，残りの大多数の夫婦が少なくとも 1
人の子どもを持っている．

　このように，結婚すればほとんどの人が子どもを 1 人以上持つのが一般的で
ある中，結婚することと子どもを持つことの結びつきについて，人々はどのよ
うに考えているのだろうか．「結婚したら子どもは持つべきだ」という考えに
賛成した 18-34 歳の未婚男性は 1992 年では 87.5％，2010 年では 77.3％だっ
た．同未婚女性ではそれぞれ 85.4％，70.1％であった（国立社会保障・人口
問題研究所，2012b）．つまり近年でも男女とも結婚したら子どもを持つべき
であるという考え方が主流ではあるが，その割合は 1992 年から 10％以上下が
っており，実態とともに，考え方にも変化が見受けられる．

　少し違った角度から，夫婦とは子どもを持ってはじめて社会的に認められる
とみなされているのか否か，という規範についてみると，この見解に賛同する
女性の割合は 1993 年では 41.9％であったが，2013 年では 32.1％まで減少し
ている（国立社会保障・人口問題研究所，2015）．つまり，近年（2010 年以
降）では，3 人に 2 人が結婚したら子どもは持つべきであると考えているもの

の，子どもを持つことが社会的に認められるための条件であるということに対しては，半数以上が反対している．

(2)　結婚を経ずに子どもを持つというライフコース

では，逆に，結婚というライフイベントを経ずに子どもを持つ，というライフコースは，どの程度実践されているのだろう．結婚と妊娠のタイミングに注目すると，1970 年代では，結婚前に妊娠したケースが出生を占める割合（いわゆる「できちゃった婚」による第一子出生数の全第一子出生数に占める割合）は 13％ であったが，1990 年には 20％ になり，1990 年代後半以降では 25％ で安定している．つまり 90 年代以降の第一子出生の 4 分の 1 が結婚前の妊娠を経ていることになる．婚前妊娠は特に若年に多く，妻の年齢が 20 代前半の場合，出生の 6 割が婚前妊娠である（厚生労働省，2010）．一方，婚外出生が全出生に占める割合は 1992 年では 1.14％，2010 年では 2.15％ で，わずかに上昇したとはいえ，近年でも 2％ 台に留まっており，日本ではほぼすべての出生は法律婚の中で起きているといえる．

人々の考え方を 18-34 歳の未婚者に限ってみてみると，2010 年では男性の 64.7％，女性の 62.9％ が「結婚していなくても，子どもを持つことはかまわない」という意見に反対している[7]（国立社会保障・人口問題研究所，2012b）．つまりおよそ 3 人に 2 人が出産は婚姻関係がある中でするべきと考えている．結婚より前に妊娠するというライフコースをたどるケースは増えているわけであるが，多くの場合，出産は法律婚の中で行うべきだという考えに従って結婚時期を出産より前に調整しているとみられる．いずれ結婚するつもりでいたカップルにとっては，妊娠が結婚のきっかけになることもあるが，婚外子に対するこうした周囲の否定的な考え方や，両親が結婚していないところに生まれてくる子は「かわいそう」といわれることを避けるために（榊原，1998），結婚を選ぶケースがあることは否定できない．また，子どもを持つというライフイベントは，異性間のカップルでのみでなく同性カップルにも起こり得ることを指摘しておきたい[8]．

(3)　子どものいる家族生活

子育ての状況

　次に，結婚をして子どもを持った夫婦の子育ての状況をみていく．まず夫婦間での育児の分担をみると，妻と夫の育児の総量を 100 とした場合，妻自身の申告では妻がおよそ平均 8 割（79.8％）を分担している．1998 年と 2013 年とを比べると，夫の分担は 15.5％ から 20.2％ へとわずかながら増えている．必ずしも若い夫婦の方が育児をより均等に分担しているというわけではなく，2013 年で育児の 90％ 以上を担う妻は年代にかかわらず 4 割前後で，割合が一番低い 30 代前半でも 3 割台（36.3％）である．子どもの年齢別に妻の分担割合をみると，2 歳までは 4 割（41.9％），3-5 歳では 35.0％ であり，乳児期に比べると幼児期の方が，妻の分担は減る傾向がみられる．

　妻の働き方別に育児の分担をみると，専業主婦の場合は育児の 90％ 以上をやっている妻がほぼ半数（49.1％）であるのに対し，妻がパート・アルバイトや自営の場合では 3 割台（35.4％，34.0％），常勤の場合は 26.5％ で，妻が働いている方が夫婦間の育児分担は偏りが少ない．また，家事分担に比べると夫の分担が多いということができる．

　具体的に夫が行うのはどのような育児だろうか．子どもが 3 歳までのことに限ると，夫が比較的よくやる育児は，遊び相手をすることと，風呂に入れることで，夫の 8 割が週に 1-2 回以上やっている．泣いた子をあやす，おむつを替える，食事をさせることについては 6 割である．おむつ替えと食事については 2013 年では 1993 年に比べ，週に 1-2 回やる夫の割合が 2 割増えている（国立社会保障・人口問題研究所，2015）．この分が夫の総合的な分担割合の増加に相当すると考えられる．

子育ての支援

　前述からは，育児は夫と妻が共同でしているというより，妻がほとんどをやり，一部を夫が分担しているという実態がみられた．では夫婦以外の人や組織からの支援も同時に検討すると，夫やその他の人はどのように育児に貢献しているのだろうか．

　妻が出産や育児で困ったときの相談相手として一番重要だとみなされている
のは，夫か親で，併せると 8 割以上を占めているが，近年ではその内訳は親の
方が夫よりも多い（2013 年，親 46.9%，夫 37.8%）．1993 年では夫が 5 割を
超え，親が 3 割台であったが，1998 年調査から逆転し，親を一番重要な相談
相手と捉える妻の割合がわずかずつ増加している（国立社会保障・人口問題研
究所，2015）．

　平日の昼の子どもの世話は，第一子が 1 歳になるまで妻自身が最も重要な担
い手だったという人が 8 割以上（1993 年 80.0%，2013 年 86.2%）で，その次
は親である（同 14.6%，10.2%）．妻が働きに出るときに子どもの世話を担う
のは，1993 年では親 47.7%，夫 18.8%，公共機関 24.9% であったが，2013
年では親 42.2%，夫 15.5%，公共機関 33.8% となっており，この 20 年間で
親と夫の割合が少なくなり，その分だけ公共機関が担う割合が増えている．妻
が病気の時の子どもの世話に関しては，親よりも夫の支援が重要で，半数は夫
（2013 年，51.6%），4 割弱が親（37.6%）である（国立社会保障・人口問題研
究所，2015）．

4　結婚の解消・離婚・再婚

(1)　離婚の実態とそれに対する意識

　結婚は一方が死亡するまで続くとは限らず，離婚に終わる場合もある．1 年
間の離婚件数は，1992 年では 17 万 9,191 件で 1.45‰（日本人人口 1,000 に対
し 1.45 件），2010 年では，25 万 1,378 件（1.99‰）と，件数にして 18 年間に
7 万件以上増加している（国立社会保障・人口問題研究所，2014）．一方で婚
姻数は 1992 年では 75 万 4,441 件，2010 年では 70 万 214 件と，5 万件減って
いるから，婚姻あたりの離婚の確率は高まっているものとみられる．

　離婚に対する未婚の人々の考え方をみると，「いったん結婚したら，性格の
不一致くらいで別れるべきではない」という意見に対し，1992 年では未婚男
性の 67.7%，未婚女性の 57.4% が賛同しているのに対し，2010 年では未婚男
性の 72.3%，未婚女性の 62.2% が賛同している（国立社会保障・人口問題研

究所，2012b）．つまり近年の未婚者では男性の7割前後，女性の6割前後が
「性格の不一致」という理由での離婚をよくないと考えており，その割合は
1992年よりも2010年の方が若干高くなっている．

　離婚の増減と離婚に対する意識の関係は，単純ではないと考えられるが，実
際に離婚が増えると，それを支える制度が整っていないことでその不利益が可
視化され，それが人々の離婚に対する否定的な意識の高まりにつながっている
可能性も考えられる．

(2)　離婚後の家族生活——子どものいる場合

　離婚者のうち，子どもを持たずに離婚する割合は，1960年では約4割
（41.7％）で，1980年には3割台（32.4％）に低下したが，2000年以降では再
び4割台（2012年41.7％）となっており，6割近くは子どもがいる状態で離
婚することを意味している（国立社会保障・人口問題研究所，2014）．その子
どもを引き取ると，ひとり親世帯となる．ひとり親世帯には大きく分けて死別
を経た場合と離婚を経た場合があり，1993年では母子世帯の4世帯に1世帯
が死別によるものであったが，2011年では死別によるケースが1割未満となっ
た．一方で，1993年では離婚を経た母子世帯が64.3％であったが，2008年
以降はほぼ8割を占めている．この傾向は父子世帯でも同様で，1993年では
死別を経た世帯が3割であったが，2011年では2割前後である（厚生労働省，
2012b）．つまり死別よりも離婚によってひとり親の生活になる割合が増えて
きている．

　ひとり親世帯の数は，母子世帯が1,237万7,000，父子世帯が223万3,000
と推計されている．ひとり親世帯になった時の女性の平均年齢は33歳で，末
子の平均年齢は4.7歳，男性の場合は38.5歳で，末子の平均年齢は6.2歳で
ある．母と子どもの世帯のうち3割近く（28.5％）は，母親の親と同居してい
る．母親の8割（80.6％）は就業しているが，正規職員よりも（39.4％），パ
ート・アルバイトの方が多く（47.4％），年収をみても，母親自身の収入は
223万円，世帯でも291万円で，18歳未満の子どものいる世帯全体の平均所得
の4割程度（44.2％）にすぎない（厚生労働省，2012b）．

　一方，父子世帯の場合はその半数（50.3％）が父親の親と同居しており，9

割（91.3％）は就業，うち6割以上（67.2％）が正規職員であった．父の平均年間所得は380万円，世帯の所得は455万円で，18歳未満の子どものいる世帯の平均所得額の7割に満たない（厚生労働省，2012b）．比較するとひとり親の場合も，男女によって就業状況や経済状況に違いがあり，総じて父子世帯よりも母子世帯の方が不利な状況に置かれている．

(3) 同居していない親と子どもとの関係

離婚後，同居していない親は子どもとどのような関係にあるのだろうか．法律上の親権をみると，1960年ではすべての子どもの親権を夫が行う割合がほぼ5割（46.8％）であったが，その後，妻が親権を行う割合が増加し続け，2000年以降は8割を超え，2012年では83.9％である（国立社会保障・人口問題研究所，2014）．両親の離婚後，子どもと同居していない親との交流は盛んではなく，2011年の調査結果をみると，調査時点で面会を行っているのは，母子世帯で27.7％，父子世帯では37.4％である．面会交流をしている場合でも4分の1の親子は月に1回以上2回未満の交流である．父子世帯で4割（41.0％），母子世帯では，半数（50.8％）が全く行ったことがないと報告している（厚生労働省，2012b）．近年では子どもの福祉の観点から，共同養育権を推進する動きも出てきている（善積，2013）．

では，同居していない親から子への経済的な支援はどうなっているのだろうか．離婚の際，子どもの養育費に関しての取り決めがなされたのは母子世帯では37.7％，父子世帯では17.5％のみで，日本の離婚の9割近くを占める家庭裁判所による調停等を経ずに別れる協議離婚の場合は，取り決めのない割合が特に高い．こうした状況もあり，離婚した父親から調査時点で養育費を受けている子どもの割合は2割未満（19.7％）でその額も平均4万円程度である（母親からの場合は4.1％，平均13万円程度である）（厚生労働省，2012b）．親の離婚によって，子どもにとっての家族関係も，大きく変わるといえる．

(4) 再婚

再婚，つまり離婚というライフイベントを経た後にまた結婚というライフイベントを経験する人もいる．再婚はどのくらいの頻度で起きているのだろうか．

戦後のデータをみていくと，結婚全体に再婚が占める割合は増える傾向にあり，1960年では夫が再婚である割合は9.7％，妻が再婚である割合は6.2％であったものが，2012年では夫19.0％，妻16.4％となっており，夫婦のどちらかが再婚というケースは稀ではなくなった．なお，離婚した経験者のうち再婚をする割合が高いのは，20代と30代である（国立社会保障・人口問題研究所，2014）．

5　介護をする

　ここまでみてきた結婚や出産をめぐってどのようなライフコースを経たかにかかわらず，多くの人が「介護」というライフイベントに直面する．誰かの介護をするに至るには，身近にそれを必要とする人がいるか，周りの人々がどのような状況にあるかなど，いわば状況依存的であり，開始時点もはっきりとしないことが多い．したがって「イベント」として捉えるべきか否かについては賛否があろうが，実際に介護を家族が行っているケースは多く，介護はそれを担う人々の日常生活や心身の健康に大きな影響を与えるため，本章に含めることとする．

　親の介護は，親を持つ人であれば，結婚・パートナーシップの有無，子どもの有無にかかわらず，起き得るものである．「中高年者縦断調査」によると，50代の配偶者のいる男性で介護をしているのは5.6％，そのうち，親がいて子がいない世帯である場合は14.1％と高めである．配偶者がいない男性では8.2％，そのうち親がいて子はない世帯の男性の場合は15.5％である．女性においては配偶者の有無にかかわらず1割前後（配偶者のある女性10.1％，配偶者なしの女性9.5％）が介護をしている（厚生労働省，2005）[9]．

　妻が行う親の介護について，「全国家庭動向調査」の結果を詳しくみていくと，自分と配偶者それぞれの両親4人のうち介護を要する親がいる割合は，30代で1割台（14.8％），40代では3人に1人（33.8％），そして50代では半数を超える（51.7％）．このように既婚女性が親の介護に関わる割合が最も高い年代は50代であり，それ以降になると親が他界する人が増えることから，介護の割合は減る．また50代の妻の2割は2人以上の親の介護に関わっている

（国立社会保障・人口問題研究所，2015）．

　親の介護をすることに対する人々の意識は，この 20 年で大きく変化した．年老いた親の介護は家族が担うべきだという考えを支持する有配偶女性の割合は，1998 年では 4 分の 3（74.8％）であったが，2003 年では 66.2％，2008 年では 63.3％，2013 年では 56.7％ と，低下を続けてきた．一方で，高齢者の経済的な援助を家族が行うべきであると考える割合は 1990 年代から 3 割前後を保っている（国立社会保障・人口問題研究所，2015）．

　親ではなく配偶者の介護も，その人にとって重要なライフイベントとなる．家族・親族の介護をする人のうち，（親ではなく）配偶者を介護する割合は年齢が高くなるにつれ，男女とも高くなる．2013 年の「国民生活基礎調査」によると，家族や親族の介護をしている人のうち，その相手が配偶者である割合は 60 代では男女とも約 2 割（男性 21.2％，女性 26.2％）であるが，70 代になると 8 割を超え（男性 84.3％，女性 85.0％），80 歳以上になると介護をしている男性のほぼ全て（99.6％），女性でも 9 割近く（87.7％）の介護の相手は配偶者である（厚生労働省，2013）[10]．

6　配偶者を失う

　配偶者やパートナーを死によって失うことも大きなライフイベントである．年齢が高くなるほど死別を経験した人の割合が増えるのは当然であるが，死別を経験する年齢は，年々高まっており，同じ年齢で比較すると死別経験者の割合は減少している．1960 年では 70 代前半の女性の 7 割が死別を経験していたが，1980 年では 6 割を切り（58.0％），2000 年でほぼ 3 人に 1 人（35.3％），2010 年では 3 割を下回った（27.6％）．女性 80 代前半では 1960 年には 9 割（89.7％）が死別を経験していたが，2010 年では経験者は 6 割（59.6％）に減少した（国立社会保障・人口問題研究所，2014）．また，法律婚ではない形でパートナーシップを築いてきた場合も，高齢になればその相手を失うケースが生ずることになる．同性カップルの場合は，ふたりの関係に法的基盤がないため，パートナーを看取ることができなかったり，パートナーの死後，共同で築いてきた財産の権利を失ったり，さらにはパートナーの血縁家族から他人扱い

されて葬儀に関与できないといった水面下の課題も存在している（永易, 2009）．カップルの種類によってパートナーとの死別に際して許される関わり方に差があることは，現在の日本社会における家族のあり方に関する課題を象徴している．

7　おわりに

　生き方は人の数だけあるが，本章では，「結婚する・しない」「子どもを持つ・持たない」という生き方を軸として，そのライフイベントを経験する割合，しない割合や，そのイベントを経た場合どのような家族生活を送るのかなどについて，できるだけ定量的に検討をしてきた．

　しかし，ここでは取り上げなかったライフイベントも多くある．たとえば，子どもが家を出る，子どもが結婚などのかたちでパートナーシップを築く，孫が生まれる，自分や家族が病気になる，自分や配偶者・パートナーの親が亡くなるといったことも，家族生活に関わる大きなライフイベントである．また，結婚や子どもを持つライフコースについても触れることのできなかった形態がある．子どもの持ち方には，実子の出産だけでなく養子をもらう，里親になる，といったこともあれば，子どもを持って再婚することで，初婚同士の夫婦の場合とは異なる関係を模索しなければならないケースもあるだろう（野沢, 2010）．法律婚をし，子どもを産んだ後にも，離婚してひとり親になったり，再婚したり，同棲をしたり，あるいは同性のパートナーと子育てをするなど，ライフイベントの組み合わせも様々である．また男性のライフコースも様々であるが，本章ではほとんど触れなかった．

　ライフコースは個々人の嗜好に従って意図的に選択されることもあれば，「気がついたらそうなっていた」と認識されていることもある．また否応なく望まない状況に置かれることもあろう．本章では，家族に対する法的な保障や，社会保障制度についてはほとんど触れなかったが，それらは往々にして結婚し婚姻関係の中で実子を出産して育てるといった生き方を「標準」として構築されている．しかし，それ以外の生き方が現に存在しており，急速に増えているものもある．それらの人々の生き方が保障される社会が，実は現在の少子化・

長寿化社会にふさわしいのではないか．ライフコースを検討する際，典型的なもの以外にも目を向け，血縁や婚姻を超えて展開する新しい「家族」を把握したとき，典型的なライフコースなども相対化され，その意味や価値を真に理解することにつながるのではないだろうか．

注

1) ライフコースという概念は「個人が年齢別の役割や出来事を経つつたどる人生行路」（Elder, 1977）と定義され，1960年代後半，性革命が進む中でアメリカを中心として登場し，日本では1980年代以降，ライフコースの研究が蓄積されるようになった（春日井，2009）．一方，ライフコース論は個人に焦点を当てた家族研究の方法の代表的なものであり，「家族役割への移入や退出の過程と関連させて，個人の人生の中で家族や親族がどのように関わってきたか」（安達，2009: 243）に注目するもので，ライフコースの視点をとりいれた家族研究では，「家族の中で個人が経験するさまざまなイベントが重要な概念（安達，2009: 244）」であるといわれている．ライフサイクルという類似の概念もあるが，こちらは，典型的な人生パターンが世代を超えて繰り返されることを想定する傾向があり，時代によって典型的なパターンが異なる可能性や，同世代の人の中でも複数のパターンがある可能性を想定することができるライフコースとはやや異なる概念である（多賀，2013）．

2) 1960年生まれの女性のデータは実績値に基づく．1995年生まれの女性については，「将来推計人口」の出生仮定値（中位仮定）による．初婚年齢の高位仮定は27.9歳，低位仮定では28.5歳である．子ども数については，夫婦の完結出生児数の中位仮定を用いており，高位仮定では1.91人，低位仮定では1.57人である．

3) 1960年生まれ世代の女性の平均寿命は，「日本の将来推計人口（平成18年12月推計）」の死亡中位仮定に基づき，将来の死亡率変化を反映させて推定された数値である（国立社会保障・人口問題研究所，2008）．また1995年生まれの女性世代の平均寿命については，同資料中の1985年生まれと1990年生まれの推定値を用い，その変化を5年延長して求めた．ちなみに1960年の平均寿命は70.2年であり（厚生労働省，2012a），世代の平均寿命とは大きく隔たるが，これは前者が1960年死亡状況を反映しているのに対して，後者はこの年に生まれた世代がその後の著しい死亡率低下を経験しながら生涯を過ごすことによる．

4) 紙幅の都合で，未婚者のデータのみを示したが，これらの項目では未婚女性と既婚女性の回答との間に大きな違いはみられない（国立社会保障・人口問題研究所，2012b）．

5) 日本人同士の場合は，年長の方が養母または養父となり，年少のパートナーを養子とする形で養子縁組をし，戸籍上の親子となることで法的関係を確保したり，公正証書を作ったりしているカップルもある．

6) 「国勢調査」，厚生労働省が実施している「国民生活基礎調査」，国立社会保障・人口問題研究所で行っているいくつかの調査では，配偶者の有無（結婚の届出の有

無は問わず，回答者の自己申請による）およびその性別を把握できるため，回答者が配偶者を自分と同じ性別として記入していれば，これを同性カップルとして捉えることができる（岩本，2014）．しかしながら，どの調査でも同性カップルが対象となることを想定しておらず，記入されたとおりに集計されないのが現状である．

7）　本章で言及している「出生動向基本調査」の最新データ（2015年）については，国立社会保障・人口問題研究所（2016）を参照のこと．

8）　異性愛者ではない人がカップルの関係，あるいは1人で子どもを育てているという家族はこれまでも存在してきたが，ここではカップル形成前にはいなかった子どもをカップルとして設けるという「ライフイベント」を想定している（釜野，2010）．

9）　『平成17年中高年者縦断調査』「第8表　被調査者数，性，年齢階級，配偶者の有無，同居者の構成，介護や育児の状況別」（政府統計の総合窓口（e-Stat）（http://www.e-stat.go.jp/）を元に割合を算出．

10）　『平成25年国民生活基礎調査』「4 介護票第2巻第45表 同居の主な介護者数，主な介護者の介護を要する者との続柄・主な介護者の性・主な介護者の年齢階級別」（政府統計の総合窓口（e-Stat）（http://www.e-stat.go.jp/）を元に割合を算出．

参考文献

安達正嗣（2009）「個人と家族経験」野々山久也編『論点ハンドブック　家族社会学』世界思想社，pp. 243-246.

岩本健良（2014）「同性婚カップルを社会調査はどう扱うべきか？──2010年国勢調査におけるLGBT団体等からの『見える化』運動から考える」『第87回日本社会学会大会報告要旨集』日本社会学会，p. 245.

春日井典子（2009）「ライフコースと家族」野々山久也編『論点ハンドブック　家族社会学』世界思想社，pp. 239-242.

釜野さおり（2004）「レズビアンカップルとゲイカップル──社会環境による日常生活の相違」善積京子編『スウェーデンの家族とパートナー関係』青木書店，pp. 117-143.

釜野さおり（2010）「性愛の多様性と家族の多様性──レズビアン家族・ゲイ家族」牟田和恵編『家族を超える社会学──新たな生の基盤を求めて』新曜社，pp. 148-171.

釜野さおり・石田仁・風間孝・河口和也（2016）『性的マイノリティについての意識──2015年全国意識調査報告書』科学研究費助成事業「日本におけるクィア・スタディーズの構築」研究グループ編.

神谷悠介（2013）『ゲイカップルの親密性と生活に関する研究──クィア家族研究と後期近代社会論の視座』中央大学大学院文学研究科社会学専攻博士後期課程博士論文.

木村清美（2000）「家計の中の夫婦関係」善積京子編『結婚とパートナー関係──問

い直される夫婦』ミネルヴァ書房，pp. 168-160.

国立社会保障・人口問題研究所（2008）『日本の将来推計人口──平成 18 年 12 月推計の解説および参考推計（条件付推計）』人口問題研究資料第 319 号.

国立社会保障・人口問題研究所（2012a）『わが国夫婦の結婚過程と出生力』第 14 回出生動向基本調査（結婚と出産に関する全国調査）第Ⅰ報告書　調査研究報告資料第 29 号.

国立社会保障・人口問題研究所（2012b）『わが国独身層の結婚観と家族観』第 14 回出生動向基本調査（結婚と出産に関する全国調査）第Ⅱ報告書　調査研究報告資料第 30 号.

国立社会保障・人口問題研究所（2012c）『日本の将来推計人口（平成 24 年 1 月推計）』人口問題研究資料第 326 号.

国立社会保障・人口問題研究所（2014）『人口統計資料集 2014』人口問題研究資料第 331 号.

国立社会保障・人口問題研究所（2015）『現代日本の家族変動』第 5 回全国家庭動向調査　調査研究報告資料第 33 号.

国立社会保障・人口問題研究所（2016）『第 15 回出生動向基本調査結果の概要』.

厚生労働省（2010）「出生に関する統計の概況　人口動態統計特殊報告」.〈http://www. mhlw. go. jp/toukei/saikin/hw/jinkou/tokusyu/syussyo06/index. html〉（最終アクセス 2015 年 1 月 10 日）.

厚生労働省（2012a）「第 21 回生命表（完全生命表）の概況」.〈http://www. mhlw. go. jp/toukei/saikin/hw/life/21th/dl/21th_11. pdf〉（最終アクセス 2015 年 1 月 10 日）.

厚生労働省（2012b）「平成 23 年度　全国母子世帯等調査結果報告」.〈http://www. mhlw. go. jp/seisakunitsuite/bunya/kodomo/kodomo_kosodate/boshi-katei/boshi-setai_h23/〉（最終アクセス 2015 年 1 月 10 日）.

厚生労働省（2005）『平成 17 年中高年者縦断調査』.

厚生労働省（2013）『平成 25 年国民生活基礎調査』.

榊原富士子（1998）『戸籍制度と子どもたち』明石書店.

多賀太（2013）「ライフコース論」木村涼子・伊田久美子・熊安貴美江編『よくわかるジェンダー・スタディーズ』ミネルヴァ書房，pp. 82-83.

永易至文（2009）『同性パートナー生活読本──同居・税金・保険から介護・死別・相続まで（プロブレム Q & A）』緑風出版.

野沢慎司（2010）「ステップファミリーと家族変動──家族の下位文化と制度」牟田和恵編『家族を超える社会学──新たな生の基盤を求めて』新曜社，pp. 175-201.

毎日新聞社人口問題調査会編（2005）『超少子化時代の家族意識──第 1 回人口・家族・世代世論調査報告書』毎日新聞社.

牟田和恵編（2010）『家族を超える社会学──新たな生の基盤を求めて』新曜社.

善積京子（1997）『近代家族を超える──非法律婚カップルの声』青木書店.

善積京子（2013）『離別と共同養育──スウェーデンの養育訴訟にみる「子どもの最

善』』世界思想社.

Elder, G. H. Jr. (1977) "Family History and the Life Course," *Journal of Family History*, 2(4): 279-304.

Kamano, S. (2009), "Housework and Lesbian Couples in Japan: Division, Negotiation and Interpretation," *Women's Studies International Forum*, 32: 130-141.

第8章 ライフコースの変化と社会保障

守泉理恵

1 はじめに

第二次世界大戦後の日本社会では性別役割分業型のライフコースを前提として社会保障制度が構築された．その背景には，人口転換や高度経済成長があった．しかし，1970年代半ば以降の結婚・出生行動の変化，雇用環境の変化，老年死亡率低下による高齢期の長期化等に起因する人々のライフコースの多様化は，新たな社会保障ニーズを生み出し，既存の制度全般にわたる改革の必要性を顕在化させた．本章では，戦後日本における人々のライフコースの標準化と多様化の過程，そしてそれに対する社会保障制度の変化をまとめ，最後にライフコースの変化と今後の社会保障ニーズについて考察することとする．

2 ライフコースの標準化と社会保障制度の構築（-1970年代半ば）

日本では，1920年頃から出生率・死亡率が低下を始め，多産多死から多産少死を経て少産少死へと向かう人口転換がゆるやかに開始された．しかし，最終的な局面では，第二次世界大戦後ほぼ10年で出生率・死亡率がともに急減し，人口転換過程を完了した（第一の人口転換）．ここでの日本の死亡力転換はおもに乳幼児死亡率の改善からもたらされ，伊藤（1994）によれば，1925-50年生まれの世代のみ，「多産少死」を経験してきょうだい数が多いまま成人した．日本では，家の跡取りだけが親元にとどまり，それ以外のきょうだいは離家するという直系制家族慣行が一般的であり，その結果，この「多産少死」世代では，離家した子どもたちが大量の核家族を形成することにつながった．

そのため，日本における普通世帯に占める核家族世帯割合は，1920 年に 55.3
％ だったのが，1960 年には 60.2％ になり，1975 年に 63.9％ でピークに達し
た（鈴木，2012）．戦後日本の家族変動の代名詞のように言われる「核家族化」
は人口学的な世代移行と深く結びついていたと言える．さらに落合（1997）は，
戦後広がった日本の家族について，「人口学的世代移行期における核家族化」
「既婚女性の専業主婦化」「二人っ子化（産児数の減少）」の 3 つの特徴を持つ
「家族の戦後体制」と呼んだ．第 1 の人口転換とともに，「すべての人が家族に
属し家族が社会の基礎単位であったシステム」（落合，2000：137）が構築され
たのである．

　第 1 の人口転換期に起きた家族変動は，個人のライフコースの標準化と軌を
一にして進んできた．すなわち，学校卒業，就職，結婚，子どもの誕生，子ど
もの独立（結婚），退職といったおもなライフイベントを多くの人が一定の年
齢で順番に経ていくライフコースが一般化していった．

　1998 年実施の「日本家族社会学会全国家族調査（NFRJ98）」を用いて，
1920-60 年代出生コーホート間の成人期への移行パターン変化を分析した安藤
（2010）によれば，学卒→就職→結婚という順序パターンが普遍化し，かつ男
女ともほぼ全員が一定の年齢でそれらを経験するという移行パターンの標準化
が確立したのは 1940 年代出生コーホートである．1940 年代出生コーホートの
成人期への移行パターンの標準化は，この世代が日本経済の高度成長期に学
卒・就職・結婚・離家（おもに，跡取り以外のきょうだいが農村部から労働需
要が高まった都市部へ移動）の時期を迎えたことが大きい．高度成長期には，
日本の産業構造において第二次・第三次産業の急速な拡大がみられ，雇用労働
力化が進んだ．「労働力調査」（総務省統計局）によれば，就業者に占める雇用
者の割合は，1955 年に 43.5％ だったのが，1975 年には 69.8％ に上昇してい
る．雇用者の増加は，特に男性労働者について引退（定年退職）年齢の画一化
を進め，老後の生活保障として年金を中心とした公的な社会保障のニーズを高
めることになった．

　また，高度成長期は若年労働力への需要も高く，男女とも正規雇用が一般的
で，男性については終身雇用を前提とした長期安定的な正規雇用が多かった．
「労働力調査」で，1960-70 年代半ばまでの期間について雇用者のうちの常雇

割合をみると，男性で9割前後，女性でも8割超が常雇であった[1]．失業率についても，同時期の 20-39 歳の完全失業率をみると 1-2% 程度の低さで，完全雇用が実現していたと言える水準にあった．企業の側も，大企業を中心に「終身雇用」「年功序列賃金」「企業別組合」という特徴を持った「日本型雇用システム」が普及し，福利厚生を充実させて職場への社員の帰属意識を高め，人材の定着を図っていた．こうした雇用環境のもとで，日本では失業率が低く抑えられ，また，年功賃金や企業内福利厚生の充実は社員とその家族の生活保障の機能を担った．

当時，結婚や子どもを持つことに対しても，「当然するもの」という価値観が一般的であった．女性の出生コーホート別に，50 歳時未婚率と生涯無子割合をみると，1920-40 年代出生コーホートの女性では，50 歳時未婚率は 5% 程度であり，生涯無子割合も 10% 前後（1930-40 年代前半の出生コーホートでは，特に低く 7-8% 程度）であった（岩澤，2007：55）．これらの世代は，皆婚・皆産と言える状態であったことがわかる．ただし，持つ子どもの数は大きく変化した．1890-1905 年出生コーホートの妻の完結出生児数は 6 割以上が「4 人以上」であったが，1910-25 年出生コーホートの妻から徐々に子ども 2-3 人の割合が高まった．1927-32 年出生コーホートの妻以降は，子ども 2 人の割合が急拡大してほぼ半数を占めるようになり，子ども数 2-3 人の妻が約 8 割となって子ども数の画一化が進んだ（金子，2014：80）．

また，同じ時期，結婚後の家庭運営の形として性別役割分業の考え方も広く支持されていた．高度成長期には都市労働者の賃金上昇により，結婚後に多くの女性が「専業主婦」になれる経済状況が実現したことがその背景にある．もともと大正時代の上流階層にルーツがある「専業主婦」は庶民の女性のあこがれであり，性別役割分業型の家族をつくることは「中流階層」である証拠として機能した（山田，1994）．そのため，戦後の日本においては「夫は外で働き，妻は家を守る」という考え方も，その実践も広く受け入れられた．図 8-1 によると，1979（昭和 54）年時点でも，「夫は外で働き，妻は家を守るべきである」という考え方に，男女とも 7 割以上が「賛成・どちらかといえば賛成」と答えている（内閣府男女共同参画局，2013）．

こうした社会環境の中で，男性は学卒と同時に就職して正規雇用者となり，

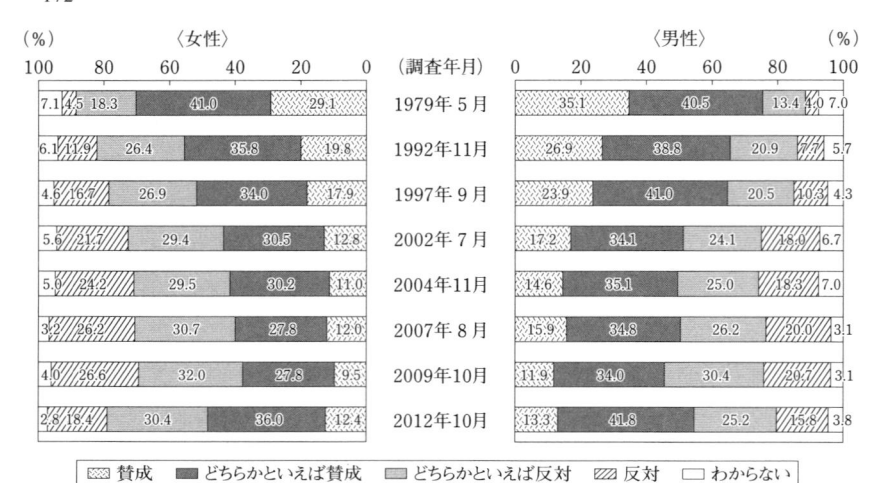

（%）　　　　　　〈女性〉　　　　　　　　（調査年月）　　　　　　〈男性〉　　　　　（%）

図 8-1　「夫は外で働き，妻は家を守るべきである」という考え方に関する意識の変化

出所：内閣府男女共同参画局（2013）『男女共同参画白書　平成 25 年版』p. 24.

結婚後も家計を支える大黒柱として働き続けるというライフコース，女性は学卒後に就職するものの結婚または出産で退職して家庭に入り，子どもを 2-3 人持つというライフコースが一般化した．多くの人は，上述のような男女で異なるライフコースを歩み，性別役割分業型の家族を形成したが，それは日本型雇用システムを支える力にもなった．また，学歴で就職条件が左右される雇用労働者が増え，夫婦の持つ子ども数が減ったことは，子どもへの教育投資を増やすことにつながり，若い世代の高学歴化が進んだ．

　ライフコースの標準化が進んだ時期に，日本の社会保障制度も発展を遂げた．日本の社会保障制度は，戦前から被用者の社会保険制度を中心に徐々に形成されていたが，第二次世界大戦後，本格的に発展した．これは，1947 年に施行された日本国憲法において，その 25 条に「すべて国民は，健康で文化的な最低限度の生活を営む権利を有する」「国は，すべての生活部面について，社会福祉，社会保障及び公衆衛生の向上及び増進に努めなければならない」と規定され，政府が福祉国家の建設を目指したためである．この憲法規定を受けて，社会保障制度審議会の「社会保障制度に関する勧告」（1950 年）では，社会保障制度を「疾病，負傷，分娩，廃疾，死亡，老齢，失業，多子その他困窮の原

因に対し，保険的方法又は直接公の負担において経済保障の途を講じ，生活困窮に陥った者に対しては，国家扶助によって最低限度の生活を保障するとともに，公衆衛生及び社会福祉の向上を図り，もってすべての国民が文化的社会の成員たるに値する生活を営むことができるようにすることをいうのである」と規定した．

こうした社会保障の理念や定義のもと，1961 年にはすべての国民が公的医療保険制度・年金保険制度に加入する「国民皆保険・皆年金」が実現し，日本の社会保障制度の中核となった．その後，高齢者福祉，児童福祉，障害者福祉の諸制度も整備されていった．日本で高齢者向けの意味合いが強い年金・医療が社会保障の中核となったのは，現役世代については企業による雇用保障・生活保障が手厚かったこと，性別役割分業型の家族形成により，育児や介護など家族ケアに関する労働はおもに専業主婦となった女性たちが無償で担ったことが理由である．このため，現役世代向けの社会保障支出は小規模に抑えられた．また，戦後に進んだ人々のライフコースの標準化に応じて，社会保障制度においては「夫が平均的収入で 40 年間就業し，妻がその期間すべて専業主婦であり，子どもが平均 2 人いる核家族世帯」を標準的な世帯としてとらえた．

以上から，戦後に構築された日本の社会保障制度は，①国民皆保険・皆年金制度を中心に構築，②企業による雇用保障（男性世帯主の勤労所得確保を軸として生活保障に中心的役割），③子育て・介護の家族依存（特に専業主婦たる女性への依存），④国際的にみて小規模で，かつ高齢世代向け中心の社会保障支出（およびそれに応じて国民負担も抑制），という特徴があった（厚生労働省，2012：36）．

戦後日本の社会保障制度の構築において，もう 1 つ重要な背景となった要因としては，当時の日本の人口動態や年齢構造がある．つまり，社会保障制度を支える現役世代が多いピラミッド型の人口構造であったという点である．戦後から 1970 年代半ばまでの期間について，「国勢調査」の結果から高齢化率（総人口に占める 65 歳以上の老年人口の割合）の推移をみると，1950 年に 4.9％，1960 年には 5.7％ に過ぎなかった．1970 年には，国連の定義でいう「高齢化社会」となる 7％ 台へ突入したが，従属人口指数（15-64 歳人口に対する年少人口（0-14 歳）と老年人口の合計の比率）は戦後最小値を記録している．こ

の従属人口負担の低下は，人口転換を経験した社会に一度だけ訪れる「人口ボーナス」と言われる現象だが，こうした人口の年齢構成は，この時期の社会保障の拡大や高度経済成長の基盤になったとされる（金子，2014）．

3　標準型ライフコースのゆらぎ（**1970** 年代半ば以降）

　1970 年代前半のオイルショックを契機として，日本経済は低成長へと移行し，税収の伸びも鈍化した．国民にとっても，このことは所得の伸びの鈍化を意味した．すでに平均 2 人となった子どもへの教育投資の増大は子育て費用の高額化を招き，子育て一段落後の専業主婦を労働市場に引き出した（ただし，その多くはパート就労であった）．一方で，女性の高学歴化は卒業年齢の上昇と未婚期の就業期間の伸長を促し，結婚年齢の上昇（晩婚化）を進めた．女性の社会進出はその後も拡大した．男女雇用機会均等法制定やバブル期の人手不足などを経て，学卒後の就職では，徐々に女性も男性と同等の就業機会を得ることが増え，多様な職種への進出がみられるようになった．しかし，バブル崩壊後の経済低迷期には，経済のグローバル化と国際競争の激化を背景に，パート，アルバイト，契約社員，派遣社員等の非正規雇用が広がった．これは，日本型雇用システムの労働力流動性の硬直性を補完し，景気変動や環境変動に即座に対応できるように企業が進めた雇用戦略であった．

　正規雇用の機会が絞られて，非正規雇用が拡大するという雇用の不安定化は，新規に労働市場へ参入する若年男女を直撃した．1990 年代後半以降に社会に出た世代（おもに 1970 年代半ば以降の出生コーホート）では，経済不況の中で厳しい就職競争にさらされ，若年層の失業率は高まり，新卒時から非正規雇用に就くというケースも増えた．非正規雇用者は日本型雇用システムの生活保障の枠外に押しやられ，仕事を失う可能性も高く，社会的な地位も確保しにくい．若年層における非正規雇用者比率の上昇は，若者の結婚意欲や子どもを持つ意欲を減退させ，少子化進行の一因となった．また，女性は男性よりも大きく非正規化の波をかぶり，このことは，少子化対策の柱の 1 つである仕事と家庭の両立支援が，これから結婚・出産を迎える若い層にむしろ届きにくくなるという事態も生じさせた．さらに企業は福利厚生や年功序列賃金の見直しを進

めたことから，正規雇用者であってもかつてのような手厚い生活保障は受けられなくなった．全体として，現役世代の生活保障に中心的役割を果たしてきた日本型雇用システムがゆらいできたのである．

これらの経済・社会的な変化と同時に，1970 年代半ばから日本の出生率は置換水準を持続的に下回るようになった．この出生率低下は「第 2 の人口転換」とも呼ばれ（van de Kaa, 1987），全体として「親になることの延期」を特徴とした行動変化を伴う過程であった（Lesthaeghe and Moors, 2000）．その要因としては，近代的避妊法の普及，女性の社会経済的地位の上昇とジェンダー役割の変化，結婚行動や社会全般の結婚・出産・家族に関する伝統的価値観の変化などが挙げられる（阿藤, 1997）[2]．これらは，上述のような経済・社会的変化と相まって結婚・出産の「先送り行動」を引き起こした．この「先送り行動」は，出生率低下の大きな原因になった（阿藤, 2011）．

第 2 の人口転換の進行の中で，画一化していた人々のライフコースは多様化を始めた．安藤（2010）によれば，成人期への標準的移行パターンがはっきりと脱標準化し始めたのは 1960 年代出生コーホートからであるという．具体的には，この世代から結婚と離家の遅れ，および経験年齢のばらつきの拡大が顕著になった．成人期への移行完了局面での脱標準化である．経済の低成長期への突入と産業構造の変化（工業化の達成とサービス産業化），都市化の進展などを背景として，就職，結婚，あるいは親になるといった出来事が若者にとって「選択的」なものになったこと，つまり「個人化」したことがライフコースの多様化を進めた．

結婚行動の変化は，ライフコースの多様化を引き起こした最大の要因であろう．未婚化・晩婚化といった「結婚の先送り行動」の普及は膨大な未婚人口を出現させたが，先送りが延々と続くことにより，やがて生涯結婚しない非婚層の拡大につながった．結婚した人々においても離婚が増大し，その結果，ひとり親世帯が増加した．「人口動態統計」（厚生労働省）によると，離婚数は 1970 年までは 10 万件を切っていたが，その後増加し，2000 年代以降は毎年 25 万件前後を記録している．また，「国勢調査」（総務省）によれば，18 歳未満親族のいる世帯におけるひとり親と子どもの世帯の割合は，1975 年に 4 ％（69 万世帯）だったのが，2015 年には 10.5 ％（121 万世帯）と倍増した[3]．

　結婚・出産という選択の個人化や社会規範の緩み，雇用環境の悪化といった変化により，日本は「家族に属すること」が自明の社会ではなくなりつつある．言い換えれば，従来の社会保障制度で設定されてきたような「標準家族」を作り，それを老後まで維持できる人が減り始めたということである．

　1960 年代出生コーホート以降においては，若い世代になるほど，高度成長期に確立した標準型ライフコースに比べて，主要なライフイベントの有無や経験時期が多様化してきている．標準型ライフコースのゆらぎは，人々にとって人生の選択肢が増えたことを意味するが，その内実として，ジェンダーや階層，地域による構造的な制約を受けながら，選択肢を自らの意志で「選び取れる」層と，不本意でもある選択肢を「選ばざるを得なかった」層に分かれているという指摘もある（岩上，2010）．

4　ライフコース変化に対応した社会保障ニーズの変化と制度改革

　1970 年代半ば以降一貫して進んできた女性の社会進出は，未婚化，晩婚化の主要な要因とされているが，他方，このことは共働き世帯の増加も引き起こした．有配偶女性の就労の増加は，家庭における育児・介護のケア役割の主婦依存を徐々に困難にした．図 8-2 を見ると，1980 年に「雇用者の共働き世帯」が 614 万世帯であったのに対し，「男性雇用者と無業の妻から成る世帯」は 1,114 万世帯と圧倒的多数を占めていた．しかし，1990 年代に両者が逆転し，2012 年には共働き世帯が 1,054 万世帯，男性雇用者と無業の妻の世帯が 787 万世帯となっている．核家族化，地域や親族間の互助機能の弱化が進む中で，家族だけで子育てや介護をすべて担うことは困難となり，それらの社会保障ニーズが顕在化していった．

　また，日本型雇用システムのゆらぎ等，雇用環境の悪化は，失業時の生活保障や，再び労働市場に参入するための公的な職業訓練といった雇用政策分野での社会保障ニーズを高めた．

　さらに，人生後半のライフコースにおいても，高齢期の大幅な長期化という変化が起き，新たな問題を引き起こした．戦後順調に進んできた死亡率低下は平均寿命の伸長をもたらしたが，1970 年代以降は高齢期における死亡率の低

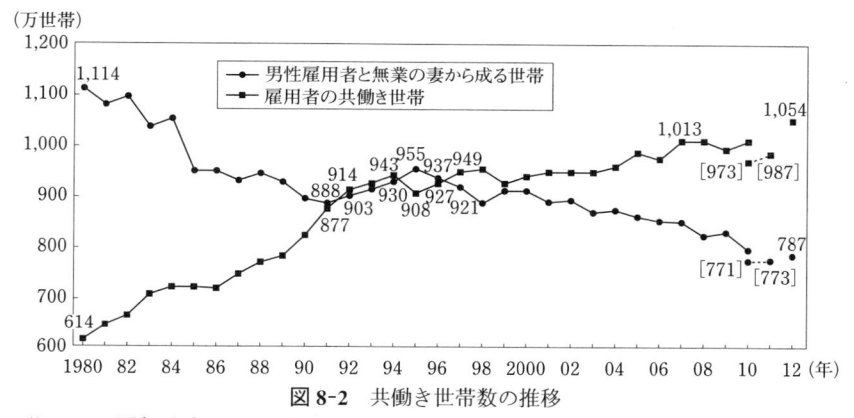

図 8-2　共働き世帯数の推移

注 1：1980（昭和 55）年から 2001（平成 13）年までは総務庁「労働力調査特別調査」（各年 2 月．ただし，1980 年から 1982（昭和 57）年は各年 3 月），2002（平成 14）年以降は総務省「労働力調査（詳細集計）」（年平均）より作成．

注 2：「男性雇用者と無業の妻から成る世帯」とは，夫が非農林業雇用者で，妻が非就業者（非労働力人口および完全失業者）の世帯．

注 3：「雇用者の共働き世帯」とは，夫婦ともに非農林業雇用者の世帯．

注 4：2010（平成 22）年および 2011（平成 23）年の［　］内の実数は，岩手県，宮城県および福島県を除く全国の結果．

出所：内閣府男女共同参画局（2013）『男女共同参画白書　平成 25 年版』p. 82.

下が顕著になり（堀内，2001），老後の期間が大きく伸びた．65 歳時の平均余命は，1947 年には男 10.16 年，女 12.22 年だったが，1980 年には男 14.56 年，女 17.68 年となり，2015 年には男 19.46 年，女 24.31 年となった．このことは，年金支給期間の伸長による年金給付の増大，病気や介護のリスクが高い老年人口の増加による医療・介護給付の増大を引き起こし，もともと高齢者世代向け中心だった日本の社会保障支出の急速な拡大を招いた．さらに，平均寿命のジェンダー差に起因して，夫と死別後に長い寡婦期間を過ごす高齢女性が増え，このことは貧困リスクを抱える高齢女性の増大につながった．若いころの失業や非正規雇用，未婚や離婚等で老後の貧困リスクを抱える層も増えており，公的扶助（生活保護）のニーズも高まっている．これはつまり，従来の社会保障制度が頼ってきた家族・親族や地域，企業によるセーフティーネットを持たない人々が増加していることを示している．

　1970 年代半ば以降の日本社会の変化と個人のライフコースの多様化に対応して，日本の社会保障制度はたびたび改革が行われてきた．その方向性として

は，社会保障給付の高齢者偏重から若年世代への配分の見直し，専業主婦に依存してきた介護や子育ての社会化，公的な雇用保障・職業訓練の充実，人口構造の少子高齢化に対応した制度見直し等が挙げられる．特に人口構造の少子高齢化は，社会保障制度の持続可能性に対してその根幹をゆるがす現象であり，2000年代以降，年金・医療・介護・生活保護に加えて，少子化対策も社会保障制度の柱の1つとして位置づけられるようになった．社会保障で扱う「社会的危険」は慣習上決まるところが大きく，時代により異なってくるが（武川，2004），「未婚」や「無子」も決して稀ではない社会的リスクとして認識されるにいたったとみることができるかもしれない．これらの属性を持つ人々は，いまや無視できない人口ボリュームとなっているが，地域や親族間のつながりが希薄化し，互助機能が弱化している中では，家族を持たないことは特に高齢期に貧困や介護困難に陥るリスクを高めている．

　1970年代半ば以降の社会保障制度の改革については，まず1980年代において，オイルショック後の高度経済成長の終焉，財政再建，高齢化への対応といった観点で，1982年の老人保健制度の創設，1984年の医療費の被用者本人の1割自己負担の導入，1985年の基礎年金制度導入（第3号制度も開始）などが行われた．1990年代以降の改革としては，1992年の育児休業法制定（1995年からは育児休業給付金の支給開始），1994年のエンゼルプラン策定（以後5年ごとに少子化対策プランを策定），2000年の介護保険制度開始，2004年の年金制度改革（保険料水準の固定方式やマクロ経済スライドによる給付水準調整の導入等），2008年の後期高齢者医療制度の創設，2010年の子ども手当導入，2011年の求職者支援制度の実施などが挙げられる．これらは，企業の雇用・生活保障機能の弱化や育児・介護の家族（主婦）依存の困難化に対応するとともに，少子高齢化による人口構造の変化のもとで制度の持続可能性をねらったものであった．

　ライフコースの多様化は，現役世代を中心とする新たな社会保障ニーズを生じさせたが，「社会保障給付費統計」において，財政配分に変化がみられるかどうかを確認しよう．図8-3は，政策分野別社会支出の推移をみたものである．このうち，現役世代向けの支出として家族社会支出に注目する．家族社会支出の内訳は，現金給付として家族手当，出産・育児休業，その他が含まれ，現物

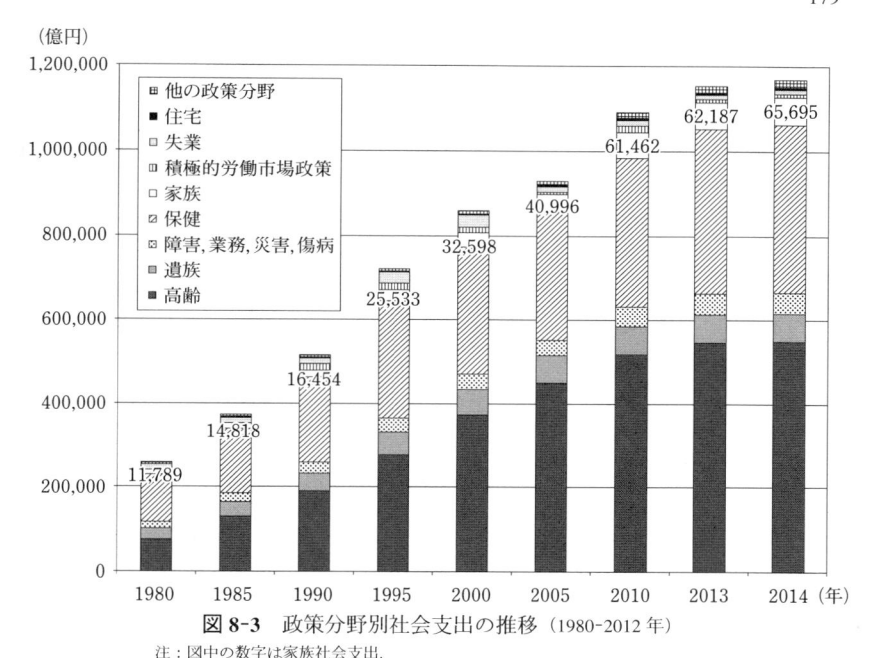

（億円）

図 8-3 政策分野別社会支出の推移（1980-2012 年）

注：図中の数字は家族社会支出.

出所：国立社会保障・人口問題研究所（2016）『平成 26 年度社会保障費用統計』.

給付としてデイケア・ホームヘルプサービス（保育所運営費等），その他の現物給付が含まれる．図 8-3 をみると，家族社会支出額は継続して伸びており，1980 年の 1 兆 1,789 億円から，2014 年には 6 兆 5,695 億円に達している．この間，児童人口は減少基調であったにもかかわらず，家族社会支出額が 5.6 倍に伸びていることは，政府が家族関係支出（子育て支援）に力を入れてきた証左であろう．なお，現金給付と現物給付の構成割合としては，2011 年度で現金給付が 65％ を占めており，伸び率も現金給付は現物給付より高い（藤原，2014）．

しかし，国際的にみれば，日本の家族社会支出は低水準である．図 8-4 は，社会支出全体に占める家族社会支出割合と，家族社会支出の対 GDP 比について先進諸外国のデータと比較したものである．これによると，日本の社会支出全体に占める家族社会支出の構成比は 5.39％ で，対 GDP 比は 1.29％ となっている．アメリカは両者とも日本より低水準であるが，ヨーロッパ諸国と比較

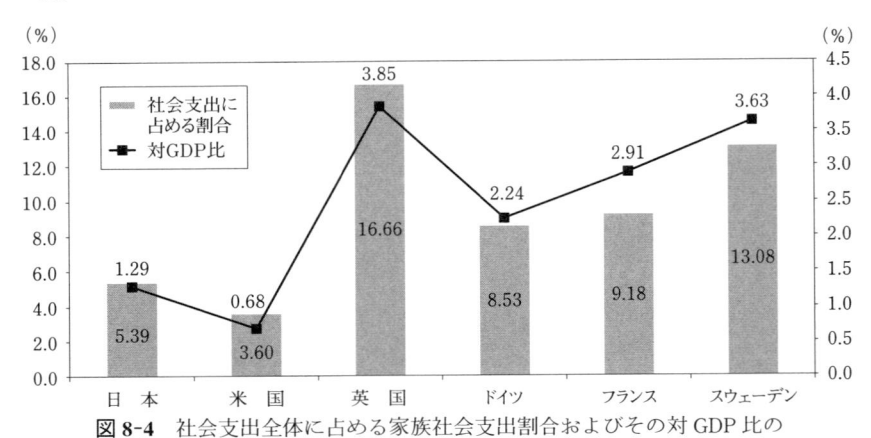

図 8-4 社会支出全体に占める家族社会支出割合およびその対 GDP 比の国際比較（2013 年）

出所：国立社会保障・人口問題研究所（2016）『平成 26 年度社会保障費用統計』.

すると日本の低さが目につく．日本の中での時系列比較では家族社会支出への財政配分は増加しているが，国際的にみればまだまだ検討の余地はあるということになろう．

5 おわりに――ライフコース変化の将来と社会保障ニーズ

現在の日本の社会保障制度は，1940 年代出生コーホートに代表されるような「標準型ライフコース」を前提とし，経済が好調で人口構造も若年層が多かった時代に構築された．しかし，標準型ライフコースは，その後の経済成長の鈍化，少子高齢化の進行，結婚・出生行動の変化等によりゆらぎ，1960 年代出生コーホートからは徐々にライフコースの多様化が進んだ．「制度」というものは，ミクロとマクロをつなぐ役割を果たし，両方の変化の影響を受けるが，社会保障制度を支える各種制度は法律に基づき構築されているということもあり，変更にはどうしても時間がかかる．現在社会保障制度改革が叫ばれているのは，人々のライフコースが多様化し，変わっていく速度に制度の改革が間に合わず，従来の社会保障制度では対応しきれない問題が次々と生じているからである．特に，結婚や出産といった家族形成に関する事柄が「選択的」なものとなり行わない人々が増えたこと，女性の社会進出や働き方の多様化，雇用の

不安定化の影響が大きい．加えて，少子化によって現役世代の減少が続く中で，寿命伸長によって年金・医療・介護のニーズが高い高齢層の人口が増大したことは，現役世代が高齢世代を支える仕組みである日本の社会保障制度にとって持続可能性を根幹からゆさぶる問題となっている．

　日本社会において，高度経済成長の時期のように一定の家族の形を「標準」とすることはもはや難しいと考えられる．現行の社会保障制度は，団塊の世代を含む 1940 年代出生コーホートで確立したような標準型ライフコースをたどる人々にとっては人生上の社会的リスクにおおむね対応するものとなっている．しかし，それ以外のケースについては十分と言えるものになっていない．今後は，非婚，離婚，高齢期の死別増加による単身世帯・ひとり親世帯の増加，子どもを持たない人の増加，専業主婦の減少と共働き世帯の増加，日本型雇用システムでは守られない非正規雇用の増加といったこれまでみられた変化が続き，個々人のライフコースはさらに多様化が進んでいくと予想される．特に，非婚・離死別の独身者では社会的リスクが高いと考えられ，こうしたケースへの対応が迫られている．

　一方で，社会保障制度が特定のライフコースを支持していることで，生き方の多様化を阻害するという状況も発生している．例えば，第 3 号被保険者制度や遺族年金制度があることで，女性は雇用者（第 2 号被保険者）の男性と結婚して家庭に入り，子育てが一段落した後にパートなどで年収 130 万円未満の家計補助的な働き方をするように誘導されているという指摘がある．また，就業によって年金が減額される在職老齢年金制度があることで，高齢者が労働を控えるといった事例もある．このように社会保障制度が人々の自由な労働力供給を阻害している可能性については，今後長期にわたって労働力の確保が深刻な課題となるわが国にとって，十分な検討が必要となる．

　社会保障の形は，家族のあり方，働き方など人々の生き方と密接に関わっており，国民的議論が不可欠である．昨今の結婚・出産行動の変化を考えれば，たとえば家族を作らず，一生シングルで生きるライフコースを基礎にして，社会的リスクに備える制度設計をすべきかもしれない．家族を形成しない層が増えている以上，家族や血縁が担ってきたリスク分散機能をある程度公的な社会保障制度が担う必要が生じている．しかし，そうした制度変更が家族を作る

「利点」（家族のリスク対応機能に対する評価）を弱め，よりいっそう家族形成を減らす危険もある．「家族」と「社会保障」との役割分担をどうするかについては，これからの「家族」を人々がどう考えるかで決まる．社会保障改革に伴うこの種の問題は，理論的な答えは存在せず，各時代の人々の考え方によって解決していかなくてはならない．人口構造の高齢化により社会保障支出が毎年自然増加し，社会保障財政が逼迫する中で，日本は人口変動だけではなく，人々のライフコースの多様化にも対応していく必要がある．社会保障の役割についてどこに基準軸を置くのか，国民的な議論の高まりが求められる．

注

1) 「労働力調査」の「常雇」は雇用契約期間に基づき分類された「従業上の地位」であり，1年以上の雇用契約期間がある有期雇用者も含まれている．1984年より開始された，勤め先の呼称による分類である「雇用形態」別のデータを見ると，雇用者のうち，正規の職員・従業員は，1984年の時点で84.7％（男性92.3％，女性71.0％）である．

2) 日本では，近代的避妊法（ピル）の普及は進まなかった．そもそも日本でピルが解禁され，販売されるようになったのは1999年9月からと遅く，その後も価格が高いことや入手しにくさが原因で普及していない．2015年の「出生動向基本調査」によれば，現在避妊をしていると答えた夫婦でピルを使用しているのは2.3％，一番最近の性交において避妊にピルを使用した未婚女性は5.4％にすぎない（国立社会保障・人口問題研究所，近刊）．

3) ここでは「男親と子ども」「女親と子ども」の世帯の合計を「ひとり親と子ども」の世帯として示した．

参考文献

阿藤誠（1997）「日本の超少産化現象と価値観変動仮説」『人口問題研究』53(1)：3-20.

阿藤誠（2011）「超少子化の背景と政策対応」阿藤誠・西岡八郎・津谷典子・福田亘孝編『少子化時代の家族変容——パートナーシップと出生行動』東京大学出版会，pp. 1-16.

安藤由美（2010）「戦後日本の成人期への移行の変容」岩上真珠編著『＜若者と親＞の社会学』青弓社，pp. 22-44.

伊藤達也（1994）『生活の中の人口学』古今書院.

岩上真珠（2010）「ハイ・モダニティ時代の若者の自立——リスク社会のなかで」岩上真珠編著『＜若者と親＞の社会学』青弓社，pp. 168-189.

岩澤美帆（2007）「人口減少社会の家族形成」阿藤誠・津谷典子編『人口学ライブラ

リー 6　人口減少時代の日本社会』原書房，pp. 53-81.

落合恵美子（1997）『21 世紀家族へ──家族の戦後体制の見かた・超えかた（新版）』
　　有斐閣.

落合恵美子（2000）『近代家族の曲がり角』角川書店.

金子隆一（2014）「我が国の人口動向と社会保障──過去から現在までの期間」西村
　　周三監修・国立社会保障・人口問題研究所編『社会保障費用統計の理論と分析──
　　事実に基づく政策論議のために』慶應義塾大学出版会，pp. 73-89.

厚生労働省（2012）『平成 24 年版厚生労働白書──社会保障を考える』.

国立社会保障・人口問題研究所（近刊）『第 15 回出生動向基本調査報告書』.

鈴木透（2012）「直系家族世帯の動向」『人口問題研究』68(2)：3-17.

武川正吾（2004）「福祉社会と社会保障」堀勝洋編『社会保障読本（第 3 版）』東洋経
　　済新報社，pp. 3-31.

内閣府男女共同参画局（2013）『男女共同参画白書　平成 25 年版』.

藤原朋子（2014）「我が国の少子化政策の変遷と家族関係社会支出の推移」西村周三
　　監修・国立社会保障・人口問題研究所編『社会保障費用統計の理論と分析──事実
　　に基づく政策論議のために』慶應義塾大学出版会，pp. 123-144.

堀内四郎（2001）「死亡パターンの歴史的変遷」『人口問題研究』57(4)：3-17.

山田昌弘（1994）『近代家族のゆくえ──家族と愛情のパラドックス』新曜社.

Lesthaeghe, R. and Moors, G. (2000) "Recent Trends in Fertility and House-
　　hold Formation in the Industrialized World," *Review of Population and Social
　　Policy*, 9: 121-170.

van de Kaa, D. J. (1987) "The Europe's Second Demographic Transition," *Pop-
　　ulation Bulletin*, 42(1): 1-59.

III

世界の人口動向

1国では生きられない

第9章 東アジアの低出産・高齢化問題

鈴木 透

1 はじめに

　日本の出生率が先進国中でも低い方であるのに加え，死亡率は最も低い水準であるため，日本は現在世界で最も高齢化が進んだ国である．このありがたくない地位は当分の間維持されるが，高齢化で日本を追い越していく国があるとしたら，現在世界で最も低い出生率を示す韓国と台湾のような東アジア諸国だろう．実際，国連人口部の将来推計によると，2060年までに韓国と台湾の高齢化率（65歳以上人口の割合），老年従属指数（65歳以上人口の15-64歳人口に対する比），中位数年齢（年齢の中央値）は，いずれも日本を上回ると予想されている（UNPD, 2013）．中国の出生率低下と人口高齢化はこれら3カ国ほど過激ではないが，経済発展と社会保障が不十分な段階で高齢化を迎える「未富先老」現象が懸念されている．

　本章では各国が出生率低下によっていかに「人口ボーナス」を得て，ボーナスの後にどのような人口高齢化を迎えるかを考察する．主に対象とするのは上に述べた日本・韓国・台湾・中国の4カ国で，東北アジアでも経済発展が微弱なモンゴルと北朝鮮は対象としない．代わりに東南アジアから，シンガポール，タイ，ベトナム，マレーシア，インドネシア，フィリピンを追加的に対象とする．これらはある程度の経済発展があり，データと人口研究の蓄積が比較的豊富な国として選択した．国際通貨基金のデータベースによると，2012年の1人当たり国内総生産（GDP）はシンガポール（5万4,000ドル）が最も高く，次いで日本（4万7,000ドル），韓国（2万3,000ドル），台湾（2万ドル），マレーシア（1万ドル），中国（6,000ドル），タイ（5,000ドル），インドネシア

（4,000 ドル），フィリピン（3,000 ドル），ベトナム（2,000 ドル）となっている（IMF, 2014）.

2 東アジアの出生率低下

　産業化直前の人口動態は，出生率・死亡率ともに高い多産多死の組み合わせで均衡していた．産業化（途上国の場合は医療技術や公衆衛生プログラムの導入）によってまず死亡率が低下し，人口増加が始まった．しかし，高い人口増加率は永遠に維持できるものではない．世帯が生産単位である農耕社会と異なり，産業社会では多産が必ずしも有利ではない．教育が労働生産性に直結するため，むしろ子ども数を減らし1人当たりの投資を増やした方がよい．こうして避妊法が普及し，死亡率の後を追って出生率も低下し，人口増加率は鈍化して行った．途上国の場合，政府の家族計画プログラムが果たした役割も大きい．まず死亡率が，次いで出生率が低下し，多産多死から多産少死を経て少産少死の人口動態に移行する過程は「人口転換」と呼ばれる.

　日本の合計出生率は1950年代前半に急低下した後，20年ほど置換水準（長期的に人口増加率がゼロになる水準）付近で停滞していた．しかし1970年代後半からは持続的に低下し，1992年に1.5，1997年に1.4，2001年に1.3と置換水準を大幅に下回る水準まで低下した．欧米先進国ではこのような二段階の出生率低下がよく見られ，第二段階の置換水準以下への低下は「第二人口転換」と呼ばれる.

　日本の合計出生率が置換水準である2.1付近で停滞したのに対し，韓国と台湾の合計出生率は1980年代後半からアジア通貨危機が起こる1997まで，1.5-1.8の水準で停滞していた．2000年の小さなミレニアム・ベビーブームの後，第二段階の低下が本格化し，日本を大幅に下回る世界史上最低の水準まで低下した．各国の公式統計（日本は厚生労働省統計情報部，韓国は統計庁，台湾は行政院主計総處）による合計出生率の最低値は，日本の1.26（2005年）に対し，韓国は1.08（2005年），台湾は0.895（2010年）である.

　中国にも公式の統計はあるが，最も精確であるべき人口普査（センサス）による合計出生率が2000年に1.22，2010年に1.18と，あまりにも低く信頼で

表 9-1　各国の合計出生率低下

	(1) 2005–10 年	(2) 最大	(3) (期間)	(4) 最小	(5) (期間)	(2)−(4) 低下幅	(5)−(3) 低下期間	{(2)−(4)}/{(5)−(3)} 低下速度
日　本	1.34	3.00	(1950–55)	1.30	(2000–05)	1.70	50	0.0340
韓　国	1.23	6.33	(1955–60)	1.22	(2000–05)	5.11	45	0.1136
台　湾	1.26	6.06	(1955–60)	1.21	(2015–20)	4.85	60	0.0809
中　国	1.63	6.11	(1960–65)	1.55	(2000–05)	4.56	40	0.1141
シンガポール	1.26	6.61	(1950–55)	1.26	(2005–10)	5.35	55	0.0973
タ　イ	1.49	6.14	(1950–55)	1.36	(2015–20)	4.77	65	0.0734
ベトナム	1.89	6.47	(1965–70)	1.61	(2025–30)	4.86	60	0.0810
マレーシア	2.07	6.23	(1955–60)	1.76	(2045–50)	4.47	90	0.0497
インドネシア	2.50	5.67	(1955–60)	1.84	(2060–65)	3.83	105	0.0365
フィリピン	3.27	7.42	(1950–55)	1.86	(2095–00)	5.57	145	0.0384

出所：UNPD（2013）.

きない. 東南アジア諸国もシンガポール以外は信頼できる公式の長期時系列デ
ータがないので, 表9-1は国連人口部の超長期データ（1950-2100年）に依拠
した. これは5年期間ごとの合計出生率をまとめたもので, 2005-10年期間まで
でが推定値, 2010-15年期間以後が将来仮定値ということになる. 将来仮定値
は出生中位推計を用いた.

2005-10年期間の出生率水準を見ると, 韓国・台湾・シンガポールは2005-
10年時点で日本を下回っており, おおむね各国の公表値が採用されている.
しかし中国に関しては, 国連人口部は2010年センサスの公表値（1.18）を採
用せず, 2005-10年の合計出生率を1.63と見ている. 東南アジアでシンガポ
ールに次いで出生率が低いのはタイだが, 国連人口部によると他国のような二
段階の低下は見られず, 1950-55年の6.14から2005-10年の1.49まで単調に
低下したことになっている. インドネシア（2.50）とフィリピン（3.27）は置
換水準に到達しておらず, まだ第二人口転換が始まっていない.

1950年以後の合計出生率の最大値を見ると, 日本が3.00（1950-55年）と
例外的に低いことがわかる. 日本は戦後ベビーブーム期に4.54（1947年）と
いう合計出生率を記録したが, 1950年代前半には急低下の最中だった. ちな
みに1950-54年の合計出生率の単純平均は3.01で, 国連人口部は日本の公表
値をほぼそのまま使っていることがわかる.

いずれにせよ1950年を起点とすると, 日本は他のアジア諸国よりずっと低

い水準から低下を開始したことになり，最小値を記録する 2005 年までの合計
出生率の年当たり低下幅は 0.034 となる．仮に人口動態統計のデータを用いて，
1947 年の 4.54 から 2005 年の 1.26 まで低下したとすると，低下速度は（4.56
－1.26）/58＝0.0566 となるが，それでもタイ（0.0734）やベトナム（0.0810）
の方がずっと急激な出生率低下を経験したことになる．

　表 9-1 によると最も急激な出生率低下を経験したのは中国（年に 0.1141）
と韓国（0.1136）で，台湾・シンガポール・タイ・ベトナムの出生率低下もか
なり急速だった．マレーシアの出生率低下（年に 0.0497）はこれら 6 カ国よ
りは緩慢で，インドネシア（0.0365）とフィリピン（0.0384）の出生率低下は
日本並みに緩慢だったことになる．

　出生率の低下速度は，経済発展に加え，各国政府の家族計画プログラムの開
始時期と強度にも影響を受ける．シンガポールは 1965 年にマラヤ連邦から分
離独立した当初から，人口増加が限られた資源を圧迫し経済発展を阻害するこ
とを恐れ，強力な出生抑制策を進めた（Leong and Sriramesh, 2006）．韓国
でも第 1 次経済開発 5 カ年計画（1962-66 年）において，高い人口増加率が経
済発展を阻害するとの認識が確立し，家族計画事業の推進が決議された（최은
영 외, 2005）．台湾でも民国 53 年（1964 年）から，政府の家族計画プログラ
ムが全面的に推進されるようになった（中華民國内政部, 2011）．中国では文
化大革命中のイデオロギー闘争を経て 1970 年代には出生抑制策の必要性が認
識され，1979 年には厳格な一人っ子政策が始まった．これは出産を認可制と
し，認可外の出産に罰金を科すという，世界にも類を見ない強権的な政策であ
る．2013 年には夫婦の一方が一人っ子なら第二子を認める（単独二孩）とい
う緩和がなされたが，依然として強固な出生抑制策を維持していることに変わ
りはない．

　シンガポール以外の東南アジア諸国も，1970 年代までには何らかの家族計
画プログラムを導入したが，出生率低下の速度には大きな差があった．これに
は経済発展の速度に加え，ベトナム（儒教圏）・タイ（仏教圏）に比べてマレー
シア・インドネシア（イスラム圏）とフィリピン（カトリック圏）では避
妊・中絶に対する抵抗が強かったという文化的要因が考えられる．

3 年齢構造の変化

表 9-2 には 2010 年以後の 65 歳以上割合（高齢化率）の将来推計値を示した．2010 年時点で日本（23.0％）は，ドイツ（20.8％），イタリア（20.3％）を押さえて，世界で最も高齢化が進んだ国である．アジアでは韓国（11.1％）と台湾（10.7％）が 10％ を超えており，中国・シンガポール・タイも 7％ 以上の水準を示している．マレーシア・インドネシア・フィリピンはまだ高齢化率が低く，今後の出生率低下も緩慢なため，2100 年までに 30％ を超えることはないと予想されている．

急激な出生率低下により，韓国・台湾の 65 歳以上割合は 2060 年までに日本を上回るという予想である．また 2100 年に最も高齢化が進むのはシンガポール（40.1％）と予想されている．中国の合計出生率は 1.55（2000-05 年）より低い値に下がることはないと想定されているため，65 歳以上割合は 30％ を超えることはないと予想されている．ただし 2040 年にはすでに 20％ を超え，ベトナム・マレーシア・インドネシア・フィリピンよりは早く高齢化する．これが現在中国で憂慮されている「未富先老」現象で，経済発展に比べ高齢化の速度が相対的に速いことを言う．

年齢構造が経済発展に与える影響を考える際によく用いられるのは従属人口指数で，これは年少人口（0-14 歳）と老年人口（65 歳以上）の和を生産年齢人口（15-64 歳）で割ったものである．従属人口（年少人口と老年人口）を純消費者（生産より消費が多い者），生産年齢人口を純生産者（消費より生産が多い者）と考えるならば，従属人口指数は純消費者の純生産者に対する比であり，年齢構造が経済生産をどの程度抑圧しているかを表す．問題は 15 歳と 65 歳で純生産者・純消費者に分かれると素朴に仮定している点で，より正確な従属度の指標としては，非労働力人口の労働力人口に対する比が考えられる．さらに年齢別の生産性と消費水準まで考慮した保持比（support ratio）も提案されている（Lee，2007）．しかしそのような精密な指標を各国について，長期間にわたってそろえるのは無理なので，ここでは最も簡便な従属人口指数に依拠する．

出生率低下はまず年少人口の減少をもたらすため，従属人口指数は低下を開

表 9-2　各国の 65 歳以上割合の将来推計　　　　　　　　　　（%）

年	2010	2020	2030	2040	2050	2060	2100
日　本	23.0	28.6	30.7	34.5	36.5	36.9	35.7
韓　国	11.1	15.5	23.4	30.5	34.9	37.0	37.0
台　湾	10.7	15.7	23.3	29.4	35.5	38.0	35.3
中　国	8.4	11.7	16.2	22.1	23.9	28.1	28.2
シンガポール	9.0	13.9	20.5	25.4	28.9	32.4	40.1
タ　イ	8.9	13.0	19.5	25.9	30.4	32.9	33.2
ベトナム	6.5	8.2	12.9	17.9	23.1	28.8	31.7
マレーシア	4.8	6.9	9.7	12.5	16.5	21.2	28.9
インドネシア	5.0	6.3	9.2	12.7	15.8	17.4	26.0
フィリピン	3.7	4.9	6.3	7.7	9.3	11.6	20.5

出所：UNPD (2013).

始まる．従属人口指数の低下は，正確ではないにせよ上記生産者の相対的増加を表すと考えられ，経済生産と貯蓄・投資に有利な状況の到来を意味する．このため従属人口指数の低下は，人口ボーナス（demographic bonus），人口贈物（demographic gift），人口学的機会の窓（demographic window of opportunity），人口学的配当（demographic dividend）などと呼ばれ，経済発展を促進するとされる．しかし出生率が低下して数十年が経ると，年少人口に加え生産年齢人口も減少を開始し，老年人口だけが増加を続けるという状態になる．こうなると従属人口指数も上昇に転じ，経済発展に不利な人口オーナス（demographic onus）と呼ばれる状況になる．

図9-1に東北アジアとシンガポール，図9-2に東南アジア5カ国の従属人口指数の推移を示した．表9-3はこれらを要約したものである．日本の従属人口指数は1990年の43.4％が底で，以後は人口オーナスの状況が続いている．日本以外のアジア諸国でも人口ボーナスは終了したか間もなく終了すると考えられ，中国と台湾・タイ・ベトナムでは2015年，韓国・シンガポールでは2010年，マレーシアでは2020年，インドネシアでは2025年から従属人口指数が上昇に転じる．本章が対象とする10カ国の中でも，フィリピンが例外的に人口オーナスの終了が遅く，従属人口指数は2050年まで低下が続く．

表9-1で出生率低下が緩慢だったマレーシア・インドネシア・フィリピンの従属人口指数は，日本と同程度かそれより高い水準までしか低下しない．残り6カ国の従属人口指数は日本より低い水準まで低下し，特にベトナム以外の5

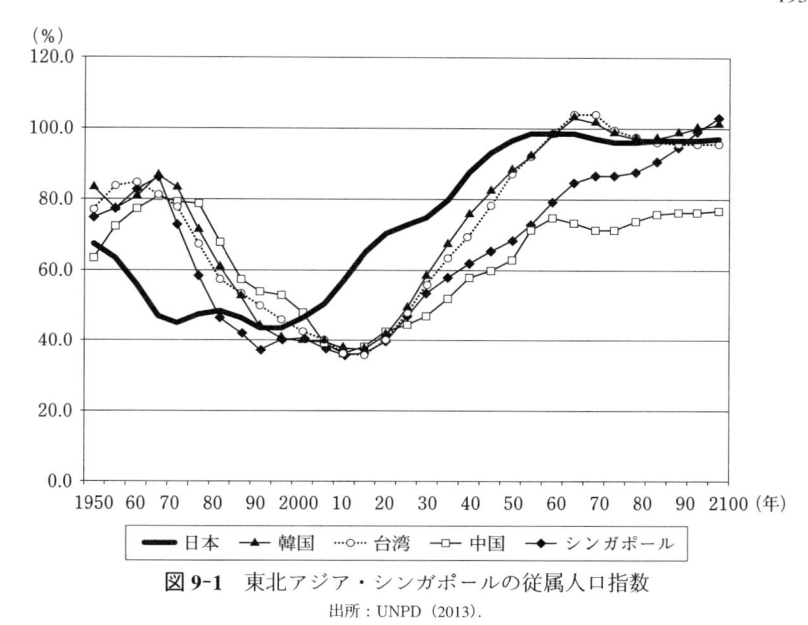

図9-1 東北アジア・シンガポールの従属人口指数

出所：UNPD（2013）.

カ国は40％未満まで低下することになる．出生率低下が急激なほど年少人口は急激に減少するだろうから，これは当然の帰結と言える．こうしてベトナムを含む6カ国は，日本より大きな人口ボーナスを享受したことになる．

　人口ボーナスの開始と終了は，5年期間が3期（15年間）連続での低下・上昇を条件とした．日本は1970-80年，シンガポールは1990-2000年に従属人口指数が一時的に上昇してから再低下したが，これらの期間は人口ボーナスが継続中と考えた．この基準で見ると，日本の人口ボーナス持続期間は1950-90年の40年間で，10カ国中最も短い．最も長いのはフィリピンの85年間だが，これは合計出生率が置換水準付近まで低下するまでの時間が長いためと思われる．フィリピンの合計出生率は2050-55年にようやく2.125まで低下するが，この程度まで下がらないと老年人口の増加率が生産年齢人口の増加率を大きく上回ることはないようである．

　一方で日本よりはるかに急激な出生率低下を経験した韓国・台湾・中国などが，日本より長い人口ボーナスを享受するのは，一見不可解に思える．しかし出生率低下が一時に集中して起きたという仮定下では，出生率低下が急激だっ

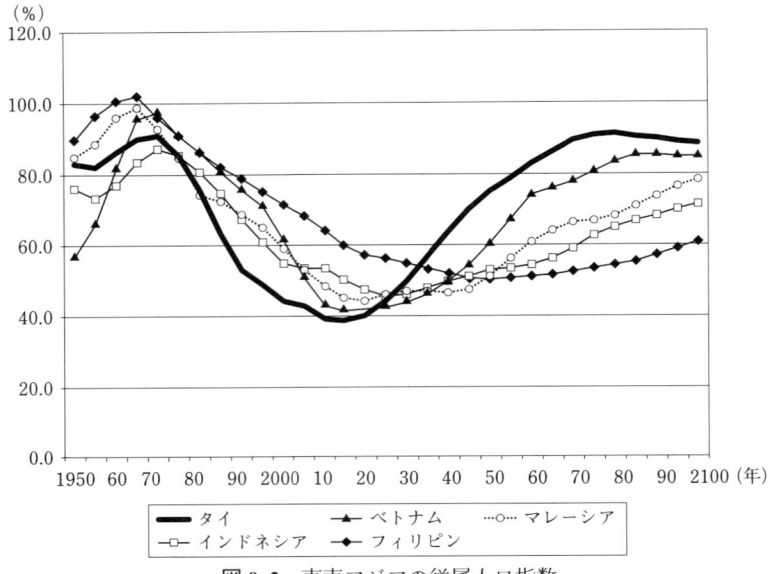

図 9-2 東南アジアの従属人口指数

出所：UNPD（2013）．

表 9-3 各国の従属人口指数 （％）

	(1) 低下開始	(2) 年	(3) 最小値	(4) 年	(4)-(2) ボーナス期間
日　本	67.6	1950	43.4	1990	40
韓　国	86.6	1965	37.4	2015	50
台　湾	84.7	1960	35.5	2015	55
中　国	81.0	1965	36.0	2010	45
シンガポール	86.3	1965	35.8	2010	45
タ　イ	90.7	1970	38.7	2015	45
ベトナム	97.1	1970	41.3	2015	45
マレーシア	98.5	1965	44.2	2020	55
インドネシア	87.0	1970	45.4	2025	55
フィリピン	101.9	1965	50.2	2050	85

出所：UNPD（2013）．

たほど人口ボーナスの期間は長いことが示される（Suzuki, 2014）．これは出生率低下が急激だと，生産年齢人口より年少人口の減少速度が急速な状態が長く続き，なかなか分母の減少速度が分子を上回らないためと考えられる．いずれにせよ従属人口比は非線型的な指標であり，直感的に動きを把握するのは難しい．

　韓国と台湾は日本より大きなボーナスを日本より長く享受したことになるが，それだけに人口オーナスは深刻なものになり，2060 年までに従属人口指数で日本を上回ることになる．中国の「未富先老」問題は，韓国・台湾ほど経済発展が進んでいないにもかかわらず，ほぼ同じ時期に人口ボーナスが終わってしまうことにも現れている．人口ボーナスの終了時期に関しては，タイやベトナムも同じ問題を抱えている．

4　人口減少の開始

　日本の総人口は 2005-06 年，2008-09 年に一時的に減少した後，2010 年からは持続的な減少局面に入った．表 9-4 に示したように他のアジア諸国の人口減少開始は 2025 年以降のこととされている．台湾とタイ（2025-30 年）は中国（2030-35 年）や韓国（2035-40 年）より早く減少を開始するとされるが，これは今後の出生率が低めに仮定されているためである．たとえば 2025-30 年の合計出生率の仮定値は，韓国の 1.52，中国の 1.74 に対し，台湾は 1.35，タイは 1.43 と仮定されている．韓国と台湾の公式将来人口推計（통계청, 2011；行政院經濟建設委員會, 2010）は，国連人口部ほど楽観的な出生率回復を仮定しておらず，韓国は 2018-19 年，台湾は 2022-23 年に人口減少が始まるとしている．

　中国の出生率は韓国・台湾より高い水準で推移すると考えられるので，人口減少の開始も遅いだろう．国連人口部は 2030 年前後に人口減少に転じると見ているが，妥当な予想と思われる．出生率水準から考えて，タイの人口減少開始時期は台湾と中国の間に来るだろう．

　人口減少の開始時期は今後の出生率の動向に左右されるが，シンガポールの場合はさらに国際人口移動の動向にも影響される．表 9-4 でシンガポールの人

表 9-4　各国の人口減少開始時期

	総人口	0-14 歳	15-64 歳	65 歳以上
日　本	2010-15	1955-60	1995-00	2045-50
韓　国	2035-40	1975-80	2015-20	2060-65
台　湾	2025-30	1970-75	2015-20	2050-55
中　国	2030-35	1975-80	2015-20	2060-65
シンガポール	2055-60	1965-70	2020-25	2070-75
タ　イ	2025-30	1980-85	2015-20	2055-60
ベトナム	2045-50	1995-00	2030-35	2065-70
マレーシア	2070-75	2010-15	2045-50	–
インドネシア	2070-75	1995-00	2055-60	–
フィリピン	–	2040-45	2085-90	

注：65 歳以上人口は持続的減少の開始時期．他は 1950 年以後最初に減少を開
始した時期．
出所：UNPD（2013）.

口減少開始時期が 2055-60 年と非常に遅いのは，自然減少を補う高い入国超過
率が仮定されているためである．都市国家で所得水準が高いシンガポールに人
口流入が多いのは自然なことだが，今後の政治・経済の状況によっては，予想
より早く人口減少に転じる可能性もある．

　表 9-4 には，年齢 3 区分別の人口減少開始時期も示した．国連人口部による
と，韓国・台湾・中国の生産年齢人口は 2015-20 年に減り始めるとされる．公
式推計では韓国は 2016-17 年，台湾は 2015-16 年が減少開始時期とされ，こち
らは国連人口部とそれほど変わらない．出生率の仮定値の違いは，15 歳未満
人口の違いを通じて総人口の減少開始時期の違いをもたらすが，15 歳以上人
口の動向に対してはそれほど影響しない．したがって韓国・台湾・中国・タイ
の生産年齢人口が 2020 年以前に減少に転じるのは，ほぼ確実と言える．シン
ガポールの場合は国際人口移動の影響を受けるため，不確定実性が大きい．

　人口減少の最終局面として，65 歳以上を含む全年齢の人口が減少を始める
ことになる．しかしこのような局面の到来は，最も早い日本でも 2045-50 年と
遠い将来のことである．ちなみに日本の公式推計（国立社会保障・人口問題研
究所，2012）の「出生中位・死亡中位推計」では，65 歳以上人口の減少開始
は 2042-43 年とされる．これは国連人口部よりわずかに悲観的な死亡率の仮定
値を用いていることによるが，いずれにせよ遠い将来であることに変わりはな
い．

5　人口ボーナスと経済発展

　表9-3で見たように，韓国・台湾・中国・シンガポール・タイ・ベトナムの6カ国では，2010-15年に人口ボーナスが終了する．急激な出生率低下により，共通して日本より大きく長い人口ボーナスを享受した6カ国だが，2012年の1人当たりGDPはベトナムの2,000ドルからシンガポールの5万4,000ドルまで大きな差がある．これは人口ボーナスがあれば自動的に経済発展が始まるわけではなく，年齢構造の変化は数ある促進要因の1つに過ぎないことを意味する．

　人口変動が経済発展にどの程度影響したかは，人口変動が経済発展からどの程度独立だったかに依存する．出生率低下が経済発展の結果であれば，人口の経済に対する影響は限定的だろう．しかし東アジアの出生率低下は，政府の家族計画努力の役割が大きいため，かなりの影響を経済発展に与えたと考察される（Williamson and Higgins, 2001）．中国の場合，人口ボーナスは1980年代以後の経済成長の15-30%程度を説明するとされる（Chen *et al.*, 2012）．

　日本を上回るシンガポールの経済発展は，1965年の独立とともに始まったが，それ以前に何世紀にもわたって金融・運輸・保険・情報センターとしての基礎を築いていた．シンガポール政府はジェロンの工業団地へ多国籍企業を招致し，急速な工業化を実現した後，高度技術への転換を急いだ．中央積立基金（CPF）によって強制的に貯蓄率を高めるとともに，人口高齢化の影響を受けにくい積立型年金制度を実現した．交通の要衝で古くからの地域センターとしての地位に加え，英語・中国語話者の多さも，卓越した国際競争力の源泉となっている．

　韓国・台湾の経済発展については，日米との結びつきの強さが重要である．日本は朝鮮を35年間，台湾を50年間にわたり統治したが，東南アジアにおける欧米列強と異なり，朝鮮と台湾を近代国家に改変しようと多くの資本を投下しインフラを整備した．この間，現地人が企業家や下級官僚として経済発展のための経験を積んだ．朝鮮半島の場合，分断後に工業施設のような物的資本は北に，企業家・官僚等の人的資本は南に集中することになったが，経済発展には設備より人材の方が重要であることを証明する形になった．冷戦下で韓国・

台湾は共産主義陣営と対峙する最前線となり，米国も熱心に支援した．中国経済が台頭するまで，日米の資本・技術・市場は韓国・台湾にとって圧倒的な重要性を持っていた．

中国の場合，建国後に大躍進飢饉や文化大革命のような政治的混乱が続き，経済発展の開始は韓国・台湾より遅れた．それでも1970年代末に改革開放政策が軌道に乗ると，まず海外華僑を通じて香港・台湾・東南アジアから資本・技術が導入された．政治的安定が信頼され経済成長が軌道に乗ると，無尽蔵の労働力と無限の未開拓市場に惹かれ，世界中から莫大な資本が流入するようになった．さらに文化大革命で伝統的な倫理観が破壊され，信じられるのはカネの論理だけという民衆が市場経済に狂奔したことも，中国の経済発展を後押ししたとされる（平野，2014）．

これら4カ国と似たような期間，似たような大きさの人口ボーナスを受けながらも，タイとベトナムの経済はめざましい発展を遂げることはなかった．特に長期にわたる戦争の末に社会主義体制に移行したベトナムは，一層不利な状況にあったと言える．経済発展の初期に所得格差が増大する現象はクズネッツ曲線として知られるが，タイはクズネッツ曲線につかまった例かもしれない．植民地にならなかったため運輸通信インフラが弱く，地域格差がもともと大きかった．外国からの投資はバンコク周辺の電気・コンピュータ・自動車産業に偏ったため，経済発展とともに地域格差が広がった（Oshima and Mason, 2001）．このような格差が，現在の政治不安の遠因になっていると思われる．

中国の人件費高騰に伴い，外国企業は生産拠点を東南アジアに移す動きがある．日中は東南アジアでも活発な外交戦を展開しており，影響力拡大のため政府開発援助（ODA）を拡大する可能性がある．ベトナムとマレーシアは，日本より早くから環太平洋戦略的経済連携協定（TPP）への加盟交渉に参加している．このように今後の経済発展を促進し得る要因は多々あるが，タイとベトナムは人口ボーナスの恩恵を受けられない分だけ不利となるだろう．人口要因が経済発展を全く阻害してしまうほどの影響力はないだろうが，人口ボーナスの利点を活かして発展した4カ国ほどの成長は難しいかもしれない．

Park and Shin（2012）は，年少従属指数と老年従属指数が別個に経済発展阻害効果を持つというモデルでシミュレーションを行った．対象としたのは本

章で扱っている 10 カ国から日本を除き，香港・インド・パキスタンを加えた 12 カ国である．従属人口指数＝年少従属指数＋老年従属指数なので，2 つの効果の和が人口ボーナス／オーナスの総効果ということになる．結果を見ると，2011-20 年については韓国・香港・シンガポールで従属人口指数の経済成長阻害効果が見られ，2021-30 年ではさらに台湾・中国・タイ・ベトナムでも見られるようになる．2021-30 年の 1 人当たり GDP 成長率に対する阻害効果は，香港とシンガポールで 2 パーセントポイント以上，韓国・台湾で 1.5 パーセントポイント程度とされる．

6　東北アジアの人口高齢化と社会保障

　この節では日本・韓国・台湾・中国の高齢化と政策的対応について考察する．かつては家族が老後保障の唯一の担い手だったが，産業化とともに市場部門・公共部門の役割が増していく．ここで市場部門には，高齢者本人の勤労所得に加え，個人年金・企業年金，貯蓄・退職金の運用や引き出し，借金なども含まれる．公共部門は公的年金，医療保険，各種福祉制度を通じた現金・現物給付が含まれる．これらによって家族の役割が全くなくなるわけではないが，家族による扶養・介護が急激に縮小すれば，高齢者の福祉を大きく損なうことになる．その場合，政府は社会保障制度の整備を急ぐ必要に迫られるだろう．

　表 9-5 は 2010 年の高齢者の居住状態を比較したものだが，「独居」「夫婦のみ」「子と同居」「その他の一般世帯」「施設世帯」に完全に分離できたのは日本と台湾だけである．4 カ国とも比較可能なのは独居割合だけだが，韓国（19.7％）が最も高く，日本（16.4％），台湾（14.3％），中国（12.1％）の順で続く．第 3 章で触れたように，日本の高齢者の子との同居割合（40.7％）はヨーロッパよりかなり高いが，台湾（52.2％）はさらに高い．中国はおそらくさらに高いだろうが，韓国は独居割合の高さから考えて日本より低い可能性もある．韓国と台湾は似通った経済発展段階と高齢化水準を示すが，家族による支援は韓国の方がずっと手薄なように思われる．実際に韓国の老人福祉問題は深刻で，老人の自殺率も貧困率も OECD 加盟国で最も高い（大西，2014）．

　台湾で韓国ほど高齢者の独居割合が上がらず，子との同居が多いのは，都市

表 9-5　65 歳以上高齢者の居住状態（2010 年）（%）

	日本	韓国	台湾	中国
独　居	16.4	19.7	14.3	12.1
夫婦のみ	33.7		19.6	11.4
子と同居	40.7	77.7	52.2	
その他の一般世帯	3.5		11.3	76.5
施設等の世帯	5.7	2.6	2.6	

出所：各国 2010 年センサスによる．

化の差によると思われる．2010 年に韓国では人口の 48.9% が首都圏（ソウル特別市・仁川広域市・京畿道）に居住していたが，首都圏の面積は国土の 11.8% に過ぎない．一方，台湾では人口の 46.3% が北部（台北市・新北市・基隆市・新竹市・宜蘭県・桃園県・新竹県）に居住していたが，面積では 20.4% を占める．このため韓国では農村部に取り残された高齢者の独居割合が急激に引き上げられたが，都市化が緩慢だった台湾ではそれほど急激な変化はなかった．

　このような都市化の差は，日本統治時代における農業の競争力の差に帰すことができる．20 世紀前半の台湾は砂糖・茶・缶詰・アルコール等を日本に輸出し，大幅な黒字を達成した．GDP に占める第一次産業割合は，1920-40 年の間に朝鮮では 58.4% から 43.1% まで低下したのに対し，台湾では 37.8% から 36.0% へと，ほぼ停滞していた．好調な農産品輸出によって，台湾の工業製品の貿易収支は均衡していたが，朝鮮は大幅な赤字だった（金，2004）．大地主への土地所有集中が進んだ朝鮮と異なり，台湾では 1931-45 年の間に富の分配がむしろ平等化した（Cumings, 1997）．こうして朝鮮では農村部の荒廃と貧困化が，台湾では農村部での資本集積と経済発展が進んだ．

　台湾からの輸出品は 1960 年代前半まで農産品が中心だったが，後半からは農村部で軽工業製品を製造し輸出する中小企業が勃興した．繊維・プラスチック・電機製品を製造する農村工業が農村部の余剰人口を吸収したため，都市化は依然として緩慢だった（石田，2005）．政府は韓国のような少数の巨大企業と財閥への集中政策を採らず，多くの中小企業が日米への輸出を通じて急成長した．政府の保護策もあって，台湾の中小企業は多国籍企業の支配を回避できた（ヴォーゲル，1991＝1993）．このように少数の巨大財閥への集中と多数の

中小企業の乱立という違いも，都市化のテンポに影響を与えたと考えられる．

　居住状態以外にも，台湾の高齢者が家族から相対的に多くの支援を受けていると考えられる根拠がある．国民移転勘定（National Transfer Account）研究は，高齢者の勤労所得以外の生涯経費（lifecycle deficit）を公的移転（public transfers），私的移転（private transfers），資産運用（asset-based reallocations）の3つに大別する．私的移転は主に子からの経済的支援で，資産運用は勤労所得以外の市場を通じた自助努力と考えればよいだろう．Lee et al.（2012）によると，アジア・欧米・ラテンアメリカ20カ国中，私的移転が最大のシェアを占める国は台湾だけである．アジアでは，日本と中国は公的移転，韓国・タイ・フィリピン・インド・インドネシアでは資産運用が最大とされる．

　図9-3は2010年センサスにおける男子の年齢別労働力率を比較したものである．日本は60歳までほとんど労働力率が低下せず，60歳定年制が守られていることがわかる．これに対し他の三国は50代から低下が始まっており，企業等での「肩たたき」の慣行がうかがわれる．実際，韓国には「四五定（45歳定年は当たり前）」「五六盗（56歳まで居座れば泥棒）」という言葉もある．一方で，公的移転も私的移転も脆弱な韓国の高齢者は働き続けざるを得ず，65歳以上男子の労働力率は韓国（34.3％）が日本（31.5％），中国（27.6％），台湾（13.3％）を上回る．図9-3では4カ国とも比較可能な最大年齢である「65歳以上」でそろえたが，70歳以上男子を比較すると，韓国（27.1％）は日本（22.5％）をさらに大きく上回る．

　韓国で高齢者への公的移転が少ないのは，国民皆年金化が1999年と遅かったことにもよる．満額受給には20年間の保険料納入が必要で，現在の高齢者に満額受給者はほとんどいない．台湾の国民皆年金化は2008年とさらに遅かったが，家族支援の堅固さのため，状況は韓国の高齢者ほど深刻ではないようである．中国には計画経済時代の名残である「機関・事業単位養老保険」，1997年に発足した「城鎮職工基本養老保険」に加え，2009-10年に発足した「新型農村社会養老保険」「城鎮居民社会養老保険」がある．制度的には国民皆年金化が達成されたが，新制度への移行の困難もあり，地域間や公私セクター間の格差は簡単には解消しそうにない．医療保険・失業保険・労災保険などの

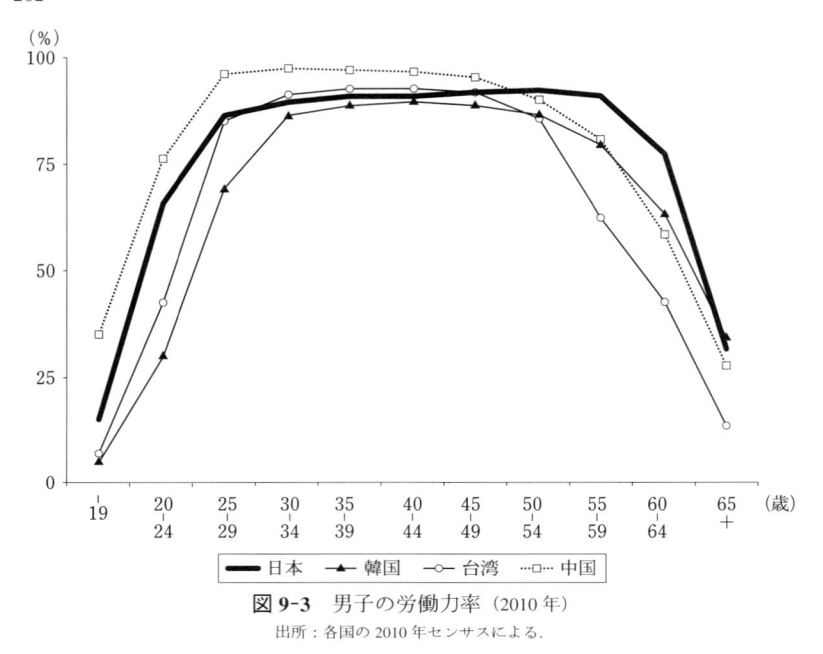

図 9-3　男子の労働力率（2010 年）

出所：各国の 2010 年センサスによる．

整備も遅れており，セーフティネットが全般的に未整備な状況であるからこそ
「未富先老」が憂慮されるとも言える．

　国民移転勘定（NTA）の枠組では，前述のように中国の高齢者の主要な収
入源は日本と同じく公的年金であるとされる．しかし「2002 年全国老年人口
調査」の集計では，65 歳以上高齢者の生活費の源泉として「子からの支援」
が「年金」を大きく上回っている．特に農村部では，子（69.0％）が年金
（5.5％）を圧倒している．都市部でも，子（43.8％）が年金（37.8％）を上回
る（Chen *et al*., 2012）．NTA の枠組では高齢者が子と同居している場合，私
的移転や資産運用が正確に評価できない可能性がある．したがって中国では，
公的移転より私的移転の役割の方が大きいという方が実態に近いように思われ
る．

　中国政府はセーフティネットが未整備な状態での「未富先老」に備えるため，
子による老親の扶養（贍養）を強化しようとしている．中国の老年人権益保障
法では，子女は高齢者を贍養する義務があり，義務を果たさない子女に対し高

齢者は贍養費を要求できるとしている．2013 年の改正では，さらに子女の老親宅訪問を義務化した．2013 年にはまた一人っ子政策を緩和し，夫婦いずれかが一人っ子であれば 2 人目の出産が許容されるようになった．これも家族による高齢者の扶養・介護を強化するか，すくなくとも保持しようとする狙いがあると見られる．

7　おわりに

香港やシンガポールのような大都市圏の合計出生率が日本全体より低いのは，さほど驚くべきことではない．しかし農村部を含み，数千万の人口を持つ韓国・台湾で出生率が世界最低水準まで下がったことは，2000 年代で最も驚くべき人口現象だったと言っても過言ではない．このため，日本を上回る高齢化社会が東アジアに複数出現する可能性が高くなった．UNPD（2013）の出生中位推計によると，韓国・台湾・香港・シンガポールの 65 歳以上割合（高齢化率）は，日本を上回ると予想される．これは東アジアが世界の少子高齢化の最前線に立っていることを意味する．

韓国・台湾の合計出生率は，1 人当たり GDP が 1 万 2-3,000 ドルに達した時点で急低下を開始した．中国の経済発展が順調に進めば，2020 年代にはこの水準に達すると思われる．韓国・台湾の低出生率が，高度に発達した資本主義経済システムと残存する儒教的家族システムの間の不整合にあるとすれば，似通った家族パターンを持つ中国でも世界最低水準の出生率が出現する可能性がある．中国の統計はあまり信頼できないが，上海市の合計出生率が 0.7，江蘇省常熟市は 0.84 という報道もあった．中国の人口高齢化も，日本を上回って世界の最前線に立つことがないとは言い切れない．

仮に出生率がそこまで低下しないとしても，中国の「未富先老」は現実的な問題である．これは政府の出生抑制策が効果を発揮し，出生率が急低下したが，韓国・台湾ほど素早く経済発展ができなかったことによる．その意味ではシンガポールを除く東南アジア諸国も「未富先老」問題に直面しているが，出生率低下が急激だったタイとベトナムが特に深刻である．しかし経済発展に成功しても，韓国のように家族支援の減衰が急激で公的支援の整備が遅れれば，高齢

者の貧困問題が深刻化し得る．このために中国政府は「贍養」のような伝統的な家族規範を維持・強化しようとしているが，果たしてそれが有効な政策なのか，東南アジアもそのような復古主義的政策に頼るのか，今後の推移を見守りたい．

参考文献

石田浩（2005）『台湾民主化と中台経済関係——政治の内向化と経済の外交化』関西大学出版部.

ヴォーゲル, エズラ・F 著／渡辺利夫訳（1993）『アジア四小龍——いかにして今日を築いたか』中公新書（Vogel, E. F. (1991) *The Four Little Dragons: The Spread of Industrialization in East Asia*, Harvard University Press）.

大西裕（2014）『先進国・韓国の憂鬱——少子高齢化，経済格差，グローバル化』中公新書.

金洛年（2004）「植民地期台湾と朝鮮の工業化」堀和生・中村哲編著『日本資本主義と朝鮮・台湾——帝国主義下の経済変動』京都大学学術出版会, pp. 3-28.

国立社会保障・人口問題研究所（2012）『日本の将来推計人口——平成 23（2011）-72（2060）年——平成 24 年 1 月推計』人口問題研究資料第 326 号.

平野聡（2014）『「反日」中国の文明史』ちくま新書.

최은영・박세경・이삼식・조남훈・최병호（2005）『한국의 저출산관련 사회경제적 요인과정책여건』한국보건사회연구원 경제・인문사회연구회 협동연구총서05-14-02.

통계청（2011）『장래인구추계——2010 년-2060 년』2011. 12.

中華民國內政部（2011）『人口政策百年回顧與展望』.

行政院經濟建設委員會（2010）『2010 年至 2060 年臺灣人口推計』中華民國 99 年 9 月.

Chen, Q., Eggleston, K. and Li, L. (2012) "Demographic Change, Intergenerational Transfers, and the Challenges for Social Protection Systems in the People's Republic of China," in Park, D., Lee, S-H. and Mason, A. (eds.) *Aging, Economic Growth, and Old-Age Security in Asia*, Cheltenham: Edward Elgar, pp. 161-202.

Cumings, B. (1997) "Japanese Colonialism in Korea: A Comparative Perspective," Asia Pacific Research Center, Stanford University. 〈http://aparc. stanford. edu/publications/japanese_colonialism_in_korea_a_comparative_ perspective/〉 (last access 2015/04/27).

International Monetary Fund (2014) *World Economic Outlook Database, April 2014.* 〈http://www. imf. org/external/pubs/ft/weo/2014/01/weodata/index.

aspx〉(last access 2015/04/27).

Lee, R. D. (2007) *Global Population Aging and its Economic Consequences*, Washington DC: The AEI Press.

Lee, S-H., Mason, A. and Park, D. (2012) "Overview: Why does Population Aging Matter so much for Asia? Population Aging, Economic Growth, and Economic Security in Asia," in Park, D., Lee, S-H. and Mason, A. (eds.) *Aging, Economic Growth, and Old-Age Security in Asia*, Cheltenham: Edward Elgar, pp. 1-31.

Leong, P. and Sriramesh, K. (2006) "Romancing Singapore: When Yesterday's Success becomes Today's Challenge," *Public Relations Review,* 32: 246-253.

Oshima, H. and Mason, A. (2001) "Population and Inequality in East Asia," in Mason, A. (ed.) *Population Changes and Economic Development in East Asia*, Stanford University Press, pp. 385-410.

Park, D. and Shin, K. (2012) "Impact of Population Aging on Asia's Future Growth," in Park, D., Lee, S-H. and Mason, A. (eds.) *Aging, Economic Growth, and Old-Age Security in Asia*, Cheltenham: Edward Elgar, pp. 83-110.

Suzuki, T. (2014) *Low Fertility and Population Aging in Japan and Eastern Asia*, Tokyo: Springer.

United Nations Population Division (2013) *World Population Prospects: The 2012 Revision*.

Williamson, J. G. and Higgins, M. (2001) "The Accumulation and Demography Connection in East Asia," in Mason, A. (ed.) *Population Changes and Economic Development in East Asia*, Stanford University Press, pp. 123-154.

第10章　世界の国際人口移動
——データ統一化に関わる課題——

千年よしみ

1　はじめに

　過去約 20 年の間に，世界中で国境を越えて移動した人々の数は 1990 年の 1 億 5,400 万人から 2013 年には 2 億 3,200 万人へと 1.5 倍に拡大し（United Nations, 2013a），グローバル化の進展と共に今後もその数はますます増加することが見込まれている（Hovy, 2013）．国際移動は，受け入れ国・送り出し国双方に対する経済的・社会的な影響力の大きさや，政治的にセンシティブな意味合いも含まれることから，エビデンスに基づいた政策立案が特に重要な分野である．しかし，国を越えて移動する人々に関する各国のデータは，他の人口変動要因である出生・死亡に比べて整備が著しく遅れており，データの正確さ，さらには世界レベルでの集計や各国間の国際比較，2 国間の人の流れの把握を行う上でしばしば大きな課題に直面している．

　国際比較可能な国際移動データの整備状況が進まない大きな理由の 1 つとして，移動がきわめて社会的な現象であることが挙げられる．出生や死亡は人生において一度きりの現象であるが，移動は繰り返し可能であり継続的なプロセスである．よって，移動を定義するためには，どこからどこへ動き，目的地にどのくらいの期間滞在したのか，という空間・時間軸上の条件が必要となる．そして，移動した人々の数は，移動がその国（または，その調査）においてどのように空間的・時間的に定義されているかによって決まる．通常，空間上の定義には一定の行政単位を越えたか否かが用いられており，国際移動については，国境を越えた動きを指すため，空間的な定義は明確である．しかし，時間的な定義はきわめて曖昧である．というのも，国際移動者は一般に「通常居住

している国を変えた人」と定義されているが（United Nations, 1998a）, 目的国にどのくらいの期間滞在すればその国に居住しているとみなされるか, という基準が国によって異なるためである. 目的国での滞在期間が短期間であれば, その国に居住する外国人人口としては数えられないが, 比較的長期であれば居住しているとみなされ, 外国人人口として数えられる. そして, この「短期間」や「比較的長期」といった時間軸の定義,「居住地」といった空間軸の定義, そしてそもそも「外国人」の定義が国によって様々であるために, 国際移動のデータはなかなか国際比較可能な形を取ることができない.

　国際移動の量を測るための定義上の問題の他にも,「国境を越える人達が, どのような人達なのか」という国際移動者の基本的な属性に関わる統計も整備できていない国が多い. さらに, データの収集源である統計の種類, 統計を取った年次なども国によって様々である. このような移動特有の問題があるため, 古くは100年以上も前の1891年に国際統計協会から国際移動の定義の統一に関わる提言が, その後は国連をはじめとする多くの国際機関や専門家グループによって国際移動の定義やデータ収集源の統一化に関する勧告や提言がたびたび出されてきている（Kraly and Gnanasekaran, 1987; Simmons, 1987）.

　本章では, 地球規模での国際移動の量的な把握, 2国間の国際移動の流れの把握, および国際移動の国際比較を念頭に置き, これまで見過ごされがちであった国際移動の定義, 測定の仕方, データ整備状況に関する課題を明らかにする.

2　国際移動のデータ

　国際移動のデータには, 1）ストック, 2）フローの2種類がある. ストックは一時点においてA国に居住する外国人の数を指す. フロー・データは, 一定の期間内[1]に国境を越えた人の数, 例えば過去1年間にA国から外国へ出ていった人の数, および外国からA国へ入ってきた人の数を指す. 日本の場合, ストック・データにあたるのは「在留外国人統計」, フロー・データにあたるのは, 同じく法務省の「出入国管理統計」である. また, 2013年からは外国人も住民基本台帳に登録されるようになったことに伴い, 住民基本台帳からも

外国人のストック・データを得ることができるようになった.

　世界的に見て国際移動に関するデータは，フローよりもストックの方が整備されている.　これは，一時点において大規模調査を行い遡及的にデータを収集するのか，それとも定期的・継続的にデータを収集するのか，というデータの収集方法の違いによる部分が大きい.　遡及的なデータ収集方法は一時点で調査を行って，過去の情報を得るやり方である.　多くの国では「国勢調査」（センサス）を少なくとも10年に1回は実施しているので，センサスに国際移動のストックを推定することのできる設問を入れることで，ストック・データを得ることができる.　例えば，「生まれた国」「国籍」を調査項目に入れれば，調査時点においてその国に居住する外国人数を得ることができる.　遡及的なデータ収集は多くの国で実践されており，統一化された世界レベルのデータをそろえるのに適している.　一方，この方法だけでは国際移動者がいつ入国したのか，という情報は入手できない.　いつ入国したのか，という情報を得るためには，さらに「5年前居住地」や「1年前居住地」に関する設問を入れる必要がある.　しかし，そもそも全国レベルの大規模調査は頻繁に実施されるわけではないので，遡及的なデータ収集方法は最新の情報を得るには適していない.

　フロー・データは継続的にデータを収集することにより得ることができるが，継続的なデータ収集方法はその体制を整備し確立するまでにかなりの時間とコストがかかる.　例えば，出生届や死亡届，転入・転出届けは対象とする事象が発生した時に当事者が届け出ることになっているため，継続的にデータを収集している例である.　国際移動の場合は，空港や港などの国境の決まったポイントで入国者数・出国者数，および出入国者の属性に関するデータを継続的に収集し，毎年その結果を集計し迅速に発表し続けるシステムである.　近年，ヨーロッパを中心とした先進諸国では，出入国の統計からではなく，住民登録からフローを把握するシステムを整備する国が増えつつある.　継続的なデータ収集方法が確立されれば，フローのみならず，ストック・データについても即時に得ることができるため，このような国はセンサスを実施しなくともストック・データを収集することができる.　しかし，世界的に見ればこのようなシステムを確立することは難しく，現在でも途上国を中心に多くの国で継続的なデータ収集システムは確立されていない（Skeldon, 2012）.

　国連は，1953 年から 3 回にわたって世界共通の国際移動の定義を用いるこ
とを目的とした勧告を出してきた．最初の勧告は，フロー・データのみに焦点
をあて「永住」と「一時的滞在」の区分について基準を設けたが，この勧告は
フロー・データを対象としていることから，多くの国で採用されずに終わった
（Simmons, 1987）．この経験から，コストを最もかけずに入手できる国際比
較可能なデータは，国内に居住する外国人数（ストック・データ）であること
が認識され始めた．というのも国内に居住する外国人数ならば，ほぼすべての
国で実施している国勢調査から集計できるためである．そのため，国連は
1976 年の 2 回目の勧告，1998 年の 3 回目の勧告においてフロー・データだけ
でなく，各国で実施しているセンサスや住民登録などを活用してストック・デ
ータを整備する方向に方針を変更した（Simmons, 1987）．そして，国連は各
国が実施するセンサスから国際的に比較可能なデータを得るために，センサス
に関するガイドラインを 1998 年（United Nations, 1998b），2007 年（Unit-
ed Nations, 2007）に出している．

3　ストック・データの国際比較に関する課題

　国連人口部では 1990 年から概ね 5 年ごとに世界各国別の国際移動者数のス
トック推計値を公表している．この国連人口部の推計値は，世界規模の国際移
動者の推計として最も権威あるものと考えられており（Parsons *et al.*, 2007），
最新の推計は，2013 年に出された *International Migration Report 2013*
（United Nations, 2013a）である．国連は国際移動者の定義を「通常居住し
ている国を変えた人」[2] と定義しており（United Nations, 1998a），この推計
は，国際移動者を各国に居住する外国人の数から計算している．また，外国人
は主として「外国で生まれた人」を指している[3]．つまり，この国連による国
際移動者数のストック推計値は，主として各国の国内に居住している外国生ま
れの人の年央人口（7 月 1 日時点）の推計である．

　この国際移動者数のストック推計値を計算するのに国連が依拠しているのが，
各国で実施されているセンサスや住民登録（主にヨーロッパ）などのデータで
ある．「外国人」数は，「生まれた国」に関する設問から「外国生まれ」と回答

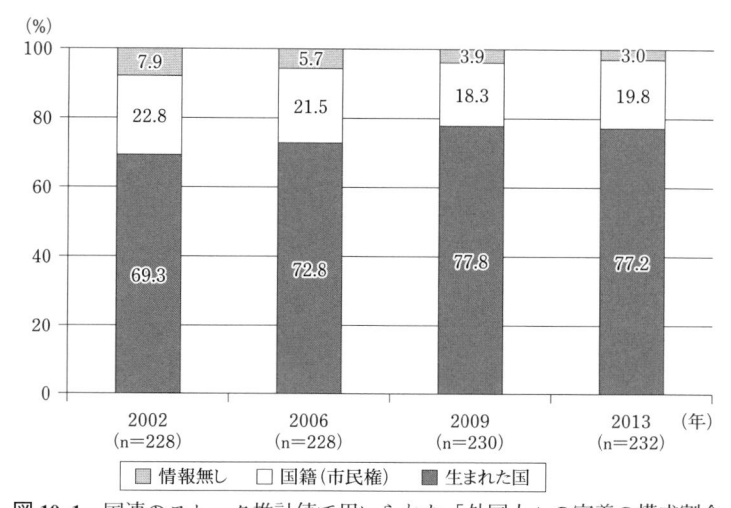

図 10-1 国連のストック推計値で用いられた「外国人」の定義の構成割合

出所：United Nations, Department of Economic and Social Affairs, Population Divison, *International Migration 2002 Wallchart*, *International Migration 2006 Wallchart*, *International Migration 2009 Wallchart*, *International Migration 2013 Wallchart* より筆者作成.

した人の合計を「外国人」数として用いている．そして，「生まれた国」の情報が得られない場合に限り，「国籍（または市民権）」に関する設問で「外国」と回答した人の合計を「外国人」数として用いている．つまり，ストックでみた国際移動者の推計では，各国の「外国人」の定義は実は統一されていない．図 10-1 は，2002 年，2006 年，2009 年，2013 年の国連人口部によるストック推計値で用いられた「外国人」の定義の構成割合の推移を示している．最新の2013 年では，「外国人」数として「生まれた国」の情報が用いられたのは 232カ国のうち 179 カ国（77.2%），「国籍（または市民権）」の情報が用いられたのは 46 カ国（19.8%）であった．つまり，約 2 割の国では「生まれた国」に関する統計が何らかの理由で使用できないか，存在しない．また，構成割合の推移を見ると 2002 年から 2013 年の約 10 年の間に「生まれた国」の割合は69.3% から 77.2% へ約 8 ポイント上昇し，「国籍（または市民権）」の割合は，22.8% から 19.8% へ 3 ポイント減少している．また，「生まれた国」と「国籍（または市民権）」の両方の情報を持たない国の割合が 7.9% から 3.0% へ低下した．外国人の定義の統一化は進んでいるものの，そのペースは速いとは

言えない.

　前述したように，国連は国際移動のデータ統一化に関して，これまでに 3 回勧告を出している．1976 年に出された 2 回目の勧告では，ストック・データについて「生まれた国」に基づき，外国人居住者の人口を算出する提案が出された．1980 年には国際人口学会からも，各国のセンサスにおいて「生まれた国」に関する設問を入れることが提言されている（Kraly and Gnanasekaran, 1987）．そして 1998 年に出された国連による最も新しい勧告（United Nations, 1998a）においては，「生まれた国」と「国籍（または市民権）」の 2 つの設問をセンサスに入れるよう提言が出されている．しかし，これまで同様，多くの国がこれらの勧告を受け入れてきていない.

　この流れを受け，2010 年センサス周期（2005-2014 年）を前に米国の民間シンクタンクであるグローバル開発センターが国際移動の専門家から成る諮問委員会を組織し，国際移動データの質を高めるためには，どのようなことに重点を置くべきか調査を依頼した．その結果，既存の行政機関を利用して，できるだけコストをかけずに短期間に国際移動のデータを統一化することを目的とする提言が *Migrants Count: Five Steps toward Better Migration Data* と題された報告書として提出された（Center for Global Development, 2009）．そこには，国際移動に関するデータの統一化，そしてより質の高いデータを得るための 5 つのステップが示されている．その中でも最重点課題として挙げられているのが，センサスに「国籍（または市民権）」「生まれた国」「1 年前の居住地」あるいは「5 年前の居住地」の少なくとも 3 つの設問を入れ，集計表を公開することである[5].

　それでは，実際の各国のセンサスにおける「生まれた国」「国籍（または市民権）」の採用状況はどのようになっているのだろうか？　図 10-2 は，2000 年センサス周期（1995-2004 年）と 2010 年センサス周期（2005-2014 年）において，少なくとも 1 回はセンサスを実施した国のうち，「生まれた国」「国籍（または市民権）」に関する設問をセンサスに含めた国の割合を示している．2000 年センサス周期にセンサスを実施した 177 カ国のうち，「生まれた国」に関する設問をセンサスに含めているのは 155 カ国（87.6%），「国籍（または市民権）」に関する設問を入れているのは 120 カ国（67.8%）であった（Center

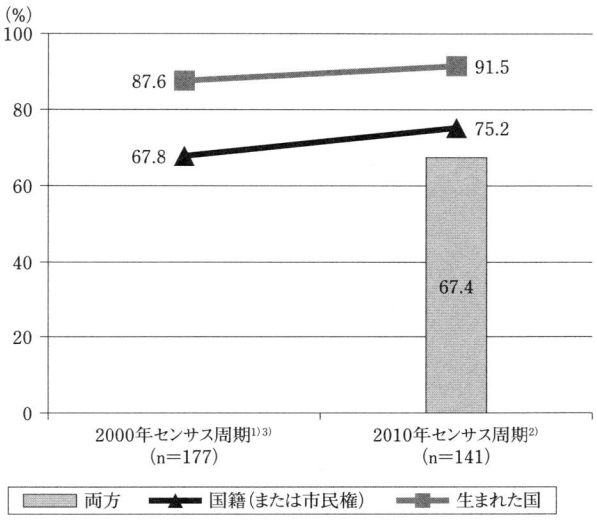

図 10-2　各国のセンサスで用いられた「外国人」の定義の推移

注1： 1995-2004 年.

注2： 2005-2014 年.

注3：「生まれた国」と「国籍（または市民権）両方聞いた国数については情報なし.

出所：2000 年センサス周期については Center for Global Development（2009），
2010 年センサス周期については国連資料（2014, unpublished data）より筆者作成.

for Global Development, 2009）．2010 年のセンサス周期はまだ継続中なので最終的な数字ではないが，206 カ国が同期間にセンサスを実施しており（Center for Global Development, 2009），筆者が国連から入手した最新の 2010 年センサス周期における国際移動に関する設問の採用状況の資料によると（United Nations, 2014），この間にセンサスを実施し調査票の翻訳が入手できてきた 141 カ国のうち，「生まれた国」に関する設問は 129 カ国（91.5％）で，「国籍（または市民権）」に関する設問は 106 カ国（75.2％）でセンサスに含まれていた．また，「生まれた国」と「国籍（または市民権）」の両方をセンサスに含めている国は，95 カ国（67.4％）にのぼった[6]．2000 年と比べ「生まれた国」「国籍（または市民権）」，共に設問を入れる国の割合は増加している．

　図 10-2 を見ると，どちらのセンサス周期においても，「生まれた国」を含めている国の方が「国籍（または市民権）」を含めている国よりも多く，世界の

主流であることがうかがえる．地域別に見ると，北米，南米，オセアニアでは，ほぼすべての国が「生まれた国」をセンサスに含めている．2010 年センサス周期で「生まれた国」をセンサスに含めていない主な国は，アラブ首長国連邦，エジプト，韓国，北朝鮮，サウジアラビア，フィリピン，そして日本であり，世界でも少数である．5 つの提言を行ったグローバル開発センターのクレメンス氏は，2010 年センサス周期において調査当時に分析可能だった 48 カ国を対象に，「生まれた国」「1 年前居住地」「5 年前居住地」の 3 つの質問が含まれているかどうか調査し，高い方から準に A，B，C，F とランキングをつけて発表した（Clemens, 2009）．この 3 つの質問がすべてセンサスに含まれており，A と評価されたのはオーストラリア，カナダ，クック諸島，サモア，トンガ，マルタの 6 カ国であった．日本は，エジプト，エチオピア，フィリピン，マラウイと共に最低ランクであった．調査対象となった 2005 年に実施されたセンサスでこの 3 つの質問がすべて入っていなかったこと[7]，この調査時点において，各国のセンサスにおける「国籍（または市民権）」の採用状況のデータが整備されていなかったことが理由であろう．

　それでは，「生まれた国」の情報は「国籍（または市民権）」と比べてどのような利点があるのだろうか．第 1 に「生まれた国」の設問は既に多くの国のセンサスで用いられており，できるだけ多くの国を網羅する標準化されたデータとして使うのにより適している．上にも述べたように，国連の 2013 年の推計において，既に 8 割弱の国は「生まれた国」の情報から国内に居住する外国人数を算出している．また，2010 年センサス周期においても現時点では約 9 割の国で「生まれた国」に関する設問をセンサスに入れている．このことから「生まれた国」の方が「国籍」よりも広く普及しており，国際的な基準とするのに適していると言える．第 2 に，「生まれた国」は「国籍（または市民権）」と比べてエラーの可能性がきわめて低いことが挙げられる．というのも，生まれた国を忘れてしまうことや，記憶違い，またはわからない，という可能性はきわめて低い（Skeldon, 2012）．第 3 に，「生まれた国」の情報は，「国籍（または市民権）」よりも安定したデータを得ることができる．まず，近年では二重国籍が容認されているケースが増えてきているため，国籍は 1 つに限定されないケースが増えている．さらに，「国籍（または市民権）」は届け出や帰化

により変わることがある．一方，「生まれた国」は 1 つに限定され，かつ「生まれた国」を変えることもできない（Parsons *et al*., 2007; Skeldon, 2012）．

　そもそも国籍付与に関する条件は，各国の政策に大きく左右される．その国で生まれれば親の国籍に関係なく生まれた国の国籍を取ることができる国もあれば（生地主義），その国で生まれただけではその国の国籍を得られない国もある（血統主義）．帰化に関しても簡単に帰化することができる国もあれば，難しい国もある．日本の場合，帰化は法務大臣の権限において許可されるので，帰化に必要な明確な条件は不明瞭である．また，帰化に関する政策が変われば，これまでの帰化の手続きや許可の基準が変わり，受け入れ国の国籍を取得する人口が大きく変動する可能性もある．

　もちろん外国生まれの人の数と外国籍の人の数が同じであれば，どちらの指標を使おうとも数字の上では問題ないが，歴史的に海外との間に人の行き来の多かった国では，しばしば両者の間に乖離が生じる．例えば，「生まれた国」から計算した外国人数と「国籍」から計算した外国人数は，かつて植民地を持っていた国の場合に大きく乖離するケースが多い．例えば，ポルトガルの場合，かつて植民地であった国の国民はポルトガル国籍が取りやすく，そのためポルトガル国籍の住民が多く存在する．2001 年に実施された「ポルトガル・センサス」によると，かつての植民地国[8]で生まれた「外国生まれ」は約 38 万人にのぼるが，「外国籍」で見ると 13 万人ほどしかいない．約 38 万人の「外国生まれ」のうち 25 万人は「ポルトガル国籍」であるためである（Parsons *et al*., 2007）．

　日本では血統主義をとっているため，親が外国籍であれば日本で生まれて以後，一度も外国に居住したことがなくてもその子どもは外国籍となり，外国人数にカウントされる．「生まれた国」を基準とした場合，親が外国籍であっても日本で生まれたその子どもは外国人数にカウントされなくなる．それでは日本の場合，「国籍（または市民権）」と「生まれた国」を用いたのでは日本に居住する外国人数にどのくらいの乖離が生じるのだろうか？　この問いに答えるには，「国籍（または市民権）」と「生まれた国」両方の情報が必要となるが，この 2 つを同時に得られる日本の全国レベルの調査は筆者が知る限りない．

　「生まれた国」の方が「国籍（または市民権）」よりも国際比較可能なデータ

としての条件はそろっているが，問題がないわけではない．まず，「生まれた国」に関する情報は，時間的条件が一切ついていないため，いつ入国したのかがわからない．「生まれた国」を用いて算出された外国人数は単にセンサスを実施した時点で，生まれた国が外国である人を合計しただけの数字である．比較的高齢の人の場合，入国したのが 50 年前なのか，それとも 1 年前なのか，まったく見当がつかない．政策立案の場では，入国して間もない人を対象とする場合が多く，いつ入国したのかわからないデータでは，政策形成に役立つとは言いがたい．そのため，ある程度いつ入国したのかの目安を得るために，国連や国際移動の専門家は「1 年前の居住地」「5 年前の居住地」を設問に入れることをたびたび勧告している．

　第 2 に「生まれた国」のみを聞く場合，生涯にわたって人は一度しか国境を越えない，ということを前提にしているのも同然である．交通網が飛躍的に発達した今日，出身国と現住国とを頻繁に行き来するトランスナショナルな動きも珍しくなくなっており，生涯に一度きりの国際移動を前提とした設問は現実に合わなくなっている（Skeldon, 2012）．

　第 3 に，歴史的に国境が頻繁に変化した国においては，「生まれた国」の指標は安定的ではない．例えば，スロバキア，チェコ，ハンガリー，ポーランドなど国境が変更になった国では，現在「外国生まれ」と分類される人口の多くが，実際には一度も国境を越えた経験がない人達である（OECD, 2012）．

　第 4 に，「外国生まれ」の定義を用いると，現住国の国籍を持ち，生まれた時以外はずっと現住国に住んでいた人も「外国人」としてカウントされる．ちなみに，国立社会保障・人口問題研究所の「第 6 回（2006 年実施）・第 7 回（2011 年実施）移動調査」によると，どちらの調査でも「外国生まれ」は約 1.1% であった．その多くは旧満州出身の日本人である．

　国際比較を可能とする指標は，なるべく各国の政策に影響されない中立的・安定的な指標が望ましいだろう．また，国際的に最も普及しているという点から見れば，「生まれた国」の情報は必要不可欠であると思われる．このように様々な利点・欠点を考慮すると，外国人のストック・データとして最も望ましいのは，「生まれた国」「国籍」の両方の情報を集め，「生まれた国」が外国でかつ「国籍」が外国である人の集計を用いることだと思われる．

4　先進諸国におけるセンサスの変化

　センサスは，第 3 節で述べてきたように国レベルのストック・データを収集する上で，多くの国にとって最も重要なデータ・ソースとなっている．その一方，先進諸国においてはプライバシー意識の高まりや実査にかかるコスト等の理由により，近年センサスを実施することが難しくなってきている．そのため，ヨーロッパ諸国ではセンサスを実施する代わりに，既存の調査との併用や，行政上の登録データを活用する方法へシフトする国が増えている．2010-2011 年の間にセンサスを実施したヨーロッパ諸国では，40 カ国のうち約半分が住民登録の活用や，センサスと住民登録の併用，または，センサスと他の標本調査や行政データとの併用などといった新しい試みをスタートさせている．

　図 10-3 は 2010-2011 年にセンサスを実施したヨーロッパ諸国におけるセンサスの種類を地図に示したものである．2010 年センサス周期で従来通りのセンサスを実施するのは，東欧・南ヨーロッパ諸国に多い．英国，アイルランドも従来通りのセンサスを実施している．フランスは，2010 年センサス周期に初めてローリング方式と呼ばれる方式でセンサスを実施した．スウェーデンやデンマーク，ノルウェー，フィンランドなどの北欧諸国とオーストリアではセンサスを実施せず，住民登録を基に国際移動者のストック・フロー両方の集計を行っている．住民登録は登録項目に変更があった場合に届け出ることになっているため，継続的にデータがアップデートされ，ストックとフロー両方の集計が可能となる．多くの西ヨーロッパ諸国では，住民登録と他の調査の併用方式である．

　表 10-1 は，2000 年センサス周期と 2010 年センサス周期におけるヨーロッパ諸国のセンサスの調査方法の変化を示している．2000 年センサス周期では40 カ国のうち 27 カ国（67.5％）が従来通りのセンサスを実施し，センサスと他のデータの併用で実施した国が 6 カ国，住民登録のみが 3 カ国，センサスを実施しなかった国が 4 カ国であった．2010 年センサス周期では，従来通りのセンサスを実施する国が 27 カ国から 21 カ国に減少し（約 50％），併用が 6 カ国から 13 カ国に倍増，住民登録が 3 カ国から 5 カ国に増加，ローリング方式[9]が 1 カ国，そしてセンサスを実施しない国は 4 カ国からゼロとなった．ヨ

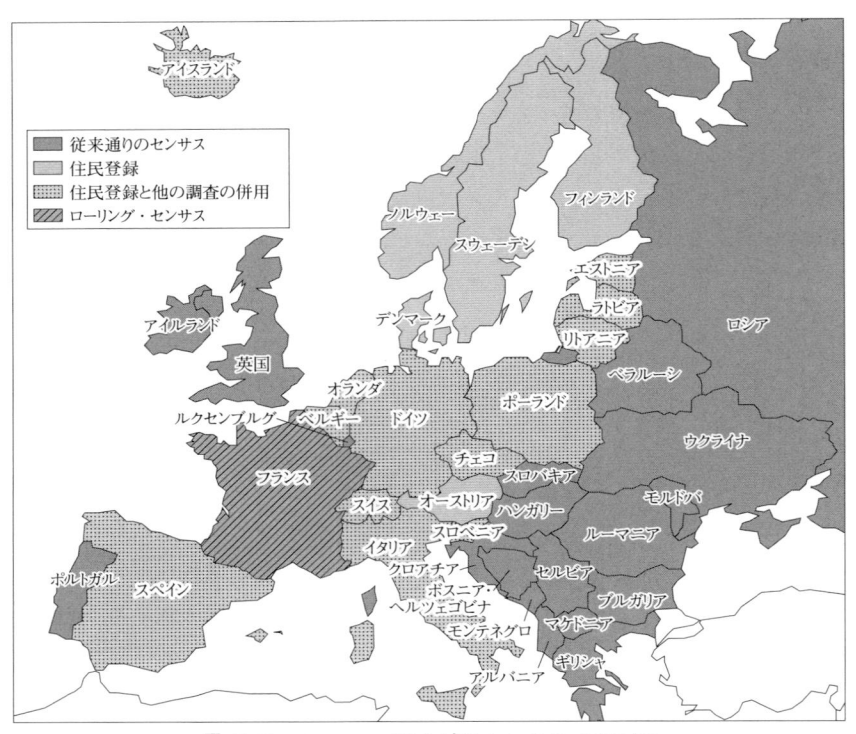

図 10-3 ヨーロッパにおけるセンサス（2010 年）

表 10-1 2000 年，2010 年におけるヨーロッパ諸国のセンサス方式の変化

		2010 年					
		従来通り	併用	住民登録	ローリング	センサスなし	合 計
2000 年	従来通り	20	5	1	1	−	27
	併 用	−	6	−	−	−	6
	住民登録	−	−	3	−	−	3
	ローリング	−	−	−	−	−	0
	センサスなし	1	2	1	−	−	4
	合 計	21	13	5	1	0	40

出所：Valente (2010).

ーロッパでは住民登録の整備に伴い，少しずつ従来のセンサス方式から住民登録，住民登録と他の行政データとの併用型へとシフトしつつある．そして，その結果として次節で述べるフロー・データの整備も進みつつある．

5　フロー・データの国際比較に関する課題

継続的に国際移動に関するフロー・データを収集している国は，現在のところ先進諸国に限定されている．国連による最新のフロー・データ *International Migration Flows To and From Selected Countries: The 2010 Revision* (United Nations, 2011) によると，フロー・データが得られる国は 2005 年の 15 カ国，2008 年の 29 カ国，そして 2010 年の 43 カ国と着実に増加している．しかし，各国のフロー・データはもちろん国際比較を考慮した上で収集されているわけではない．むしろ，ストック・データよりも各国の政策に依拠したものになっているため，国際比較はストックよりも難しいのが現状である．以下に，国連による The 2010 Revision のフロー・データをベースに，国際比較を行う上で直面する課題について述べる．

フロー・データに関する国際比較の課題として最初に挙げられるのは，国際移動者として数えられるのに必要な最低限の居住期間が国によって異なっていることであろう．国連は 1998 年の国際移動に関する勧告で，国際移動者を「通常居住している国を変えた人」と定義していることは，第 3 節でも述べたとおりである．さらにフロー・データでは新しい居住国に少なくとも 1 年以上滞在する予定の者を長期移動者，3 カ月以上 1 年未満滞在する予定の者を短期移動者として区別することとしている (United Nations, 1998a)．しかし，多くの国は国連の提言とは異なった基準を用いざるを得ない．例えば，表 10-2a を見ると国連が 2010 年版の国際移動（入国）フロー・データで情報を得ることのできた 43 カ国のうち (United Nations, 2011)，「1 年以上の居住予定」を基準として使用していたのは 16 カ国[10]であり半分に満たない．滞在期間の基準を「永住」の数としている国は 11 カ国[11]，「6 カ月以上」としているのが 7 カ国[12]，「3 カ月以上」が 6 カ国[13]である．また，上記以外の基準を用いている国が 3 カ国であり[14]，滞在期間の基準を特に設けていない国が 7 カ国[15]であ

表 10-2a　各国のフロー：入国に関する基準

国　名	フローのデータ・ソース	入　国						
		基準滞在期間	前住国	集計範囲	国籍	集計範囲	出生国	集計範囲
アイスランド	住民登録	6カ月	○	外国人・自国民別	○	外国人・自国民別	×	
アイルランド	世帯調査	基準なし	○	外国人・自国民の区別なし	○	外国人・自国民別	×	
アゼルバイジャン	住所変更届け	永住	○	外国人・自国民の区別なし	×		×	
アルメニア	住所変更届け	3カ月	○	外国人・自国民合計	○	外国人・自国民別	×	
イスラエル	港・空港出入国統計	永住，3年以内[d]	○	外国人のみ	×		○	外国人のみ
イタリア	住民登録	1年	○	外国人・自国民別	○	外国人・自国民別	×	
ウクライナ	住所変更届け	6カ月	○	外国人・自国民の区別なし	○	外国人・自国民別	×	
英　国	港・空港出入国統計	1年	○	外国人・自国民の区別なし	○	外国人・自国民別	○	外国人・自国民の区別なし
エストニア	住民登録	1年	○	外国人・自国民の区別なし	○	外国人・自国民別	×	
オーストラリア	港・空港出入国統計	1年	○	外国人・自国民別	×		○	
オーストリア	住民登録	3カ月	○	外国人のみ	○	外国人・自国民別	×	
オランダ	住民登録	4カ月	○	外国人・自国民別	○	外国人・自国民別	○	外国人・自国民の区別なし
カザフスタン	住所変更届け	6カ月	○	外国人・自国民の区別なし	×		×	
カナダ	滞在許可	永住	○	外国人のみ	○	外国人のみ	○	外国人のみ
キプロス	港・空港出入国統計	1年	○	外国人・自国民の区別なし	○	外国人・自国民別	×	
ギリシャ	滞在許可	基準なし	○	外国人のみ	○	外国人のみ	×	
キルギスタン	住所変更届け	6カ月	○	外国人・自国民の区別なし	×		×	
クロアチア	住民登録	永住	○	外国人・自国民の区別なし	○	外国人・自国民別	×	
スイス	住民登録・外国人登録	1年	×	×	○	外国人・自国民別	×	
スウェーデン	住民登録	1年	○	外国人・自国民の区別なし	○	外国人・自国民別	○	外国人・自国民の区別なし
スペイン	住民登録	基準なし	○	外国人・自国民別	○	外国人・自国民別	×	
スロバキア	住所変更届け・外国人登録	永住，1年[f]	○	外国人・自国民の区別なし	○	外国人・自国民別	×	
スロベニア	住民登録・外国人登録	1年	×	×	○	外国人・自国民別	×	
チェコ	住民登録・滞在許可	永住,1年,3カ月[a]	○	外国人・自国民の区別なし	○	外国人・自国民別	×	
デンマーク	住民登録	6カ月，3カ月[b]	○	外国人・自国民別	○	外国人・自国民別	×	
ドイツ	住民登録	基準なし	○	外国人・自国民別	○	外国人・自国民別	×	

国	登録	基準		出国		入国		追加
ニュージーランド	港・空港出入国統計	1年	○	外国人・自国民別	○	外国人・自国民別	○	
ノルウェー	住民登録	6カ月	○	外国人・自国民別	○	外国人・自国民別	×	
ハンガリー	住民登録・滞在許可	1年，3カ月[c]	×	×	○	外国人・自国民別	×	
フィンランド	住民登録	1年	○	外国人・自国民別	○	外国人・自国民別	×	
フランス	滞在許可	1年	○	外国人のみ	○	外国人のみ	×	
ブルガリア	住民登録・滞在許可	永住	○	外国人・自国民の区別なし	○	外国人・自国民別	×	
米　国	滞在許可	永住	○	外国人のみ	×		○	外国人のみ
ベラルーシ	住所変更届け	永住	○	外国人・自国民の区別なし	×		×	
ベルギー	住民登録	3カ月	×		○		×	
ポーランド	住民登録	永住	○	外国人・自国民の区別なし	○	外国人・自国民別	×	
ポルトガル	滞在許可	永住，その他[e]	○	外国人のみ	○	外国人のみ	×	
モルドバ	住民登録	基準なし	○	外国人のみ	○	外国人のみ	×	
ラトビア	住民登録	1年	○	外国人・自国民の区別なし	○	外国人・自国民別	×	
リトアニア	住民登録	6カ月	○	外国人・自国民の区別なし	○	外国人・自国民別	×	
ルーマニア	住民登録・外国人登録	1年	○	外国人・自国民の区別なし	○	外国人・自国民別	×	
ルクセンブルグ	住民登録	基準なし	○	外国人のみ	○	外国人のみ	×	
ロシア	住所変更届け	基準なし	○	外国人・自国民の区別なし	○	外国人・自国民別	×	

注 a：欧州経済領域出身者は3カ月以上，それ以外の出身者は1年以上．

　　b：欧州経済領域出身者とスイス出身者は6カ月以上，北欧，欧州経済領域，スイス以外の出身者は3カ月以上．

　　c：外国人は1年以上，ハンガリー国籍（市民権）保持者は3カ月以上．

　　d：永住目的，または移民ビザ保持者（永住を検討するために3年間滞在を許可された人）．

　　e：滞在許可は，永住，または1年有効でその後2年間更新可能．

　　f：前住国別のデータは永住，国籍別のデータは2003年から長期滞在者（1年以上）が対象．

出所：United Nations（2011）から筆者作成．

表 10-2b　各国のフロー：出国に関する基準

国　名	出　国							
	基準滞在期間	目的国	集計範囲	国籍	集計範囲	出生国	集計範囲	備　考
アイスランド	基準なし	○	外国人・自国民別	○	外国人・自国民別	×		
アイルランド	基準なし	○	外国人・自国民の区別なし	○	外国人・自国民別	×		
アゼルバイジャン	永住	○	外国人・自国民の区別なし	×		×		
アルメニア	基準なし	○	外国人・自国民の区別なし	○	外国人・自国民別	×		
イスラエル	―	―		―		―		出国データなし
イタリア	1 年	○	外国人・自国民別	○	外国人・自国民別	×		
ウクライナ	6 カ月	○	外国人・自国民の区別なし	○	外国人・自国民別	×		
英　国	1 年	○	外国人・自国民の区別なし	○	外国人・自国民別	○	外国人・自国民の区別なし	
エストニア	1 年	○	外国人・自国民の区別なし	○	外国人・自国民別	×		
オーストラリア	1 年	○	外国人・自国民別	×		○		
オーストリア	3 カ月	○	外国人のみ	○	外国人・自国民別	×		
オランダ	8 カ月	○	外国人・自国民別	○	外国人・自国民別	○	外国人・自国民の区別なし	
カザフスタン	基準なし	○	外国人・自国民の区別なし	×		×		
カナダ	―	―		―		―		出国データなし
キプロス	1 年	○	外国人・自国民の区別なし	○	外国人・自国民別	×		
ギリシャ	―	―		―		―		出国データなし
キルギスタン	基準なし	○	外国人・自国民の区別なし	×		×		
クロアチア	永住	○	外国人・自国民の区別なし	○	外国人・自国民別	×		
スイス	基準なし	×		○	外国人・自国民別	×		
スウェーデン	1 年	○	外国人・自国民の区別なし	○	外国人・自国民別	○		
スペイン	基準なし	○	外国人・自国民別	○	外国人・自国民別	×		
スロバキア	永住，1 年	○	外国人・自国民の区別なし	○	外国人・自国民別	×		
スロベニア	1 年	×		○	外国人・自国民別	×		
チェコ	永住	○	外国人・自国民の区別なし	○	外国人・自国民別	×		
デンマーク	6 カ月	○	外国人・自国民別	○	外国人・自国民別	×		
ドイツ	基準なし	○	外国人・自国民別	○	外国人・自国民別	×		

国名	基準		入国		出国		備考
ニュージーランド	1年	○	外国人・自国民別	○	外国人・自国民別	○	
ノルウェー	6カ月	○	外国人・自国民別	○		×	
ハンガリー	3カ月	×		○	外国人・自国民別	×	
フィンランド	1年	○	外国人・自国民別	○	外国人・自国民別	×	
フランス	—	—		—		—	出国データなし
ブルガリア	永住	○	外国人・自国民の区別なし	○	外国人・自国民別	×	
米　国	—	—		—		—	出国データなし
ベラルーシ	永住	○	外国人・自国民の区別なし	×		×	
ベルギー	3カ月	×		○	外国人・自国民別	×	
ポーランド	永住	○	外国人・自国民の区別なし	○	外国人・自国民別	×	
ポルトガル	—	—		—		—	出国データなし
モルドバ	基準なし	○	自国民のみ	×		×	
ラトビア	1年	○	外国人・自国民の区別なし	○	外国人・自国民別	×	
リトアニア	6カ月	○	外国人・自国民の区別なし	○	外国人・自国民別	×	
ルーマニア	1年	○	外国人・自国民の区別なし	○	外国人・自国民別	×	
ルクセンブルグ	基準なし	×		○	外国人のみ	×	
ロシア	基準なし	○	外国人・自国民の区別なし	○	外国人・自国民別	×	

出所：United Nations（2011）から筆者作成.

った．フロー・データは国によって様々なデータ・ソースから収集されており（例えば，住民登録，外国人の滞在許可，港や空港での出入国統計，住所変更届けなど），これらのデータ・ソースにはその国の政策が強く反映されている．

　例えばフロー・データを住民登録から集計している国は，外国人が住民としての登録が必要となる居住期間がフロー・データの居住期間の基準となる．アイスランドの場合，6カ月以上アイスランドに滞在を予定している外国人は住民登録を行う必要があり，そのため国連の勧告である1年以上ではなく6カ月以上滞在する予定の者が集計対象となる．また，フロー・データを港や飛行場など出入国時に収集している国では，出入国の際に記録される「居住（出国）予定期間」がフロー・データの基準となる．さらにカナダや米国などの伝統的な移民受け入れ国では，該当する年度に永住を認められた外国人の数がフロー・データとして記録される．また各国の政策により，同じ外国人でも属性によって異なった居住期間が適用されるケースも多々見られる．チェコの場合，フロー・データは住民登録から作成されており，欧州経済領域出身であれば「3カ月以上」が住民として登録される基準であるが，それ以外の出身には「1年以上」の基準が適用される．デンマークでは欧州経済領域出身者およびスイス出身者は「6カ月以上」，その他の出身者は「3カ月以上」という基準が用いられる．

　フローの国際比較を行う上で，第2の課題としてあげられるのは，収集している入国者・出国者の基本的な属性に関しても国際的な統一が取れていない点である（表10-2a，10-2b参照）．最大の問題は，「入国者がどこから来たのか」という最も基本的な情報に関しても国によって異なった指標が用いられていることである．この情報については，「前住国」「国籍」「生まれた国」のいずれかを収集している国が多い．また，スイス，スロベニア，ハンガリー，ベルギーではそもそも「前住国」情報を集めておらず，アゼルバイジャン，イスラエル，オーストラリア，カザフスタン，キルギスタン，米国，ベラルーシでは入国者の「国籍」は収集されていない．さらに，集計上の問題も見逃せない．「国籍」は定義上，外国人と自国民に分かれて集計されているが，「前住国」や「目的国」については外国人と自国民の区別をせずに集計している国も多い．例えば「前住国」の情報を外国人・自国民に分けて集計しているのは，アイス

ランド，イタリア，オーストラリア，オランダ，スペイン，デンマーク，ドイ
ツ，ニュージーランド，ノルウェー，フィンランドの 10 カ国のみである．「出
国」に関しても同様である．居住予定の「目的国」の情報が得られない国が
11 カ国，出国者の「国籍」の情報が得られない国が 13 カ国ある．

　第 3 の課題としてあげられるのは，自国民の入国状況を調査せず，外国人の
入国情報のみ収集している国が存在することである．例をあげると，イスラエ
ル，カナダ，ギリシャ，フランス，米国，ポルトガル，モルドバ，ルクセンブ
ルグの 8 カ国では前住国，国籍，出生国のすべてについて外国人の入国データ
しか存在せず，自国民の自国への入国状況に関する統計は取られていない．こ
れらの国に自国民の入国状況に関する情報がないのは，フロー・データのデー
タ・ソースが外国人に対する滞在許可である場合が多いためである．出国のフ
ローに関してもモルドバのように自国民の情報しか収集していない国もある．

　第 4 の課題は，入国に関するフロー・データは収集していても，出国に関す
るデータを収集していない国が存在することである．表 10-2a，10-2b からも
明らかなように，イスラエル，カナダ，ギリシャ，フランス，米国，ポルトガ
ルの 6 カ国は外国人・自国民にかかわらずそもそも出国のフロー・データを収
集していない．先進国においても，出入国統計で継続的に入国者・出国者両方
のデータを外国人・自国民別に把握している国は，オーストラリア，韓国，日
本，ニュージーランドの 4 カ国くらいである（Skeldon, 2012）．Hugo（2014）
は，出国に関するデータを収集していない国があるために，現在の国際移動の
動向に関する研究は，出国よりも入国，出身国よりも受け入れ国に偏ってしま
っていると述べている．

　第 5 の課題は，フロー・データ収集に関するより根本的な問題であるが，出
入国手続き時の「居住予定期間」や滞在許可に付随する滞在予定期間と実際の
居住期間とは異なるケースがしばしば見られるという点である．例えば，米国
やカナダなど伝統的な移民受け入れ国には最初から永住目的で入国できるビザ
のカテゴリーがあり，その数がフロー・データの入国者数として集計されてい
る．しかし，永住目的で入国した人がそのまま永住し続けるとは限らない．例
えば1994 年から 2006 年までの間にオーストラリアに永住目的で入国したアジ
アからの出身者100 人に対し約 34 人がアジアへ永住目的で戻っている

(Hugo, 2014). この中には，出身国へ戻る者が多いが，第三国へ移動する者も多く，例えばインド出身の IT 技術者はオーストラリアに永住目的で入国し，その後に米国へ移動するケースも多々みられる（Biao, 2004）.

　最後に当たり前ではあるが，非正規に入国した者は，フロー統計に含まれない．米国のように隣国との国境が長く，かつ陸続きの国の場合，非正規に入国した者の数はかなりの数に達すると考えられている．米国では，2012 年時点で約 1,200 万人の非正規滞在者が（Pew Research Center, 2014），そして EU 27 カ国については 2008 年時点で 190 万人から 380 万人の非正規滞在者が居住していると推定されており（International Centre for Migration and Policy Development），これらの数値は一時点でのストックベースではあるが，フローベースにおいても無視できない規模に達していると思われる.

　以上みてきたように，フロー・データはストック以上に各国の政策や方針が直接的に反映されている．そのため，フローの国際比較はストックよりも困難な状況に直面している．さらに国際比較以前の問題として，フロー・データを収集するためには，高度なデータ収集システムの整備が必要であることが挙げられる．短期的に見て世界のすべての国がこのようなシステムを整備できるようになるとは考えにくい．そのため，近年ではストック・データを用いてフローを推計する試みもなされるようになってきている（Abel, 2013; Abel and Sander, 2014）．しかし，この推計も外国人の定義が「出生国」を基準になされている国のみで行われており，「国籍」が基準となっている国は除外されている．ストックからフローを推計する手法が今後開発されていくのであれば，フロー・データの整備よりもストック・データの定義の統一の方に重点を置いた方がより効率的・現実的であろう.

6　おわりに

　国連が 1953 年に国際移動の統一基準に関わる勧告を出してから半世紀以上が過ぎた．ストック・データに関しては，定義の統一化にかなりの進歩が見られたが，まだいくつかの人口大国は勧告に従っていないため，あと一歩の所で地球規模での統一化には至っていない．また，フロー・データに関しては，ス

トックよりも各国の政策が大きく反映されるため，統一化はより大きな困難に
直面している．さらに，継続的なフロー・データ収集を可能にするためのシス
テムの構築に関しても，多くの国において短期的な実現は難しいのが現状であ
る．近年ではストックからフローを推計する試みも多くなされるようになって
きており，以上のことから地球規模での国際移動の国際比較を可能にするため
には，フロー・データの整備よりもストック・データの定義の統一化を優先す
る方が近道であろう．

　一方，現在の国際移動のパターンは，国連による最初の勧告が出された 50
年以上前と比べ大きく変化しており，ストック・データの重要なデータ・ソー
スである現在のセンサスの設問だけでは，実態を把握することはきわめて難し
くなっている．例えば，多くの国のセンサスや調査において，国際移動は個人
の生涯に一度発生するイベントという前提の設問構成になっており，繰り返し
行われるイベントであることは想定されていない．しかし，今日では短期的・
中期的な移動が繰り返されるトランスナショナルな動きが多いことが徐々に明
らかになってきている．外国人・自国民の出国・入国データが整備されている
オーストラリアの出入国を分析した Hugo（2014）によると，オーストラリア
に永住したアジア出身者はたびたび出身国へ中・長期的に移動したり，第三国
へ移動したりしており，永住許可を得たからといって受け入れ国に永住すると
は限らない．また，永住許可を受けたアジア出身者は，永住前にたびたびオー
ストラリアへ中・長期的に移動を繰り返していることもわかっており，アジア
とオーストラリアの間には緊密かつ複雑な多くの国を結ぶ移動システムができ
あがっている．このような複雑な移動の流れは，アジアとオーストラリアに限
ったことではないことが予想されるが，外国人・自国民の入国・出国に関する
データを等しく収集しなければ，その実態は見えてこない．

　また，上記とも関連するが，現在の国際移動データ収集システムが「受け入
れ国」の視点に偏っているため，外国人の出国や自国民の入国・帰国に関する
情報は十分に収集されておらず，外国人の入国のみに焦点が当てられる傾向に
ある．従って，発展途上国から先進国への国際移動（南から北への移動）の増
加傾向，高度人材を勧誘するための政策，途上国からの頭脳流出，非正規移民
の増加などのデータが収集され世間の注目を浴びがちであるが，永住許可を受

けた後の永住者の出国状況，帰化後の出国状況，長期滞在後に第三国へ移動する高度人材の出国動向などは，現在の入国中心のデータ収集システムでは把握できない国が多い．Hugo（2014）が指摘するように，出国関連の情報も等しく収集しなければ，本当の姿は見えてこない．

「エビデンスに基づく政策」という言葉を近年たびたび耳にするが，エビデンスとなるデータ収集それ自体が偏っていては，公正な現状把握，ひいては政策立案は可能ではない．現状の偏りに気づき，それを是正する努力が求められる．

付記

　　2010 年センサス周期に関する未発表データをご提供いただき，細かい質問に丁寧に回答してくださった国連統計部（人口社会統計担当）の Margaret Mbogoni 氏に感謝申し上げます．

注

1) 1 年間を基準とする国が多い．
2) 英語では，"any person who changes his or her country of usual residence."
3) 難民を含む．
4) 市民権（英語の citizenship）という言葉は多義的な概念であり，国籍とは微妙に異なる．市民権は，一般には，ある共同社会の完全な成員である人びとに与えられた「資格」または「その資格に付与された権利と義務」を意味する（近藤，2002）．
5) 他の重点事項は，①既存の行政データを公表する，②各国で実施している労働力調査をまとめ，統一する，③個票データへアクセスできるようにする，④現在既に行われている世帯調査に移動関連の設問を入れる（Center for Global Development, 2009）となっている．
6) 2000 年センサス周期については「生まれた国」と「国籍（または市民権）」の両方を入れた国の数は不明．
7) 日本の「国勢調査」の場合，「5 年前居住地」は大規模年（末尾が 0 の年）のみに含まれる．つまり「5 年前居住地」は，10 年ごとに調査されている．
8) アンゴラ，カーボヴェルデ，ギニアビサウ，サントメ・プリンシペ，東ティモール，ブラジル，マカオ，モザンビーク．
9) ローリング方式については Valente（2010）参照．
10) イタリア，英国，エストニア，オーストラリア，キプロス，スイス，スウェーデン，スロバキア，スロベニア，チェコ，ニュージーランド，ハンガリー，フィンランド，フランス，ラトビア，ルーマニア．

11）　アゼルバイジャン，イスラエル，カナダ，クロアチア，スロバキア，チェコ，ブルガリア，米国，ベラルーシ，ポーランド，ポルトガル．

12）　アイスランド，ウクライナ，カザフスタン，キルギスタン，デンマーク，ノルウェー，リトアニア．

13）　アルメニア，オーストリア，チェコ，デンマーク，ハンガリー，ベルギー．

14）　オランダが 4 カ月，イスラエルが永住を検討するために入国した者に 3 年，ポルトガルは一時的な滞在許可の場合は 2 年まで．

15）　アイルランド，ギリシャ，スペイン，ドイツ，モルドバ，ルクセンブルグ，ロシア．

参考文献

近藤敦（2002）「人権・市民権・国籍」駒井洋・近藤敦編『外国人の法的地位と人権擁護』明石書店，pp. 17-41.

Abel, G. J. (2013) "Estimating Global Migration Flow Tables Using Place of Birth Data," *Demographic Research*, 28: 505-546.

Abel, G. J. and Sander, N. (2014) "Quantifying Global International Migration Flows," *Science*, 343(6178): 1520-1522.

Biao, X. (2004) "Indian Information Technology Professionals' World System: The Nation and the Transition in Individuals' Migration Strategies," in Yeoh, B. S. A. and Willis, K. (eds.) *State/Nation/Transnation: Perspectives on Transnationalism in the Asia/Pacific*, London: Routledge, pp. 161-178.

Center for Global Development (2009) *Migrants Count: Five Steps Toward Better Migration Data, Report of the Commission on International Migration Data for Development Research and Policy*, Washington D. C.

Clemens, M. (2009) CGD Migration Data Report Card (Press Release). 〈http://www. cgdev. org/doc/2009/Migration%20Data%20Scorecard. pdf〉 (last access 2015/05/21).

Hovy, B. (2013) "World Migration in Figures: Strengthening Evidence-Improving Policy," Side Event to the High-level Dialogue on International Migration and Development organized by DESA, UNICEF and OECD, New York, 3 October 2013. 〈http://www. un. org/esa/population/migration/documents/World_Migration _ Figures _ Strengthening _ Evidence _ Improving _ Policy _ OECD _ UNICEF. pdf〉 (last access 2015/05/21).

Hugo, G. (2014) "A Multi Sited Approach to Analysis of Destination Immigration Data: An Asian Example," *International Migration Review*, published on line. 〈http://onlinelibrary. wiley. com/doi/10. 1111/imre. 12149/pdf〉 (last access 2015/05/21).

International Centre for Migration and Policy Development. Clandestino Project. 〈http://research. icmpd. org/1244. html〉 (last access 2015/05/21).

Kraly, E. P. and Gnanasekaran, K. S. (1987) "Efforts to Improve International Migration Statistics: A Historical Perspective," *International Migration Review*, 21(4): 967-995.

OECD (2012) *International Migration Outlook 2012*, OECD Publishing. 〈http:// www. oecd-ilibrary. org/social-issues-migration-health/international-migra-tion-outlook-2012_migr_outlook-2012-en〉 (last access 2015/05/21).

Parsons, C. R., Skeldon, R., Walmsley, T. L. and Winters, L. A. (2007) "Quan-tifying International Migration: A Database of Bilateral Migrant Stocks," Policy Research Working Paper, 4165, Washington D. C.: The World Bank.

Pew Research Center (2014) *Unauthorized Immigrant Totals Rise in 7 States, Fall in 14.* 〈http://www. pewhispanic. org/files/2014/11/2014-11-18_unautho rized-immigration. pdf〉 (last access 2015/05/21).

Simmons, A. B. (1987) "The United Nations Recommendations and Data Ef-forts: International Migration Statistics," *International Migration Review*, 21(4): 996-1016.

Skeldon, R. (2012) "Migration and Its Measurement: Towards a More Robust Map of Bilateral Flows," in Vargas-Silva, C. (ed.) *Handbook of Research Methods in Migration*, Cheltenham, UK, Edward Elgar, pp. 229-248.

United Nations, Department of Economic and Social Affairs, Statistics Divi-sion, (1998a) *Recommendations on Statistics on International Migration, Revi-sion 1.*

United Nations, Department of Economic and Social Affairs, Statistics Divi-sion, (1998b) *Principles and Recommendations for Population and Housing Censuses, Revision 1.*

United Nations, Department of Economic and Social Affairs, Population Divi-sion (2002) *International Migration 2002 Wallchart.*

United Nations, Department of Economic and Social Affairs, Population Divi-sion (2006) *International Migration 2006 Wallchart.*

United Nations, Department of Economic and Social Affairs, Statistics Divi-sion (2007) "Principles and Recommendations for Population and Housing Censuses Revision 2," Statistical Paper Series M, 67, New York: United Na-tions.

United Nations, Department of Economic and Social Affairs, Population Divi-sion (2009a) *International Migration, 2009 Wallchart.*

United Nations, Department of Economic and Social Affairs, Population Divi-sion (2009b) *International Migration Flows to and from Selected Countries: The 2008 Revision*, United Nations database, POP/DB/MIG/Flow/Rev. 2008.

United Nations, Department of Economic and Social Affairs, Population Division (2011) *International Migration Flow To and From Selected Countries: The 2010 Revision CD-ROM Documentation*, United Nations.

United Nations, Department of Economic and Social Affairs, Population Division (2013a) *International Migration Report 2013*, ST/ESA/SER. A/346.

United Nations, Department of Economic and Social Affairs, Population Division (2013b) *International Migration 2013 Wallchart*.

United Nations, Department of Economic and Social Affairs, Statistics Division (2014) "2010 Census Round-Questions asked on topics under the category: International Migration Characteristics-unedited version-," Unpublished data.

Valente, P. (2010) "Census Taking in Europe: How are Populations Counted in 2010?" *Population & Societies*, 467.

第11章　世界の人口と開発
──人口転換論を通して──

林　玲子

1　「人口問題」から「人口と開発」へ

　「人口」という言葉が最初に日本の公的統計に現れるのは1893年のことで，欧米におけるPopulation，もしくはDemographyという用語の翻訳として用いられたようである（兼清，2002）．それ以前は「戸口」や「民口」という言葉が用いられており，古来から戸籍による戸口統計を取りまとめていた中国においても，人口という言葉自体は近代化しつつあった日本で用いられていたものをそのまま使用したのである（葛，2002）．「人口」という漢字で示されるPopulationという概念は，ある国，地域，あるいは世界全体など，地理的範囲における動物や人間の集団，もしくは性別や年齢別，国籍など，ある特定の属性を持つ集団，またその数のことであり，DemographyとはPopulationを分析する科学であるという．Populationという言葉が最初に使われたのは1752年に刊行されたヒュームの著作において，Demographyという言葉が最初に使われたのは1855年に刊行されたギャールの著作においてであった．つまり，Populationであれ，Demographyであれ，近代以降の新しい概念なのである．

　近代とともに生まれた「人口」という概念は，19世紀から20世紀にかけて，「人口問題」として認識され，それを解決する政策が発展する．「人口」を有名にしたのはマルサスであるが（Malthus, 1798），その中で問題とされたのは，指数的に増加する人口に対する食料不足であった．「過剰人口」という認識は，しかとヨーロッパ社会に根付き，アメリカ大陸や植民地への大量の人口移動が促進された．次に人口が問題と認識されるのは，19世紀末のフランスであり，

このときは逆に人口不足が問題であった．1870 年に起こった普仏戦争でフランスが敗北したのは，低い出生率による弱い人口増加によるとされ（Bertillon, 1897），人口増加策がその後しばらくフランスの国策となった．2 回の世界大戦期には，優生学が発達し，人口の質を向上させることが国策となったのは，ヨーロッパのみならず，日本でも同様であった．しかし同時期，共産主義はロシア革命を成功させ，社会政策は世界に花開き，貧困対策や年金・医療保険といった社会保障制度もその萌芽を見た．

　第二次世界大戦後は，戦中期の人口増強策や優生学は否定され，個人の自由と人権を重視する政策が主流となり，1948 年に国連総会で「世界人権宣言」が採択された．植民地は 1960 年前後に相次いで独立し，西側諸国は自由と人権に基づいた，戦後復興と経済開発策が進められた．欧米と日本は戦後のベビーブームにより大きく出生数が増えたが，独立した直後の国々でも出生率は高騰し，1960 年代には，未曾有の世界規模の人口増加が認識されるようになった．ここで再び，「過剰人口」が問題とされたのである．この人口爆発に対して西側の国際社会は迅速に反応し，1967 年に国連人口活動基金（UNFPA）が設立され，1974 年には国連主催となる第 1 回世界人口会議が開催された．以来，家族計画を通じた人口抑制施策は各国の政策・国際援助に組み込まれ，実施された．出生率は低下し，人口爆発の危機は免れたかに思われた頃，1994 年にカイロ国際人口開発会議が開催され，人口抑制に代わり，リプロダクティブ・ヘルス／ライツと女性のエンパワメントが主要な課題となる．

　「人口と開発」とは，まさにこのカイロ会議が有名にした用語である．世界規模の人口会議は 1927 年から行われていたが，人口会議が人口開発会議となったのはこの 1994 年のカイロ会議からであり，国連社会経済理事会の人口委員会も，カイロ会議以降人口開発委員会と名称を変えた．カイロ会議以前は，人口に関わる国際会議は学識経験者が集合する学術会議の色彩が強かったが，カイロ会議以降は「人口と開発」が ODA という重要性を増しつつあった外交政策に組み入れられ，NGO の積極的な参画もあり，研究から実践へとシフトした．これは，グローバリゼーションの進行と「国際社会」の拡大と無関係ではない．そして目指されたものは家族計画による人口抑制から，女性の選択とエンパワメントが優先されることへと変わった．

　カイロ会議で採択された行動計画は 20 年後の 2014 年に履行期限を迎えた．1994 年から 2014 年までの 20 年間，「人口と開発」には大きな進歩があったであろうか．行動計画には，①持続可能性，②ジェンダー，③家族，④高齢化も含む人口構造，⑤リプロダクティブ・ヘルス／ライツ，⑥疾病・死亡，⑦国内人口移動と都市化，⑧国際人口移動，⑨教育，⑩データ収集と研究，といった幅広い人口に関する項目が盛り込まれている．それぞれの項目は，保健や衛生，教育，環境分野の開発目標，特に 2000 年に採択されたミレニアム開発目標と連動しており，一定の目標は達成された．しかし，「人口と開発」の中心部分とも言える，リプロダクティブ・ヘルス／ライツに関しては，20 年間右往左往しただけで，結局 20 年前と何も変わっていないという意見もある．これは，中絶および同性愛の是非に関する議論に起因する．それらを許容すべきか，そうでないかで，人口開発に関する会議は常に決裂し，現在に至っても解決を見ていない．この議論の行く末は不透明であり，今後人口開発問題は，ミレニアム開発目標（MDGs）に代わる新たな持続可能な開発目標（SDGs）に統合される流れになっている．

　世界規模の人口爆発が解消された現在，低出生・人口減少で悩む国がある一方，高い人口増加が経済成長を阻んでいる国もあり，正反対の人口問題を抱えた国が共存しているなか，リプロダクティブ・ヘルス／ライツは価値観の違いで平行線のまま，という現在の状況を考えると，「人口と開発」という課題は 1 つの転換点に来ているように思われる．本章では，「人口と開発」を再考するために，開発という言葉に内在される，「近代化」がもたらしたとされた人口転換論を軸として，近代以降の人口変化を吟味し，そこから引き出される今後の人口に関する課題について考察する．

2　近代化と人口転換

(1)　人口転換論と実際

　人類史上長らく続いてきた高出生・高死亡の社会が，18 世紀から現代にかけての近代化の過程で死亡率の低下，次いで出生率の低下を経験し，その過程

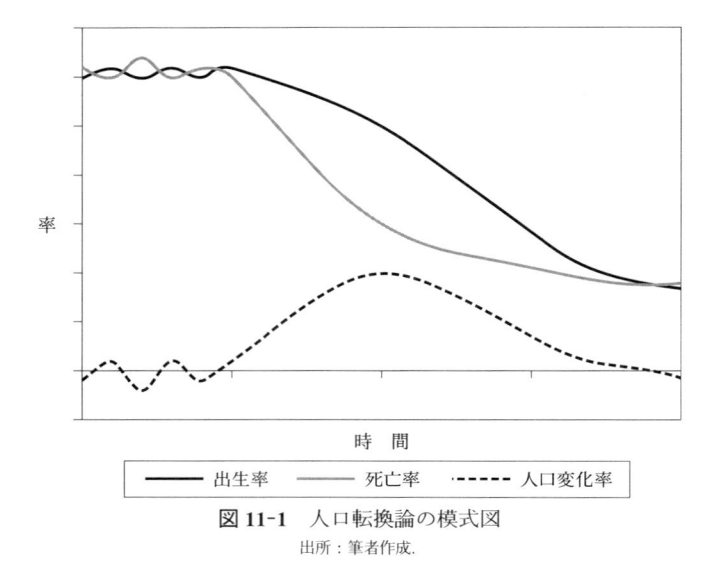

率

時　間

出生率　　　死亡率　　・・・・・・人口変化率

図 11-1　人口転換論の模式図
出所：筆者作成.

で大きな人口増加をもたらしたのち，低出生・低死亡の社会になり人口は定常
状態になる，というのが人口転換論である．「人口転換（Demographic Tran-
sition）」という用語を作ったのはデービス（Davis, 1945）であるが，人口転
換を理論として構築し広めたのはプリンストン大学人口研究所初代所長のノー
トスタイン（Notestein, 1945）である（河野，2007）．イギリスで 1750 年か
ら 1950 年にかけて，世界で最も早くまたほぼ完璧な形で人口転換が起こった
とされる．

　人口転換論を概念的に示すと図 11-1 のようになる．当初は高い水準の出生
率，死亡率が拮抗して，人口変化率はゼロに近いが，その後死亡率が出生率よ
りも先に低下し，その差である人口変化率は大きく上昇する．その後出生率の
低下が進み，出生率と死亡率が釣り合うようになり人口変化率は再びゼロに近
づく．人口転換論の要点は，死亡率と出生率の低下の時間的ずれが大きな人口
増加をもたらすということ，また人口転換の前と後は出生率と死亡率が拮抗し
人口は平衡を保つということで，さらにこの人口転換が「近代化」という技術
革新，産業化，都市化という過去 2-3 世紀の人類社会の進歩もしくは変化と関
連付けられていることである．

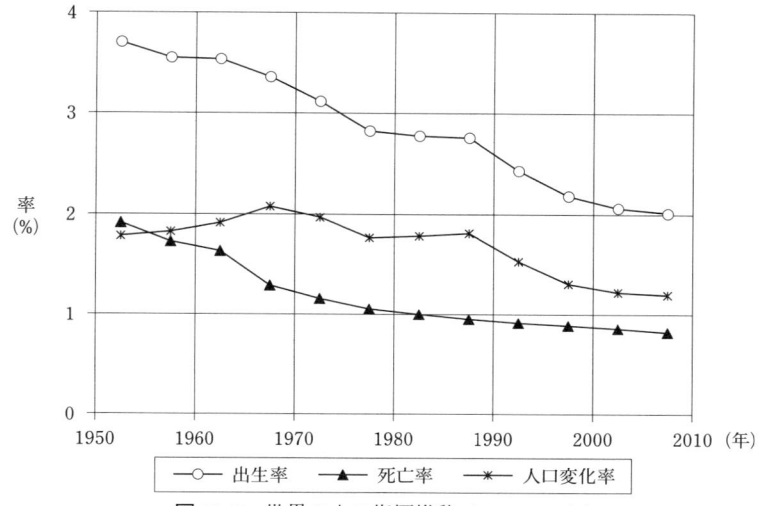

図 11-2 世界の人口指標推移（1950-2010 年）

出所：United Nations（2013）.

　第二次世界大戦以降，1950 年からの人口データは国連が整備しており，世界全体，地域別，国別の人口指標の推移を見ることができる．人口の指標としては，現在では通常，年齢構造の影響を受けない指標，すなわち出生であれば1 人の女性が生涯に産む子供数である合計出生率，死亡であれば 0 歳時平均余命が使われるが，ここでは人口に対する出生数・死亡数の割合である粗出生率・粗死亡率を出生率・死亡率とし，その差である人口変化率を人口転換の分析に用いることとする．なお，人口変化率は従来「人口増加率」とされており，人口減少の場合は「負の人口増加」と呼ばれていたが，それは人口増加が自明であった時代の用語であり，ここでは人口減少も同様に想定される「人口変化率」とした．国連データにおいても，2004 年版の人口推計より人口増加率ではなく，人口変化率（annual rate of population change）とされている．正の値が人口増加，負の値が人口減少であり，本章では年率のパーセント（％）表記とした．

　世界全体で見ると 1950 年の出生率は 3.7％，死亡率は 1.9％ と出生率が死亡率よりも倍程度高く，それ以降は出生率，死亡率いずれも低下傾向にある

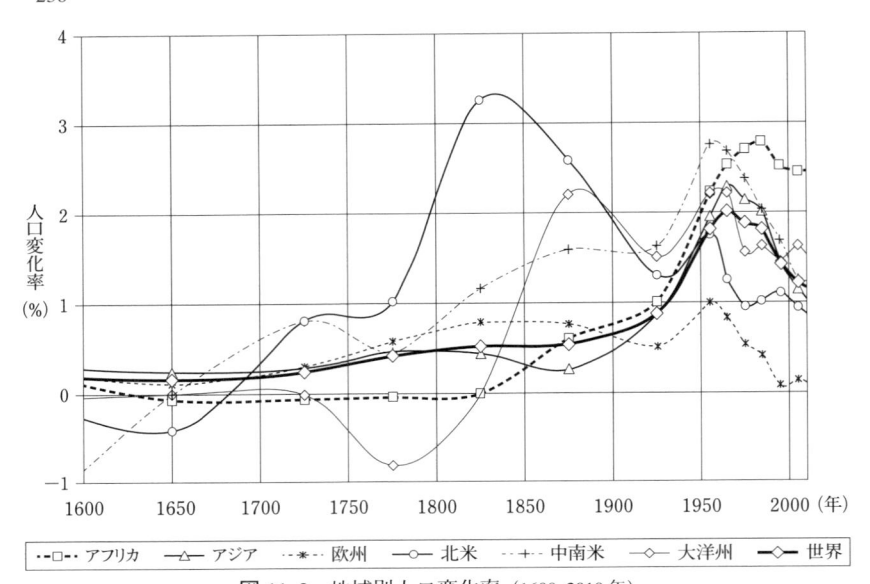

図 11-3 地域別人口変化率（1600-2010 年）

出所：1900 年までは Biraben（1979），1950 年以降は United Nations（2013）．

（図 11-2）．出生率と死亡率の差である人口変化率を見ると 1960 年代後半に 2 ％を超えており，おそらく人類史上最高レベルを記録し，その後低下，停滞，低下という傾向になっている．これを図 11-1 の人口転換模式図に当てはめて考えると，1950 年はすでに人口転換が始まった後であり，これ以前の時点で出生率と死亡率が両方とも高かった時期があった，ということになる．

　出生率と死亡率は 1950 年以前の世界全体の値を得ることは難しいが，人口変化率については，数々の歴史人口推計がなされているので，ある程度の傾向は見ることができる．ここでは Biraben（1979）による推計値を用いて，世界全体および地域別の人口変化率を 1600 年から見てみよう（図 11-3）．世界全体の人口変化率は 17 世紀前半はゼロに近く，その後 18 世紀にわずかに上昇した後 19 世紀に停滞し，20 世紀前半の大きな上昇を経てその後下降する．図 11-2 で見た 1960 年代後半の 2％ という人口変化率は，まさに最高値である．年率 2％ の人口変化率というのは，それが続くと 35 年で人口が倍増する，という数字であり，一世代で倍となる程度の莫大な増加率である．したがって，

世界全体で見れば人口転換による人口爆発はまさにその頃に起こっているといいたくなるのである．

　しかし，この世界の人口変化率の動向は，世界人口の6割程度を占めるアジアの動向を色濃く反映しており，人口転換が始まったとされる欧州や，移民により人口が激増した新大陸，つまり北米，大洋州はまた異なった様相を示す．欧州の人口変化率は19世紀にピークがあるが，その水準は年率0.8％程度であり低い．またいったん20世紀前半に人口変化率は下ったが，第二次世界大戦後のベビーブームにより大きく伸びており，人口転換によると考えられる19世紀の人口変化率よりも高い率を示している．アジアにおいても1800年前後に人口変化率の増大があり，その後19世紀後半に落ち込みがある．この図には示していないが，日本，中国の人口は，それぞれ17世紀，18世紀に大きな人口増加があったことが知られており，その時点が第一次の人口転換であったという説や，アジアが欧州に先駆けて発展していたという説もある（Pomeranz, 2009 ; Morris, 2010）．第二次世界大戦後の高い人口変化率は欧州においては人口転換によるものではないが，その他の地域は人口転換によるものである，ということであれば，世界レベルの人口増加を説明する理論として人口転換論を用いることができるだろうか．

　一方，新大陸の人口変化率は，もともとの人口が少なかったこともあるが，北米では19世紀前半に3.3％，大洋州では19世紀後半に2.2％と非常に高い人口変化率であった．これは旧大陸，つまり欧州からの移民，そしてその後の高い出生率によるものであるが，この新大陸における高い人口変化率は，世界の1960年代の高い人口変化率をも凌駕する水準である．欧米社会にとって，人口移動，そして移民による開拓が開発に与えたインパクトは大きく（Belich, 2009），その影響は産業革命に勝るものであったかもしれない．また新大陸のみならず，アフリカ・アジアの植民地開発の勢いは，インフラ整備はもとより，人口増加に至るまですさまじいものがあり，現在の「先進諸国」はいずれも植民する側であったことを考えると，人口転換とならび，人口移動・植民による開発へのインパクトを負の面を含め明らかにしなければならないだろう．

　人口転換は欧州では18世紀から，その他の地域は19世紀後半から20世紀

にかけて，近代化と並行して世界全域に広がったというのが通説だが（Lee and Reher, 2011），より長い時間範囲でデータを見れば，そのような人口転換のみが人口変動を説明しているわけではないようである．そもそも人口転換論が打ち立てられた1945年頃は，人口転換が始まる前の高出生高死亡時代はおろか，直近の人口転換前期の人口データが整備されているわけではなかったため，人口転換がどのように始まったか，という説明は，断片的な記述により「仮定」として設定されていたのである．しかしその後1960年代より歴史人口学が発展し，過去に遡った人口データが整備されるようになった．次項では，これらの成果を用いて，データが得られる国レベルの人口転換の様相を，できるだけ長期にわたって観察することとする．

(2) 国別長期データによる人口転換論の検討

　人口転換論はスウェーデンや英国でよく当てはまるとされている．長期の人口データを有するこの2国について，人口転換論を検証してみよう．

　スウェーデンは，キリスト教区の出生・死亡などに関する記録が1750年より全国で集計されるようになり（Arosenius, 1918），現在に至るまでの人口数，出生数，死亡数，およびそれらの率の推移を見ることができる（図11-4）．1810年代以降，死亡率に低下の傾向が，その後1860年代から，出生率に低下の傾向が認められ，人口転換論通りの，先に死亡率が低下し，その後出生率が低下する，という展開が見て取れる．しかし，記録のある1750年以降人口転換が始まったと考えられる1810年代までの期間で，1773年，1809年といった，顕著に死亡率の上昇と出生率の低下が認められる異常年を除いては，常に出生率が死亡率よりも高く，その結果人口変化率はほとんどプラスの値を記録しており，すでに記録の残る最初の時点で「高出生・高死亡の人口定常状態」を脱しているものと思われる．記録がないので，はたして1750年以前のいつまでたどれば「高出生・高死亡の人口定常状態」になるのかは不明である．また，1810年代以降の死亡率，次いで1860年代からの出生率の低下はゆるやかに長い時間をかけて起こっており，その差である人口変化率は際立って上昇しているわけでもない．さらに，どの時点で人口転換が完了するか，という点についてであるが，1935年頃に死亡率と出生率が急接近しているものの，その後出

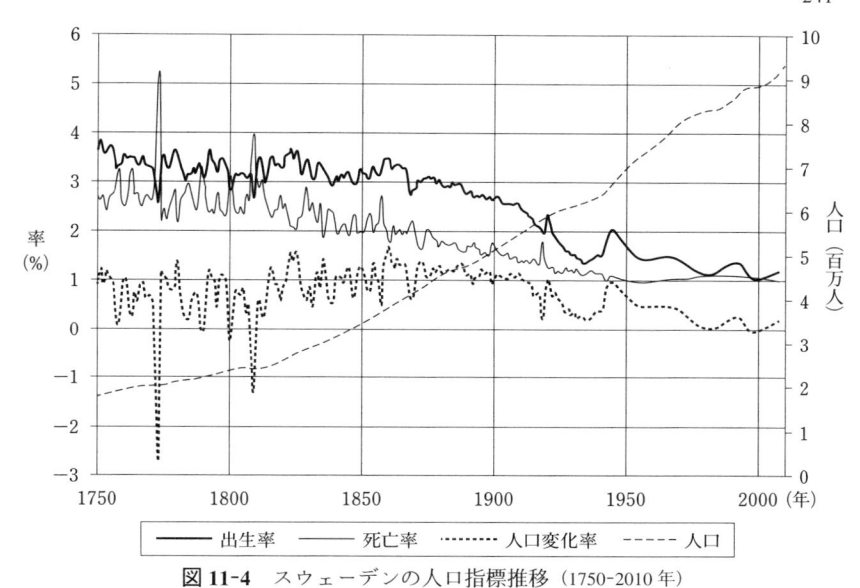

図 11-4 スウェーデンの人口指標推移（1750-2010 年）

出所：1750-1849 年は Mitchell（2007），1850-1945 年は Rothenbacher（2002），1950 年以降は United Nations（2013）．人口変化率は自然人口変化率．

生率の反転（上昇）が見られ，再び人口変化率が急上昇する．最終的に出生率と死亡率がほぼ同じになるのは 1980 年代以降であり，それ以降も死亡率はほぼ一定ではあるが，それに比べ出生率は変動が大きい．この変動は 1940 年以降の激しい出生率上昇に起因した年齢構造の不均一性によるものではあるが，結果的に人口変化率は上昇に転じており，はたしてこの状態が「低出生・低死亡の人口定常状態」と言えるのかどうかは疑問が残るところである．

　英国では，ペスト流行の恐怖から死亡届が 1532 年に開始され，その後，英国国教会の出生（洗礼），婚姻，死亡（埋葬）登録が 1538 年に始まった．1837 年より宗教制度を離れ，民事登録（civil registration）となるが，それとともに公式記録が残るようになる．ここでは，教会登録を元に推計した値（Wrigley *et al*., 1997）と，公式記録の推移を見てみる（図 11-5）．

　スウェーデンでは 18 世紀半ばからすでに出生率は死亡率を上回っていたが，英国では 16 世紀半ばまでさかのぼっても，全般的にはやはり出生率は死亡率を上回っている．時折死亡率が急上昇する年があり，そのような異常年で失わ

242

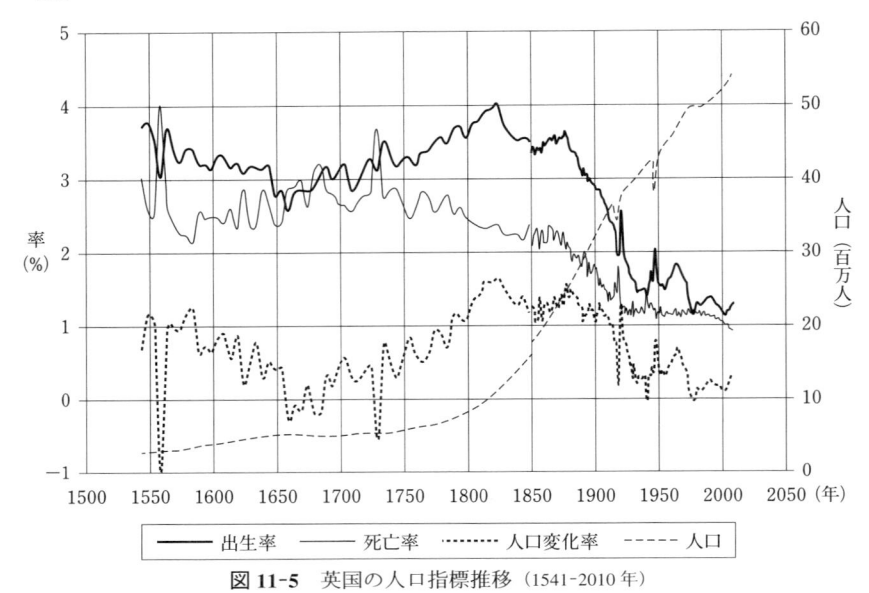

図 11-5 英国の人口指標推移（1541-2010 年）

注：1850 年より前はイングランドのみ，それ以降はイングランドとウェールズの値.
出所：率は 1850 年より前は Wrigley（1997）による推計値，1850-1902 年は Rothenbacher（2002），1903 年以降は
Office for National Statistics, United Kingdom（ONS）. 人口は，1902 年までは率と同じ，1903-1945 年は
Rothenbacher（2002），1946 年は Lahmeyer（2006），1951 年以降は ONS. 人口変化率は自然人口変化率.

れた人口が，平常年のわずかずつの人口増加により補われる，という図式が見
える．1650 年代から 30 年間は，死亡率が出生率より高い時期が続くが，その
後は再び出生率が死亡率を上回る状態が続き，さらに 1730 年代から死亡率の
低下が始まり，人口変化率の上昇は継続する．その後，出生率が低下し始める
のが 1820 年代からで，1541 年から現在までの間，英国における最高の人口変
化率は，この出生率が上昇から下降に転じる直前 1810 年代の 1.6％ である．
1850 年を境に出生率は上昇に反転するが，1870 年代から再び低下，そして 20
世紀の 2 つの大戦による影響を受けながら，低出生，低死亡の状態に推移して
いく．基本的に，死亡率は 1730 年代から若干の振幅はありながら低下の傾向
があるが，出生率の低下は 1820 年代からと遅い．この点から，先に死亡率の
低下が始まるとする人口転換論がスウェーデンと同様，うまく当てはまってお
り，英国における人口転換の開始を 1730 年代とすることもできる．しかし，

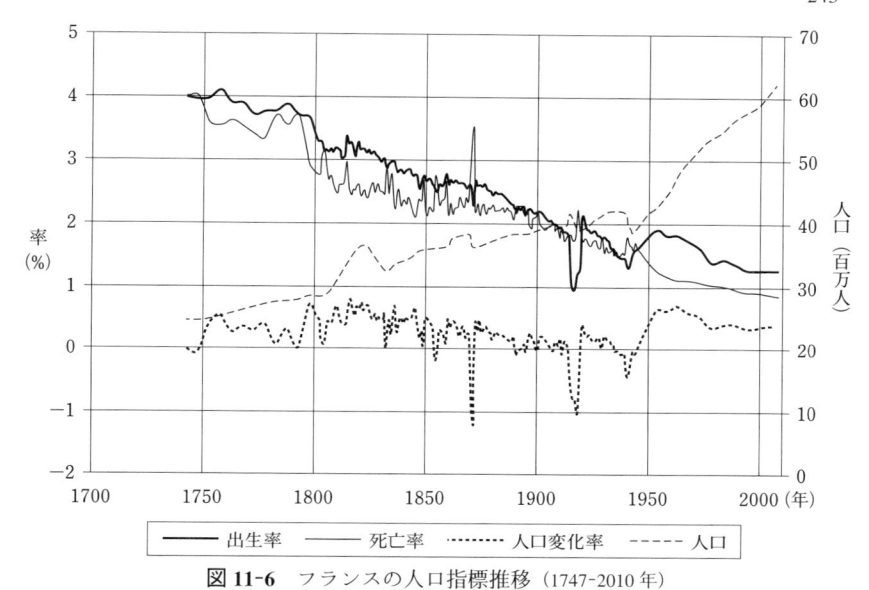

図 11-6 フランスの人口指標推移（1747-2010 年）

出所：1800 年以前は，Henry（1975），1801-1849 年は Mitchell（2007），1850-1945 年は Rothenbacher（2002），
1950 年以降は United Nations（2013）．人口変化率は自然人口変化率．

それ以前も出生率・死亡率は高いレベルで一定しているわけではなく，また
1730 年代以降 1820 年代までの間に大きな出生率の上昇があり，無視すること
ができない変動が認められる．

　フランス人であるランドリーは，人口転換の概念を最初に打ち立てたとされ
ているものの，フランス自体の人口転換の様相を見ると明快な人口転換が認め
られない（図 11-6）．1750 年代から出生率，死亡率ともに減少傾向を示し，19
世紀の半ばには死亡率が停滞傾向を示しているにもかかわらず，出生率は一様
な低下傾向を示している．データのある 1747 年から 2010 年の期間にわたって
人口変化率は 1％ を超えることはなく，特に 19 世紀末には人口変化率がマイ
ナス，つまり人口移入がなければ人口減少となるような年が複数あった．ちな
みにこの頃，人口停滞が普仏戦争（1870-71 年）の敗北をもたらしたのだと考
えられ，フランスで人口増強政策がとられるようになったのは前述の通りであ
る．20 世紀に入っても，二つの大戦期前後を除いてこの出生率と死亡率の低
下傾向は継続している．

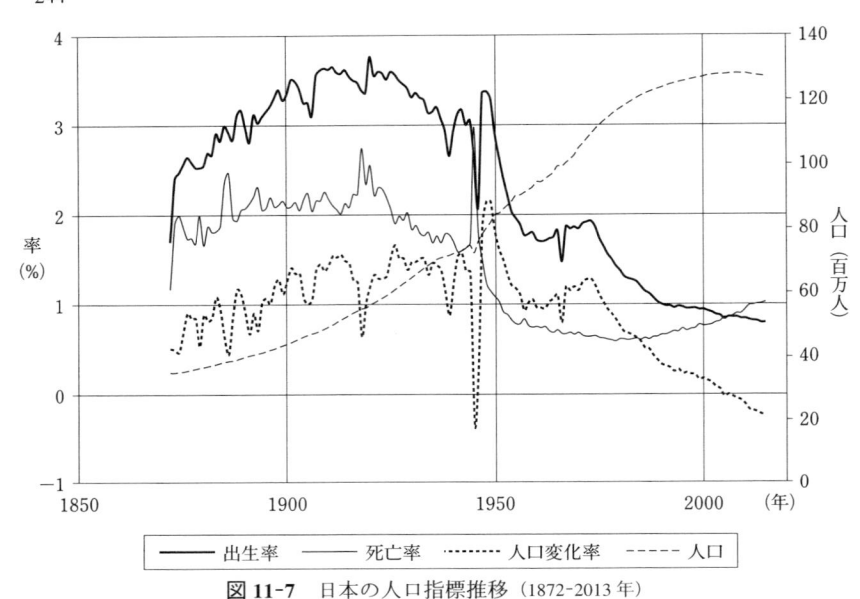

図 11-7 日本の人口指標推移 (1872-2013 年)

注：1872 年は，2 月 1 日から 12 月 2 日までの出生・死亡数を用いた率であるため値が小さい.
出所：「新版日本長期統計総覧」(2006，総務省統計局)，届出遅れが繰り入れられている 2-1 表より算出．人口変化
　　率は自然人口変化率.

　日本について，全国レベルでデータが得られるのは1872（明治 5 ）年からで
ある．その時点からの人口指標を見ると（図 11-7），出生率は1920 年までは
大きく上昇し，その後減少の傾向で，死亡率は当初上昇するがその後停滞し，
1918 年のスペイン・インフルエンザによる急激な上昇の後，基本下降傾向と
なる．早い時期に出生率が大きく上昇するのは英国と似ているが，英国の場合
は死亡率の低下が先にあったが，日本の場合は出生率の増加の後に死亡率の低
下が，出生率の低下と同期して起こっている．人口変化率がはじめて 1% を超
えたのは 1888 年で，その後増加の傾向を示しているが，これはもっぱら出生
率の増加によるものである．この日本の人口指標の変化のパターンから見ると，
死亡率の低下が人口転換の始まりと定義するならば，日本の人口転換は 1920
年から始まったということになるが，それ以前から出生率の増加による人口増
加が始まっていた.
　日本における出生率の 19 世紀末の上昇については，届出漏れが多かったた

めである，という議論があり（森田，1944；岡崎，1986），それを補正した推
計値によれば，このような出生率の上昇は見られず，少しずつ低下していたと
される．現在公表されている出生率・死亡率の公式統計は，1930（昭和5）年
に届出漏れを補正して1872（明治5）年からの人口を補正計算したものではあ
るが（内閣統計局，1930），届出漏れが後で修正されるのは，生まれた子供が
生き延び，戸籍に繰り入れるために遅れて届出がなされる，ということとする
と，生まれてすぐに死んでしまった子供について，届出が行われることはなか
ったかもしれない．しかしその場合は，出生と死亡がどちらも過小となり，
1890年頃から出生率は増加し，死亡率は停滞するという異なった傾向を示す
ことを説明しない．とすると，やはり死亡率が低下する前の出生率の増加は，
届出の不完全さにあるのではなく，実態を表しているのだろうか．英国で18
世紀に出生率の上昇が認められるのは，Wrigleyらによる教区登録の遡及推計
が1980年代に発表されてからわかったことであり，それ以前は，近代化によ
り出生率は下がるもの，という通念があった．日本の出生率が明治初期に上昇
したことは近代化とは逆方向であるので，統計のほうが間違いである，という
発想になってしまった可能性もある．

　以上，比較的長期に出生率と死亡率のデータが得られる，スウェーデン，英
国，フランス，日本を見る限り，人口転換論を純粋に体現した典型例はいずれ
の国にも見出されず，人口変化率のピークにあたるようなものも，英国以外に
は明確に認めることは難しく，さらにこれら4カ国の人口増加は，せいぜい年
率1％を超える程度のものであり，世界人口が1960年代に経験した2％とい
うレベルにはほど遠いものであった．4カ国に共通しているのは，高出生・高
死亡の状態から低出生・低死亡の状態へある程度の時間をかけて遷移したこと
であり，その道筋は多種多様である．例えば死亡率が低下し始めた時期は，英
国であれば1730年，フランスであれば1750年，スウェーデンであれば1810
年，日本であれば1920年頃と異なっており，その変化をもたらしたであろう
栄養や衛生状態，医療技術や教育水準の影響は，時代によって異なっている．
また出生率の動向は，死亡率の低下が始まって大きく上昇する英国，死亡率と
同時に低下するフランス，死亡率に遅れて低下するスウェーデン，死亡率の低
下の前に大きく上昇し，死亡率の低下とともに低下する日本，といったように，

国によりまちまちである．死亡というのはだれでも避けたいことであるから，死亡率の減少は無条件に社会が努力する方向であるが，出生率については価値観や習慣といった文化・社会的要因に左右されるところが大きいので，一様に低下するわけではない．さらに死亡率が高い時代は乳幼児の死亡割合が大きく，その時代は間引き，嬰児殺しといった人為的な人口調節機能があったことを無視できない．死産，新生児死亡，乳児死亡といった，出生と死亡が絡み合った領域の登録・統計が得られるのは，かなり後の時代になるのである．人口統計，つまりすべての人を対象とした登録・記録が残るのは，高出生・高死亡の「暗黒時代」から抜け出した後のことが多く，記録がない時代は一様に高出生・高死亡と簡略化して考えられることも多いが，大きな人口増加は旧石器時代から始まって，古代や宋代中国，近世日本にも認められており，それぞれに人口転換と言えるような社会変化があったはずである（Caldwell, 2006）．人口転換とは何を指しているのか，いま一度再考する必要があるように思われる．

(3)　開発途上地域の人口転換

　それでは，20 世紀半ばに「第三世界」と名づけられた，いわゆる途上国の人口はどのように変化しているのだろうか．そもそも現代的文脈でいう「人口と開発」とは，途上国をどのように先進国並みの社会・経済水準に引き上げるか，という問題意識に基づいており，先進国と途上国とは何が違うのか，その区別は有効か，その社会・経済水準に序列があるのか，といった点を明らかにする必要がある．人口指標の変化からそれがわかるだろうか．

　現在の国連の基準では，先進地域は欧州，北米，オーストラリア・ニュージーランド，日本，開発途上地域はアフリカ，日本以外のアジア，中南米，メラネシア・ミクロネシア・ポリネシアとされ，開発途上地域にある国のうち，特に開発の遅れた国々は国連決議により後発開発途上国と認定されている．現在，後発開発途上国は 49 カ国を数え，そのうちアフリカが 34 カ国と一番多く，ついでアジア 9 カ国，大洋州 5 カ国と続き，中南米はハイチ 1 カ国となっている．後発開発途上国の認定のための基準は，経済水準としては 1 人当たり GNI が992 米ドル以下，人的資源開発の水準として栄養不足人口の割合，5 歳以下乳幼児死亡率，中等教育就学率，成人識字率，経済的脆弱性の水準が用いられて

いる．前項で長期の人口指標推移を見た 4 カ国はいずれも先進地域に位置するが，その先進地域は，開発途上地域の先を行く典型例であろうか，それともアフリカ，アジア，中南米といった開発途上地域はそれぞれ独自の変貌を遂げたのであろうか．

世界の地域別出生率，死亡率，人口変化率を見ると（図 11-8），ほとんどの地域で出生率，死亡率の低下が認められる．開発途上地域に限れば，いずれの地域においても，死亡率が出生率を上回るようなことはなく，人口変化率も 1950 年の段階で 2% 前後かそれ以上と高く，高出生・高死亡で人口が停滞するような状況は，少なくとも 1950 年以降には地球上に存在しなかったといってもよいだろう．

これらの地域別人口動向のパターンを見ると，人口転換論にうまく当てはまらない，2 つの地域群を挙げることができる．1 つはアフリカ，特に北アフリカを除いたサブサハラアフリカである．中央アフリカをはじめ，東西アフリカでは出生率の低下は顕著ではなく，その水準も直近の 2005-2010 年で 4% 以上と非常に高い．また南部アフリカでは 1990 年代からエイズによると思われる死亡率上昇が認められ，順調に出生率が低下している南部アフリカにおいてもこのような新興感染症に対する脆弱性を持っていることを示している．

もう 1 つは，東アジア，中央アジア，東欧といった地域において，波を打つような出生率の上下があり，死亡率については，東アジアの 1960 年代の停滞，東欧の 1970 年代からの上昇といった非典型的な動向が認められることである．東アジアは人口の 80% 程度を中国が占めており，1960 年前後の大躍進政策の失敗による飢饉の影響が出生率・死亡率に現れ，またその後の出生率高騰とあわせ，次世代の出生率のうねりをもたらしている．東欧の死亡率の上昇は，特にロシアにおける死亡率の上昇によるところが大きい．冷戦が終結し，旧共産主義諸国の時代は過去のことであり，その社会動向は矮小化され例外視されるきらいがあるが，冷戦当時は西側諸国と対立し第三世界に大きな影響力を与えるとともに，共産主義国自体の人口を合計すると世界人口の 3 分の 1 程度を占めており，世界人口における重要性は無視できるものではない．共産主義諸国の人口動向は，人口転換論が説くように自動的に出生率と死亡率が低下するわけではなかったことを如実に示している．

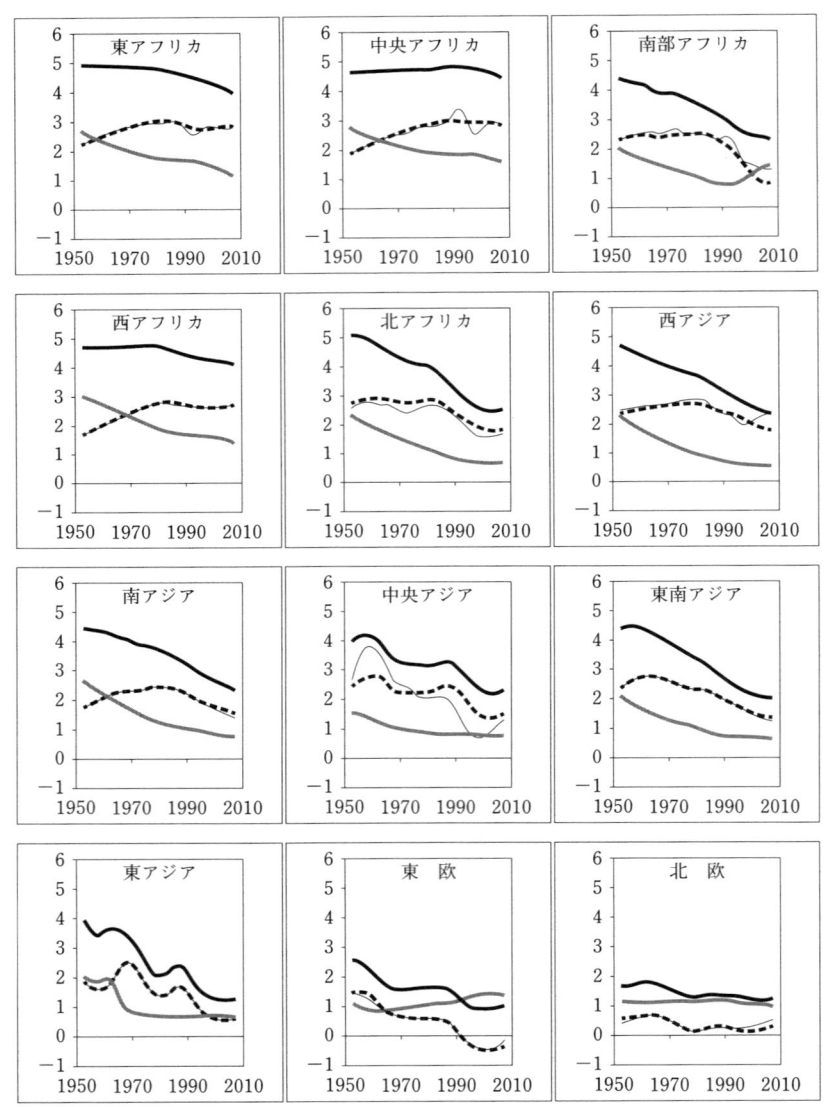

図 11-8 地域別人口指標推移（1950-

出所：United Nations（2013）.

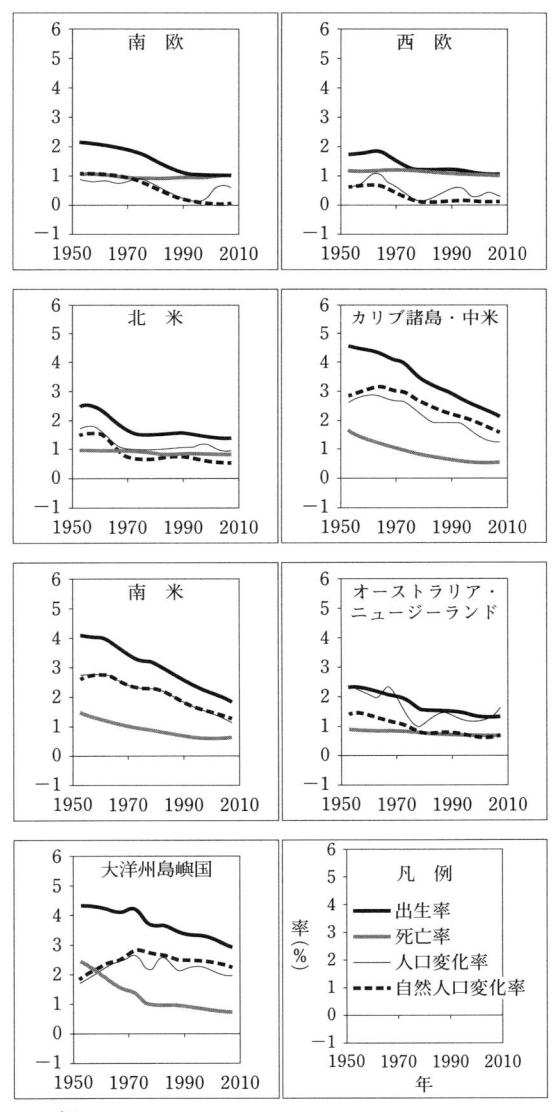

2010 年)

3　21 世紀の人口と開発課題

(1)　順調シナリオ下での将来推計

　過去 100 年間を振り返れば世界は大きな変化を経験し，100 年前に 100 年後の現在の状況を予測するのは至極難しいことであろう．同様に，今から 100 年後は，想像もできないことになっている可能性は大きい．それでも，現在のトレンドを外挿して 2100 年までの人口変化率を地域別に推計した結果が図 11-9 である．この国連推計は，人口転換論の通り，出生率・死亡率は人口が定常状態になるまで低下し，その後は一定を保つ，という前提に基づいているので，概ね人口変化率は一様に低下している．まずはこの前提に基づいた，今後の世界人口の変化を観察してみよう．

　まず第 1 の特徴は，とびぬけて高いアフリカの人口変化率である．率は少しずつ低下してきているものの，その値は常に正であり，今後もアフリカの人口は大きく増加する．1950 年に 2.3 億人であったアフリカ人口は世界人口の 9%に過ぎなかったが，1996 年に欧州人口を追い抜き，2010 年には世界人口の 15% となった．さらに 2050 年には世界人口の 25%，2100 年には 39% になると予測されている．現在，後発開発途上国 49 カ国のうち 34 カ国はアフリカ大陸にあり，出生率の低下も遅く，また 2000 年から反転して高くなっているニジェールなどの国もあり，エイズによる南部アフリカの 1990 年からの死亡率の上昇，さらに 2014 年から西アフリカ 3 カ国（リベリア，シエラレオネ，ギニア）で発生したエボラ出血熱など，まさにマルサスが積極的チェックと名付けた，過剰人口が淘汰されるような状況がいまだに続いている．

　しかし，エボラ出血熱はすぐ横のセネガルやナイジェリア，マリなどに広がったものの，拡大せずに制圧されていることに端的に示されるように，少しずつ，しかし着実にアフリカの社会変化は進んできている．1960 年代に独立するまで，ほとんどのアフリカの国は植民地支配下にあった．独立後の半世紀ほどの空白期は，1820 年代に独立した後のラテンアメリカでも同様であったという説もあり（Bates *et al.*, 2007），2000 年から経済成長率は上昇し，また人口ボーナスをこれから享受する唯一の地域として，世界からの投資が集まって

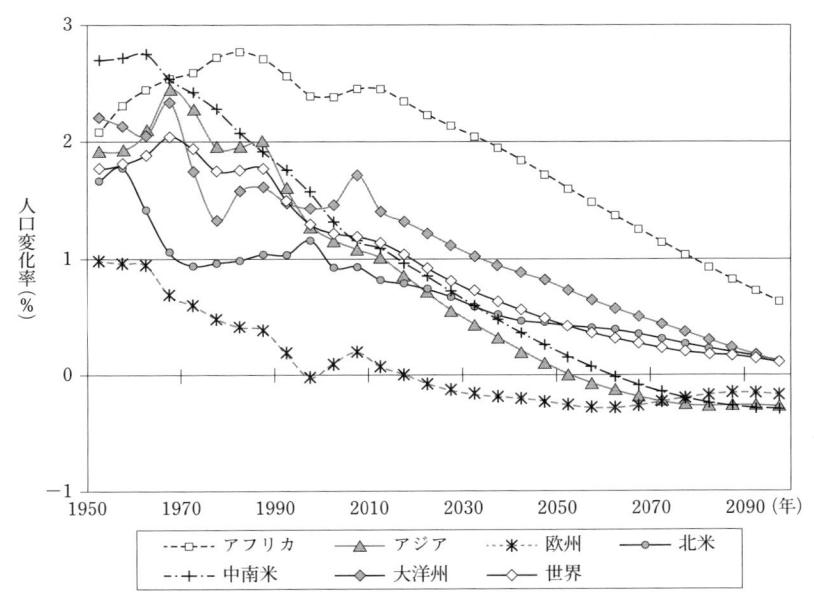

図 11-9 地域別人口変化率（1950-2100 年）

出所：United Nations（2013）.

いる．これから続く人口増加を収容できるのか，食料・水・エネルギーの供給
も含めてまさにチャレンジではあるが，もともとアフリカの人口密度は低く，
2100 年に推計通り 42 億人となっても，人口密度は 138 人/km²で，現在のア
ジア（131 人/km²）程度であり，人口収容も不可能ではないだろう．

　一方，欧州は 2020 年頃には負の人口変化率，つまり人口減少となり，遅れ
てアジア，中南米も 21 世紀後半に同様の状態となる．ロシアや日本ではすで
に人口減少を経験しているが，今後同様に人口減少する国が増えてくるわけで
ある．人口減少フェーズでは当初人口構造の高齢化をもたらすので，社会制度
の変革が必要となるが，現在のところ寿命が延びるスピードは時間が進む割合
よりも遅いので，いつかは高齢化率が頭打ちとなる．これは過去の人口サイズ
に戻っていくということであるので，未経験の状態に突入するわけではない．
人間の本能に潜む人口減少に対する恐怖を，エビデンスに基づいた正しい判断
により解いていく必要があるだろう．

　2100年にかけて，北米や大洋州の人口変化率の低下はゆるやかである．これら2つの地域を構成する国々は，移民により成立したという歴史を持つカナダ，米国，オーストラリア，ニュージーランドであり，20世紀を通して移民受け入れのための制度を現状に合わせて変革し，整備してきた国である．例えば白豪主義をとっていたオーストラリアは，1970年代初頭にそれを廃止し，今では多くのアジアからの移民を受け入れる国になっている．今後も移民受け入れを世界人口の実情に応じて続けていくのであれば，これらの国々に多くのアフリカ人が移入していくことであろう．またそのような国の底力は大きく，世界を牽引するものとなるだろう．一方，すでに移民を多く受け入れているが今後も門戸を広く開放しているとは言い難い欧州や，日本やアジアの新興国では，多くの移民送出国において人口高齢化が進んでいることもあり，これまで通り門戸を開けばすぐにいい人材が入ってくる，というわけではなくなっている．国民のコンセンサスを得ながら，うまく国際人口移動を管理し，外国人の社会統合をする覚悟がなければ，安価な労働力を求める安易な移民受け入れは，すぐに失敗に陥るだろう．

　今後，人口変化率が低下するなか，子供・若者の数が減り，高齢者がますます長生きをする社会になって年齢別人口構造は大きく変動する．15歳未満と65歳以上の従属人口を，生産年齢である15歳から65歳未満の人口で割った従属人口指数の地域別推移をみると（図11-10），中南米，次いでアジアは，1960年代の高い水準から一気に減少し，2010年から2020年の間に底をつき，その後はどんどん上昇していく．つまり現在は転換点で，今後は欧州，それに次いで日本で進行した高齢化と同じ道筋で，しかしそれよりも早く，人口の高齢化が着実に進行する．欧州や日本で19世紀末から構築されてきた社会保障制度をそのまま取り入れるのでなく，新興国の高齢社会の実情に合わせた制度構築が求められるであろう．ここで言う「生産年齢人口」の15歳以上65歳未満という年齢区切りや，高齢者の定義自体も見直す必要もあれば，定年後長く生きることを想定していなかった時代につくられた年金制度を見直し，世代間の不平等を是正するような根本的な社会制度の改革が必要となるのは，世界のどの地域にも言えることである．

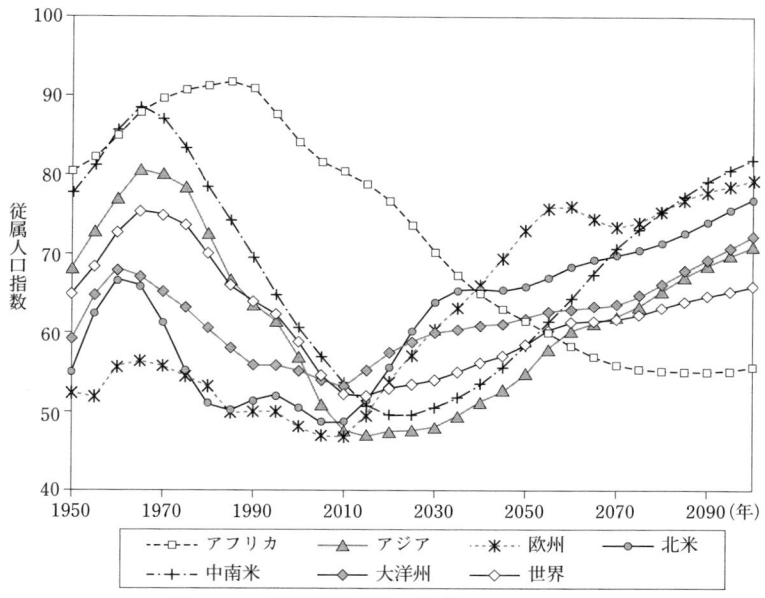

図 11-10 地域別従属人口指数（1950-2100 年）

注：従属人口指数＝（15 歳未満人口＋65 歳以上人口）／（15-64 歳人口）.
出所：United Nations (2013).

(2) 攪乱要因

　前項では，このまま何事もなくスムーズに出生率，死亡率が低下していった場合の人口推計の結果を見た．しかし 20 世紀に限っても，第二次世界大戦前後の大きな出生率・死亡率の変動，東欧（ロシア）における死亡率の上昇，東アジア（中国）における 1960 年前後の不規則性，東・西・中央アフリカの下がらない出生率など，多くの「正常」ではない攪乱要因があった．今後起こりうる攪乱要因も，想定可能なものもあれば，不可能なものもある．

　想定できるものとしては，世界規模の感染症流行や，戦争による死亡と戦後のベビーブーム，また 20 世紀における共産主義社会で死亡率が上がり続けたように，西アフリカなど一定の地域で出生率が下がらないという事態も起こる可能性がある．また，ある程度長い期間のデータを持つ国を見ても，そこには典型的な人口転換に当たるものがなかったことを考えると，下がった出生率は

死亡率と釣り合った状態で定常状態になる，という人口転換の終わりについて
も根拠があるわけではない．人間の DNA に集団としての人口の定常化に向け
たメカニズムがあるのではなく，あくまでも個人は自分の状況を最適化するよ
うに行動するのであり，その行動はしばしば合理的でなく，また，失敗も多い．

　人口転換論が説くような死亡率と出生率の低下がうまく釣り合うような状況
に落ち着くのは，事実そうなっているのではなく，それが理想型であると考え
るべきであろう．人口転換をうまく終結させることが，今後の人口と開発の目
標である．

参考文献

岡崎陽一（1986）「明治大正期における日本人口とその動態」『人口問題研究』178.

兼清弘之（2002）「日本における人口研究の歴史」日本人口学会編『人口大事典』培
　　風館, pp. 272-277.

河野稠果（2007）『人口学への招待──少子高齢化はどこまで解明されたか』中公新
　　書.

内閣統計局（1930）『明治五年以降我国の人口』調査資料第三.

森田優三（1944）『人口増加の分析』日本評論社.

葛剣雄（2002）『中国人口史　第一巻　导论，先秦至南北朝时期』復旦大学出版社.

Arosenius, E.（1918）"The History and Organization of Swedish Official Statis-
　　tics," in Koren, J.（ed.）*The History of Statistics: Their Development and
　　Progress in Many Countries*, The American Statistical Association, The
　　Macmillan Company of New York, pp. 535-569.

Bates, R. H., Coatsworth, J. H. and Williamson, J. G.（2007）"Lost Decades:
　　Post Independence Performance in Latin America and Africa," *The Journal of
　　Economic History*, 67(4): 917-943.

Belich, J.（2009）*Replenishing the Earth: The Settler Revolution and the Rise of
　　the Anglo-World 1783-1939*, Oxford University Press.

Bertillon, J.（1897）*Le problème de la dépopulation*, Arman Colin & Cie, Edi-
　　teurs, Libraires de la Société des Gens de Lettres.

Biraben, J.-N.（1979）"Essai sur l'évolution du nombre des hommes," *Popula-
　　tion*, 1: 13-25.

Caldwell, J. C.（2006）*Demographic Transition Theory*, Springer.

Davis, K.（1945）"The World Demographic Transition," *The Annals of The
　　American Academy of Political and Social Science*, 237: 1-11.

Guillard, A. (1855) *Éléments de statistique humaine, ou démographie comparée*, Guillaumin et Cie Libraire.

Henry, Louis et Yves Blayo (1975) "La population de la France de 1740 à 1860," *Population 30e année*, 1: 71-122.

Hume, D. (1752) *Political discourses*, 2nd edition, R. Fleming.

Lahmeyer, J. (2006) *1999/2006 Populstat*. 〈http://www.populstat.info〉(last access 2015/05/22).

Lee, R. and Reher, D. S. (eds.)(2011) "Introduction: The Landscape of Demographic Transition and Its Aftermath," *Population and Development Review*, 37(Suppliment): 1-7.

Malthus, T. (1798) *An Essay on the Principle of Population, as it Affects the Future Improvement of Society*, eBooks@Adelaide.

Mitchell, B. R. (2007) *International Historical Statistics Europe 1750-2005*, 6th edition, Macmillan Publishers.

Morris, I. (2010) *Why the West Rules: For Now*, Profile Books.

National Central Bureau of Statistics (1969) *Historical Statistics of Sweden Part 1. Population, 2nd edition. 1720-1967*.

Notestein, F. W. (1945) "Population: The Long View," in Schultz, T. W. (ed.) *Food for the World*, Chicago: Illinois, University of Chicago Press, pp. 36-57.

Pomeranz, K. (2009) *The Great Divergence: China, Europe, and the Making of the Modern World Economy*, The Princeton Economic History of the Western World, Princeton University Press.

Rothenbacher, F. (2002) *The Societies of Europe, The European Population 1850-1945*, Palgrave Macmillan.

United Nations, Department of Economic and Social Affairs, Population Division (2013) *World Population Prospects: The 2012 Revision*, CD-ROM Edition.

Wrigley, E. A., et al. (1997) *English Population History from Family Reconstitution 1580-1837*, Cambridge University Press.

IV

将来社会の展望
人口から考える設計図

第12章 仮想的人口シミュレーションと その政策議論への応用

石井　太

1 はじめに

将来の人口は，様々な政策立案の基礎となる重要な要素である．このため，国立社会保障・人口問題研究所の公的将来推計人口は，施策計画，開発計画，経済活動計画等の立案に際し，それらの前提となる人口の規模および構造に関する基礎資料として，広範な分野において利用されている．しかしながら，未来の人口の姿や未来の出生・死亡・移動等の人口変動要因を，定量的かつ正確に予言する科学的な方法は存在しない．そこで，この推計にあたっては，客観性・中立性を保った最善の科学的方法として，過去から現在に至るまでに観測された人口学的データの傾向・趨勢を将来に向けて投影する「人口学的投影手法」が用いられている．

このように，公的将来人口推計とは，あくまでこれまでのデータの傾向・趨勢から一定の前提に基づいて導き出されたものであって，将来を予言・予測したもの，あるいは，少なくともそれを第一義的な目的とするものではない．では，このような推計はどのように活用することができるのであろうか．例えば，今後，外国人人口を現在よりも積極的に受け入れたとした場合に，将来人口の規模や構造にいかなる影響があるかを考えるためには，まず，現状の趨勢が今後も続くとした場合の将来の姿をベースラインとして準備することが必要となる．しかしながら，このベースラインに必ずしも客観的とはいえない予見が混入し，かつそれが中立的なものでなかったとしたら，それに基づいて政策的議論を行うことは困難となろう．すなわち，これまで社会が歩んできた方向から自然に導かれる行き先が指し示されるからこそ，それを基軸として将来の変化

を議論することが初めて可能になる．このベースラインとなる推計を実現するものが人口学的投影であるといえる．

そして，人口学的データの趨勢から投影された将来像に，仮に望ましくない点があったとすれば，それを見て，現在の趨勢を変える行動を起こすことや，これまでとは異なる選択をすることが可能となる．このように，人口学的投影とは，未来を予言・予測することを第一目的としない将来推計という一見逆説的なものであるからこそ，我々国民の未来の行動を改善するための材料として利用でき，政策的応用が可能となるのである．

しかしながら，公的将来人口推計がベースラインであるならば，具体的な政策議論は，そのベースラインから様々に前提を変化させた将来人口に関する仮想的シミュレーションを行うことによって，より定量的に行うことが可能となる．そこで，本章では，このような仮定値の変化による将来人口の変動，また，その政策議論への応用として，特に外国人の国際人口移動を増加させた場合の公的年金財政への影響について述べることとする．

2　人口置換水準と出生仮定の変化による将来人口の変動

近年，わが国の出生水準は，先進諸国の中でも特に低い水準で推移している．このような低出生水準の継続は一般には「少子化」と称され，長期的に人口の規模を維持することができる出生率水準である「人口置換水準」を下回る出生率が継続することとされている．そして，人口の規模を一定に保つことを念頭に置き，この人口置換水準を一種の出生水準の参照値とした議論が行われることがある．

しかしながら，実際には，人口置換水準という概念は人口の再生産を通じて捉えられるものであり，まったく同一の出生レベルであったとしても人口置換水準を上回る場合とそうでない場合が存在することがある．したがって，「少子化」とは，一般的に考えられているように出生水準のみを表す概念ではないことになる．そこで，ここでは，「人口置換水準」という概念をより正確に理解するため，人口再生産に関するより精密な指標を解説するとともに，人口の規模を維持する場合の将来の人口の仮想的シミュレーションを考えてみよう．

　長期的に人口の規模が維持され，総人口が一定となる人口を静止人口（定常人口）と呼ぶが，人口学方法論ではこれを考えるため，ある世代から次の世代への置き換えの大きさを考察する．その際，男女両性人口を同時に考えることは理論的に複雑となるため，女性のみの人口（女子単性人口）の再生産に着目する．また，一定の集団の再生産を考える観点から，人口変動要因について出生と死亡のみ考慮し，移動は考慮しない封鎖人口を考察する．このような条件下で，ある世代が次の世代にどのような比で置き換わるかを表すのが純再生産率（Net Reproduction Ratio）である．これは以下の式で表される．

$$NRR = \sum_{x=15}^{49} {}_1F_x^F \frac{{}_1L_x}{l_0}$$

　ここで，${}_1F_x^F$ は年齢 $[x, x+1]$ 歳の女児出生率，${}_1L_x$ は女子の生命表の定常人口，l_0 は生命表の基数である．この純再生産率が 1 より大きい時には，人口は次の世代により大きいサイズで置き換わることとなり，長期的に人口は増加する．逆に 1 より小さい時には減少し，純再生産率がちょうど 1 になる時，人口は長期的に静止することになる．

　さて，この純再生産率と通常よく用いられる合計特殊出生率との間には，一定の条件下で，以下のような近似的な関係式を導くことができる．

$$NRR \approx TFR \frac{p(A_M)}{1+SRB}$$

　ここで，A_M は平均出生年齢，$p(A_M)$ は 0 歳から A_M 歳までの生存確率，SRB は女児の出生数に対する男児の出生数の比（出生性比）を表している．この式から，NRR が 1 となるためには，TFR は $\frac{1+SRB}{p(A_M)}$ となる必要があるが，これが人口置換水準である．近年のわが国の場合，A_M は概ね 30 歳前後であり $p(A_M)$ は約 0.99 で概ね安定的なのに対し，SRB は 1990 年以降だけをとっても 1.05-1.06 と各年の実績値では上下しながら推移してきているため，これを用いて人口置換水準を小数第 2 位まで算定すると 2.07-2.08 程度の間で変動が生じる．また，「日本の将来推計人口——平成 24 年 1 月推計」（国立社会保障・人口問題研究所，2012．以下「平成 24 年推計」）の出生中位・死亡中

位仮定では，今後の死亡率改善の影響を受け，2060年には2.06まで低下する
ものと見込まれる．このように，人口置換水準は年齢別出生率だけでは決まら
ず，出生性比と死亡率の影響を受けることを鑑みれば，一般的には概ね2.1程
度と捉えておくのがよいといえよう．

　さらに，この人口置換水準は，移動を考慮しない封鎖人口を前提としている
点にも注意が必要である．「平成24年推計」では，国際人口移動について，日
本人・外国人のそれぞれについて人口学的投影手法により仮定を設定しており，
将来推計上，人口の移出入があることが仮定されている．特に，外国人につい
ては2030年に男性3.4万人，女性3.8万人の入国超過，それ以降は男女年齢
別の入国超過率が一定となる仮定設定となっており，長期的に入国超過が発生
する推計となっている．したがって，例えば，出生中位・死亡中位仮定の将来
推計の下で，仮に出生率を2060年の人口置換水準である2.06まで引き上げて
長期的に観察したとすると，国際人口移動の存在によって人口は静止せず，増
加をし続けることとなる．

　そこで，このような場合の長期的な人口の挙動を調べるため，以下のような
仮想的シミュレーションを実行した．「日本の将来推計人口——平成24年1月
推計の解説および参考推計（条件付推計）」（国立社会保障・人口問題研究所，
2013．以下「条件付推計」）では，出生・外国人移動仮定に対して将来人口が
どのように変動するかを示す感応度分析を行う観点から，出生率と外国人の国
際人口移動のレベルが様々に変化した場合に対応した将来人口に関する反実仮
想シミュレーションを実行している．この中では，出生率については，「平成
24年推計」の中位・高位・低位の3仮定を用いて，各年における3仮定の年
齢別出生率を線形補間（補外）することによって年齢別出生率を作成している．
また，その線形補間比についてはすべての年次で共通のものを用いている．そ
こで，これと同じ方法を用いて，2060年に人口置換水準となるような年齢別
出生率を作成することとした．

　図12-1は，「平成24年推計」の中位・高位・低位の3仮定に加えて，人口
が静止する観点で設定された日本人女性の合計特殊出生率仮定を示したもので
ある．静止（封鎖）と示されているのが2060年に人口置換水準となるケース
であり，先に述べたとおり，2060年の出生率は2.06となる．出生率がこの軌

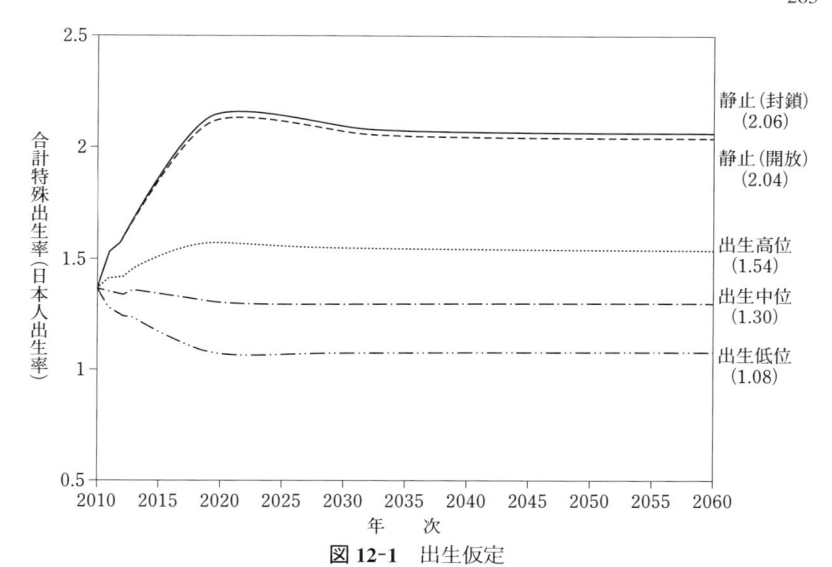

図 12-1 出生仮定

出所：国立社会保障・人口問題研究所「日本の将来推計人口（平成 24 年 1 月推計）」および筆者算定.

道で推移する場合，国際人口移動をゼロとした封鎖人口では長期的に人口は静止するが，国際人口移動を仮定した場合には人口は静止しない．そこで，「平成 24 年推計」の国際人口移動仮定の下で，長期的に人口が静止する水準として，基準時点から 500 年後と 600 年後の総人口が等しくなるような 2060 年以降の合計特殊出生率の水準を探索的に求めたものが静止（開放）と示されたものである．この場合，2060 年以降の日本人女性の合計特殊出生率は 2.04 となる．

　以上の仮定に基づいて 300 年分の将来人口シミュレーションを実行し，総人口の見通しを示したものが図 12-2 である．まず，静止（2.06，封鎖）が，2060 年以降人口置換水準である 2.06 の出生率かつ国際人口移動をゼロとした封鎖人口の場合であり，概ね基準時点から 200 年経過するとほぼ人口が静止していることが観察できる．一方，静止（2.06，開放）は同じ出生仮定の下で国際人口移動がある場合であり，人口増加が継続してしまっていることがわかる．これに対して，静止（2.04，開放）では，国際人口移動仮定がある前提の下で出生率水準を調整したことから，実際に人口が長期的に静止していることがわ

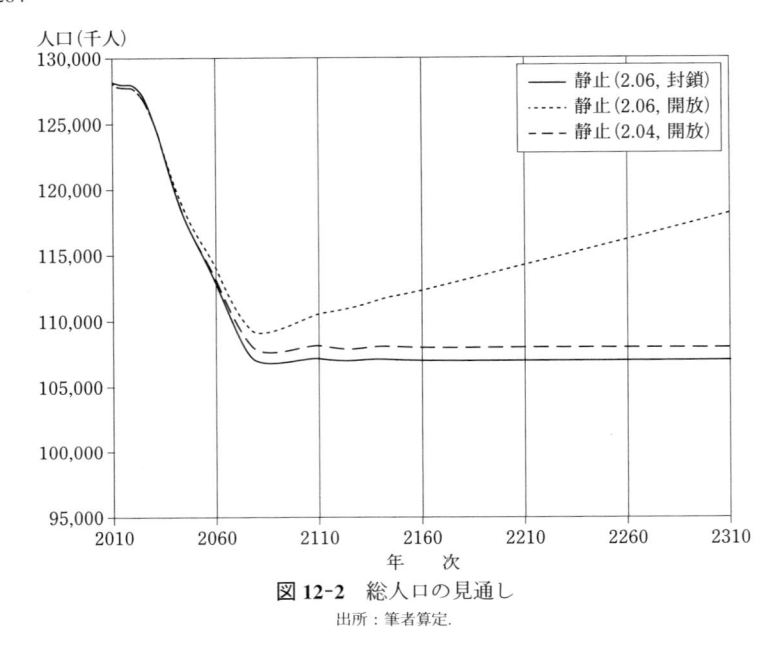

図 12-2　総人口の見通し

出所：筆者算定.

かる.

　なお，通常の人口置換水準を求める時の前提である女子単性封鎖人口におい
て，人口が静止した時の年齢構成は女子の生命表の定常人口に一致する．した
がって，将来人口シミュレーションにおける静止人口の年齢構成は，男女の生
命表の定常人口を，出生性比を考慮して加重平均したものに一致することとな
る．しかしながら，国際人口移動がある場合にはその影響によって静止人口の
年齢構成は定常人口の加重平均には一致しない．図 12-3 は 300 年後の年齢構
成を示したものであり，国際人口移動を仮定した場合には定常人口からゆがみ
が生じていることが観察できる．

3　少子化対策と外国人受入れの効果の違い

　ここまで，静止人口を中心として出生率が高まった場合の人口の仮想的シミ
ュレーションを見てきた．しかしながら，将来の人口の規模をより大きいもの

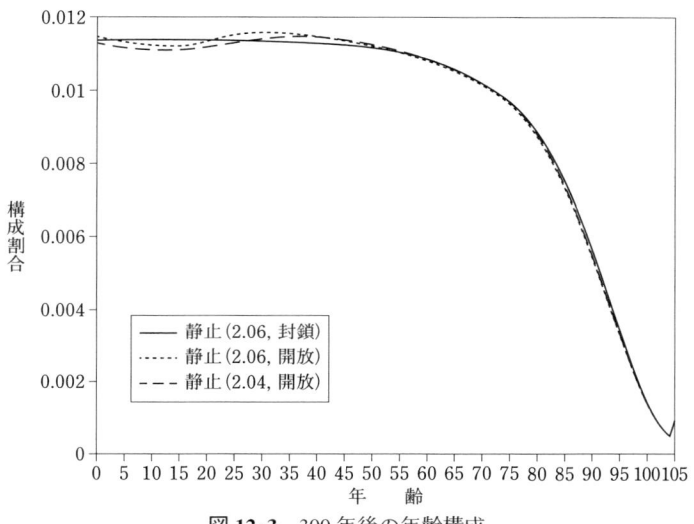

図 12-3 300 年後の年齢構成

出所：筆者算定.

とするためには，出生率を高くする以外に，国際人口移動のレベルを高くする
ことが考えられる．そこで，ここでは，「条件付推計」で示されている，出生
率と外国人の国際人口移動のレベルを様々に変化させた場合に対応した将来人
口に関する反実仮想シミュレーションを利用し，両者が将来の人口に与える効
果の違いについて考えることとしよう．

「条件付推計」では，出生率のレベルについて，2060 年における人口動態ベ
ースの出生率が 2.00，1.75，1.50，1.25，1.00 となるようなシミュレーショ
ンを行っている．一方，外国人の移動仮定については，本推計における 2030
年における年間の純移入数が約 7.1 万人であるのに対し，この時点における純
移入数について 0 万人，5 万人，10 万人，25 万人，50 万人，75 万人，100 万
人となるようなシミュレーションを実行している．

ここでは，これらの中から，出生中位・死亡中位仮定よりも出生や外国人移
動のレベルが高く，人口規模がより増加するものの中から，2060 年における
総人口の規模をベンチマークとして比較的総人口の規模が近いケースの年齢構
造の違いを比較してみることとしよう．まず，出生率 2.00 のケースでは 2060

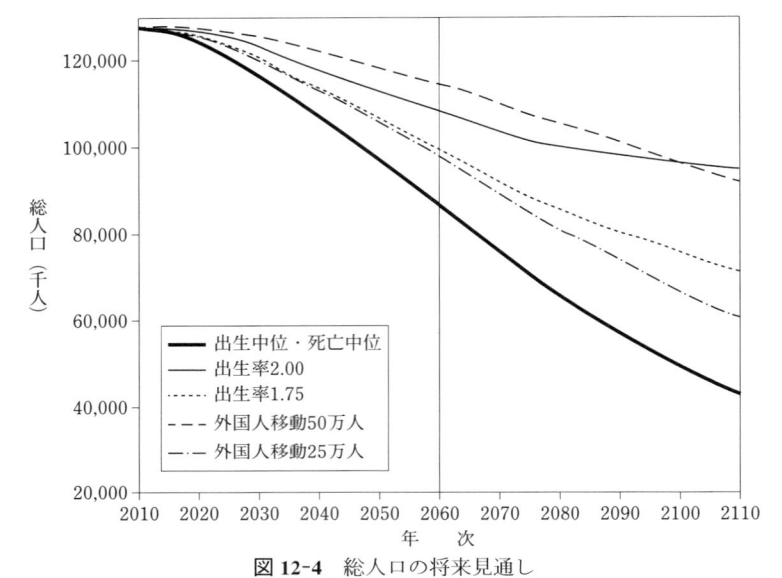

図 12-4 総人口の将来見通し

出所:「日本の将来推計人口——平成 24 年 1 月推計の解説および参考推計(条件付推計)」.

年の総人口は 1 億 874 万人であり,この時点での総人口が最も近いものは外国人移動 50 万人の 1 億 1,484 万人となっている.また,出生率 1.75 のケースでは 9,974 万人であり,これに最も近いのは外国人移動 25 万人の 9,799 万人となっている(図 12-4).そこで,以下ではこれらの 2 つのペアに着目する.

図 12-5 は,これらのケースと出生中位・死亡中位仮定について,公的年金財政に影響の大きい老年従属人口指数(20-64 歳人口に対する 65 歳以上人口の割合)を比較したものである.出生中位・死亡中位仮定の場合,2010 年に 0.390 であった老年従属人口指数は概ね一貫して上昇し,2060 年には 0.844,2110 年には 0.895 となると見込まれる.一方,出生率 2.00 のケースでは 2060 年には 0.668(−20.9%,出生中位・死亡中位仮定に対する増減割合,以下同様),2110 年には 0.556(−37.9%),外国人移動 50 万人のケースでは,2060 年には 0.597(−29.3%),2110 年には 0.642(−28.3%)となる.また,出生率 1.75 のケースでは 2060 年には 0.727(−13.9%),2110 年には 0.656(−26.7%),外国人移動 25 万人のケースでは,2060 年には 0.721(−14.5%),

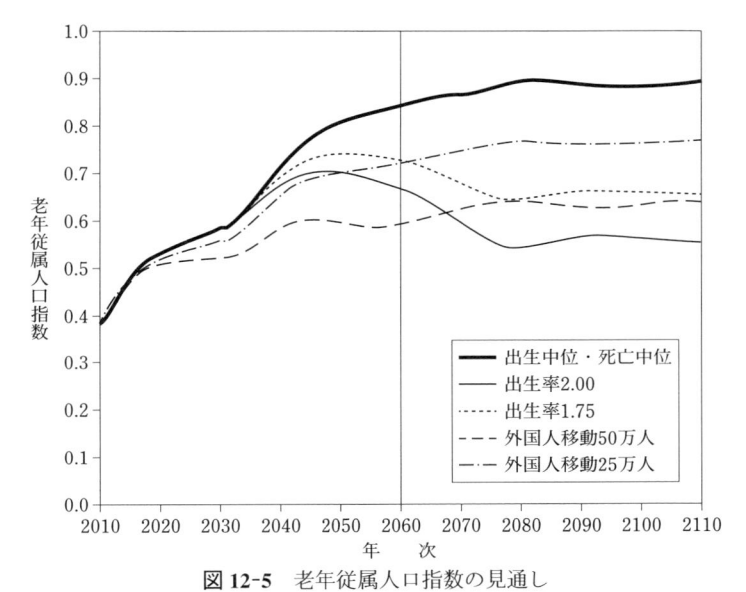

図 12-5 老年従属人口指数の見通し

出所：「日本の将来推計人口――平成 24 年 1 月推計の解説および参考推計（条件付推計）」．

2110 年には 0.771（−13.9％）となる．グラフからも明らかなように，外国人移動のレベルが高いケースでは老年従属人口指数は中位仮定に比べて直ちに低下を始めるが，出生レベルの高いケースでは低下までに時間を要し，2060 年時点では外国人移動のレベルが高いケースの方が老年従属人口指数は低くなっている．ところが，その後，外国人移動のレベルが高いケースでは老年従属人口指数の低下はそれほど大きくないのに対し，出生レベルの高いケースではさらに老年従属人口指数が低下を継続し，2110 年時点では出生レベルが高いケースの方が老年従属人口指数が低い結果となるのである．

　この最終的な老年従属人口指数の違いについてもう少し詳しく見るため，2110 年の出生中位・死亡中位仮定，出生率 2.00，外国人移動 50 万人の 3 ケースについて年齢 5 歳階級での年齢構成を比較したものが図 12-5 である．これを見ると，出生中位・死亡中位仮定では 1.3-1.4 程度の出生率水準の継続によって，低出生率に対応した安定人口に近い年齢構造を持っているのに対し，出生率 2.00 のケースでは出生レベルが人口置換水準に近いことから静止人口に

268

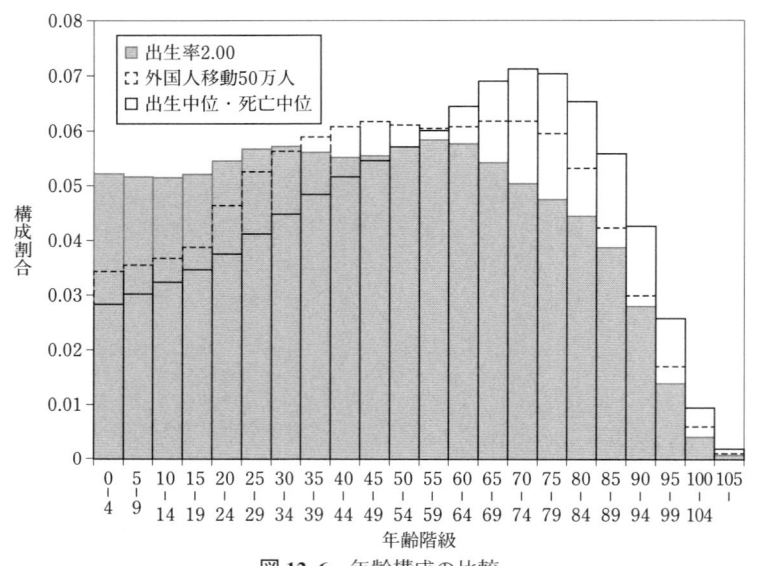

図 12-6　年齢構成の比較

出所：「日本の将来推計人口──平成 24 年 1 月推計の解説および参考推計（条件付推計）」.

近い年齢構造を持っていることがわかる．一方，外国人移動 50 万人のケースでも若年層の年齢構成は高まるものの出生率 2.00 のケースほどではなく，高齢層の年齢構成が高いままであることが理解される．このような，出生仮定や移動仮定の変動が将来の老年従属人口指数に与える影響について，石井（2008）は，年齢別人口成長率（variable-r）による分析に基づき，老年従属人口指数の変化を出生成分，死亡成分，移動成分からなる 3 つの成分に要因分解を行っている．これによれば，移入レベルを上昇させた場合，当初は移動成分の低下によって老年従属人口指数が低下するものの，その効果はだんだん小さくなる一方で，代わって老年従属人口指数を引き下げる方向に働くのは出生成分となっていることを示している．すなわち，移入者の増加は，当初は老年従属人口指数を引き下げる方向に働くものの，時間の経過とともに移入者自身が高齢化してその効果が弱まってしまう一方，移入者の出生行動による第二世代以降の者の増加によって老年従属人口指数が引き下げられる効果もあるわけであり，図 12-6 に見る年齢構成の違いはこのような効果を反映したものとい

うことができよう.

4　外国人受入れが公的年金財政に与える影響

前節では出生レベルや外国人移動のレベルを増大させた場合の総人口の変化と老年従属人口指数の変化について述べた. 老年従属人口指数は, 公的年金財政に大きな影響を及ぼすことから, この指数の変化だけでもその影響をある程度類推することが可能であるが, ここでは特に外国人移動のレベルを増大させた場合の影響について, より直接的な影響を分析した石井ら (2013) に基づいて解説する.

石井ら (2013) は, 複数の前提条件の下に, 外国人受入れによる将来人口の変化について仮想的シミュレーションを行い, 社会保障に与える財政影響に関して人口学的観点からの分析を行ったものであり, 特に, 公的年金財政への影響については, 「平成 21 年財政検証システム」を用いた定量的な評価を行っている.

将来人口シミュレーションの前提としては, 「日本の将来推計人口 (平成 18 年 12 月推計)」の仮定値および推計結果を利用し, さらに, 政策的に労働者として受け入れる外国人は男性労働者 (18-34 歳), その規模については毎年 10 万人 (2011 年以降) を基本ケースとして設定している. また, 一般的に移入した外国人は, 滞在長期化・家族呼び寄せ・現地での家族形成などの過程を経て定住化していくとされることから, 単純に政策的に男性労働者のみを受け入れ, 彼らが定住すると考えるケース「受入れケース A」に加え, さらに, 配偶者等の家族の帯同・呼び寄せ, また, そこからの第二世代の誕生などを前提とする「受入れケース B」という複数のシナリオを設定している.

また, 年金の財政影響評価に当たっては, 厚生労働省年金局から公開されている「平成 21 年財政検証システム」(厚生労働省年金局数理課, 2010) を基本とし, これに外国人労働者を受け入れた場合の影響を評価できるようなモジュールを独自に開発して加えることによってシミュレーションを実行している. さらに, 男性外国人労働者を受け入れ, かつその配偶者等の家族が日本に定住化した場合に彼らが適用される年金制度には様々なケースが考えられることか

ら，以下のような対照的な 2 つのシナリオを想定して評価を行っている．

　　［受入れケース A，B］

　受け入れた男性外国人労働者（18-64 歳）はすべて厚生年金に適用されると考えるケース．受入れケース B では，その子世代の男性も同様に厚生年金適用とし，配偶者やその子世代の女性についてはすべて国民年金 3 号被保険者（20-59 歳）となるものとする．

　　［受入れケース A′，B′］

　受け入れた男性外国人労働者（20-59 歳）はすべて国民年金 1 号被保険者となると考えるケース．受入れケース B′ では，その子世代の男性，配偶者やその子世代の女性についてもすべて国民年金 1 号被保険者（20-59 歳）となるものとする．

　さらに，厚生年金適用については，外国人労働者の賃金プロファイルが必要となる．まず，受け入れる外国人労働者については，Lee and Miller（1997）による米国の先行研究において移民の第一世代は第二世代以降よりも生涯の平均所得が低いという仮定が採用されていることを参考とし，低賃金プロファイルを仮定している．一方，受入れケース B では第二世代以降の賃金プロファイルについても仮定が必要となる．Lee and Miller（1997）では第二世代以降では教育水準の上昇等により生涯の平均所得が高まるとの仮定が使われているが，わが国における外国人子女の教育達成で見ると，高校入学が大きな壁となり，実際上，中卒となる可能性が高いという結果も得られており（是川，2012），第二世代については，第一世代と同様低賃金プロファイルに留まる受入れケース B1 と，高賃金プロファイルへと移行する受入れケース B2 の 2 つのシナリオを設定している．

　次に，これらを利用して行った厚生年金の財政影響評価の結果について述べる．現在の制度では保険料固定方式が採られていることから，人口や経済前提の変動の影響を厚生年金の最終的な所得代替率で比較することが多く行われている．この研究でも同様の評価が行われているが，それに先立ち，長期的な人口シミュレーションとの関係を見る観点から，各ケースに基づくマクロ経済スライドによる給付調整を行う前の賦課保険料率の見通しを比較している．

　図 12-7 はシミュレーションに基づく賦課保険料率の見通しを示したもので

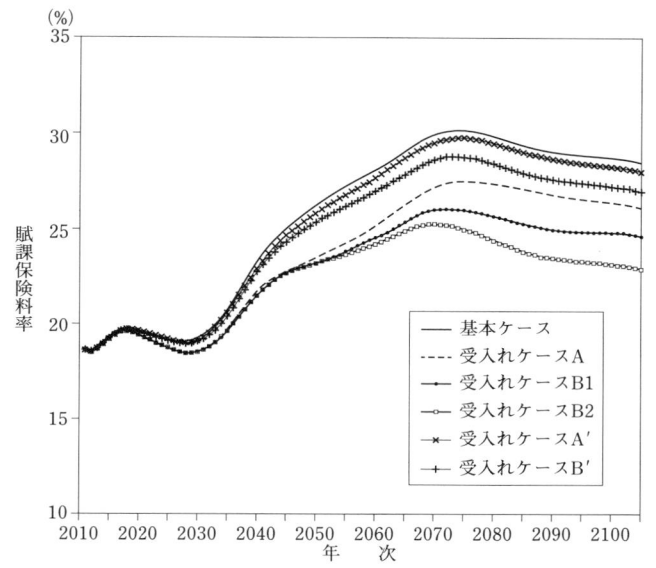

図 12-7 厚生年金の賦課保険料率（スライド調整前）の見通し

出所：石井太・是川夕・武藤憲真（2013）「外国人受入れが将来人口を通じて社会保障
に及ぼす影響に関する人口学的研究」.

ある．ここで，男性外国人労働者を厚生年金に適用するケースである，受入れ
ケース A，B1，B2 と基本ケースの賦課保険料率の関係は，前節において見た，
移動のレベルを高くした場合の老年従属人口指数の変化の分析を用いてそのメ
カニズムが理解できる．すなわち，ケース A，B1，B2 とも外国人労働者の受
入れの開始に伴い，賦課保険料率は直ちに基本ケースに比べて低下する効果が
見込めるが，ケース A では移入した外国人の高齢化によって，長期的にはそ
の効果が薄まっていく．一方，ケース B1，B2 では，移入した外国人による出
生行動が見込めることから，第二世代以降が長期的に賦課保険料率を低下させ
る効果を持つのである．さらに，B2 では第二世代以降が高賃金となることか
ら，引き下げ効果はさらに大きいものとなる．

　次に最終的な所得代替率への影響を述べる．「平成 21 年財政検証」における
基本ケースの結果によれば，厚生年金の標準的な年金受給世帯の所得代替率は
最終的に 50.1％ となるものと見込まれているが，受入れケース A では 3.8％
ポイント程度の上昇であり，代替率は上昇するものの，賦課保険料率の見通し

などを見ると長期的には移入者の高齢化による影響を免れていない．一方で，受入れケース B1 では 6.9% ポイント程度の上昇，受入れケース B2 では 7.3% ポイント程度の上昇となり，第二世代の影響が非常に大きいことが明らかとされている．また，国民年金での適用を行う受入れケース A′ では所得代替率にほとんど変化は見られないが，受入れケース B′ では 1.4% ポイント程度の上昇が見込まれる結果となっている．

　このような将来人口シミュレーションに基づく公的年金への影響評価の結果に基づけば，外国人労働者の受入れの影響について，長期的な観点に立った定量的評価を行うことが重要であることが理解されよう．しばしば，外国人労働者受入れに関する議論は，当面の労働力不足を補うだけの短期的視点で行われることがあるが，この研究の結果によれば，受け入れた外国人は将来，高齢化して年金の受給者に回る一方で，家族呼び寄せや出生行動等は新たな公的年金の支え手を生み出す原動力ともなっている．したがって，外国人受入れに関する公的年金への影響評価については，これらすべての影響を織り込んだ長期的な評価を行うことが具体的な施策の議論にとって極めて重要ということができよう．

5　おわりに

　人口問題は長期的視野に立って議論することが不可欠であり，それにあたって，長期の将来人口の仮想的シミュレーションが有効に機能することを本章では見てきた．特に，外国人受入れの問題に関しては，長期的な人口シミュレーションと公的年金の財政シミュレーションを通じて，当面の労働力不足を補うというような短期的視点だけではなく，長期的な将来動向が政策議論において不可欠な要素であることがわかった．なお，外国人受入れについては，公的年金財政という側面だけではなく，教育や治安の問題，また，文化的側面など，多様な角度からの議論も必要であることはいうまでもない．しかしながら，これまで，このような問題に対して，長期的な将来人口動向やその影響について定量的に分析を行った研究はわが国では例が少なく，本章で述べたような仮想的シミュレーションのさらなる活用が望まれる分野ということができる．

冒頭に述べたように，公的将来人口推計とは，客観性・中立性を保つ観点から，過去から現在に至るまでに観測された人口学的データの傾向・趨勢を将来に向けて投影した「人口投影」であり，これまで社会が歩んできた方向から自然に導かれる行き先を指し示すものである．しかしながら，我々国民の今後の選択と判断によって，将来の実際の人口は「現在の傾向が変わらなかったとすれば」として得られる人口投影とは異なった姿に変えることができる．そして，そのためには，様々な政策オプションに対応した仮想的シミュレーションに基づいて定量的な議論を行うことが有効である．我々がよりよいと考える未来を選び取るための判断材料として，公的将来人口推計やそれをベースラインとした仮想的人口シミュレーションを政策的議論に積極的に活用していくことが今後期待される．

参考文献

石井太（2008）「人口変動要因が将来推計人口の年齢構造に与える影響——老年従属人口指数を中心として」『人口学研究』43：1-20.

石井太・是川夕・武藤憲真（2013）「外国人受入れが将来人口を通じて社会保障に及ぼす影響に関する人口学的研究」『人口問題研究』69(4)：65-85.

厚生労働省年金局数理課（2010）『平成 21 年財政検証結果レポート』.

国立社会保障・人口問題研究所（2012）『日本の将来推計人口——平成 24 年 1 月推計』厚生労働統計協会.

国立社会保障・人口問題研究所（2013）『日本の将来推計人口——平成 24 年 1 月推計の解説および参考推計（条件付推計）』厚生労働統計協会.

是川夕（2012）「日本における外国人の定住化についての社会階層論による分析——職業達成と世代間移動に焦点を当てて」ESRI Discussion Paper Series, 283：1-30.

Lee, R. D. and Miller, T. W. (1997) "The Future Fiscal Impacts of Current Immigrants," in Smith, J. P. and Edmonston, B. (eds.) *The New Americans*, National Academy Press, pp. 297-362.

終 章 人口変動の時代を越えて
——社会経済との相互作用とその帰結——

金子隆一

森田 朗

1 はじめに

　本書では，わが国と世界の人口動向について，さまざまな角度からの分析を紹介してきた．各章が扱うテーマは，個人の生き方から地域コミュニティ，一国の社会経済，あるいは世界の動勢まで，広範なスペクトルにわたっている．しかし，それらは全体として現代社会と人口とが相互作用によって織りなす現代史の一章を構成している．

　まさに時代は，人間社会が環境を支配する科学技術に目覚めた近代化という幼年期から，次の季節へと移る節目を迎えており，ようやく気づいた世界の複雑性に戸惑っているように見える．誕生以来の悲願であった長寿を手に入れ，人生を占有する産み育てから解放され，リスクから逃れるための保障のしくみも持ったが，その帰結は著しい人口高齢化であり，最も成功したはずのわが国では，ほぼ世界最速の人口減少にも直面している．歴史の到達点を誇るはずだった社会は，持続可能性すら欠いた，不完全きわまりないものであることがはっきりした．

　本書は，そのような時代を人口分野の側から描き出し，そこに存在する冷徹な事実を伝えることを役割として企画されたが，執筆，編集を進めていくうちに，実際には存在する事実のごく一部しか伝えられないことが判明した．各章のテーマは，その十分な説明には，それぞれ一冊の書籍を要するはずであるが，実際は紙幅の制約のため核心部分の記述に止まっている．また，全体として大きく抜けてしまった領域もある．たとえば，人口変動のしくみ，あるいはその社会経済との相互作用については，各章では扱いきれなかった．そこで，終章

では，せめて今後の人口と社会経済の在り方を考える上で基礎となる部分についてだけは，紹介しておきたい．

2　人口変動のしくみ──構造変化と行動変化

(1)　人口モメンタム

　前章までに何度か指摘されたように，わが国の社会に課題をもたらす人口減少，少子高齢化という人口変動の震源は，少子化である．合計特殊出生率（TFR）は，現在は1.4台半ばで小康状態にある．これは，親世代に対して子世代の人口規模が7割となる子どもの生み方である．したがって，孫世代ではほぼ5割となる（0.7×0.7）．つまり出生率がこの水準で「安定」しているかぎり，日本人の世代規模は2世代ごとに半減をしていく．この縮小を移民で補うなら，1世代約30年で総人口の3割，2世代60年で半分の外国人を受け入れねばならず，あまり現実的な方策とは思われない．

　したがって，少子化を解消しないかぎり，日本社会には持続可能性がない．では，少子化が解消されれば，人口減少は解決されるであろうか．図終-1は，2014年以降に少子化が解消された場合の総人口の動きをシミュレーションによって確認した結果である．ここで少子化の解消とは，TFRが人口置換水準（2014年2.07）を達成することを意味する．図では，そのような劇的な事象が起きた場合の総人口の推移を，そのような想定がない場合に相当する公的将来推計と比較している．

　その結果を見ると，少子化が解消したケースでも総人口の減少は止まらず，少なくとも2070年代まで続いており，その間に約2割の人口を失うことがわかる．この減少は，少子化が解消しないケースの58％にあたり，途中の2050年では67％とさらに差が小さい．今，ただちに少子化が解消するという劇的な想定をしたにもかかわらず，人口減少に対する効果はあまりに小さい．

　人口置換を保証する水準の出生率を実現しながら人口が維持できないというのは，矛盾した話と思うかもしれないが，これは「人口置換水準」が世代間の人口規模についての概念であるのに対し，年々の人口変化には人口モメンタム

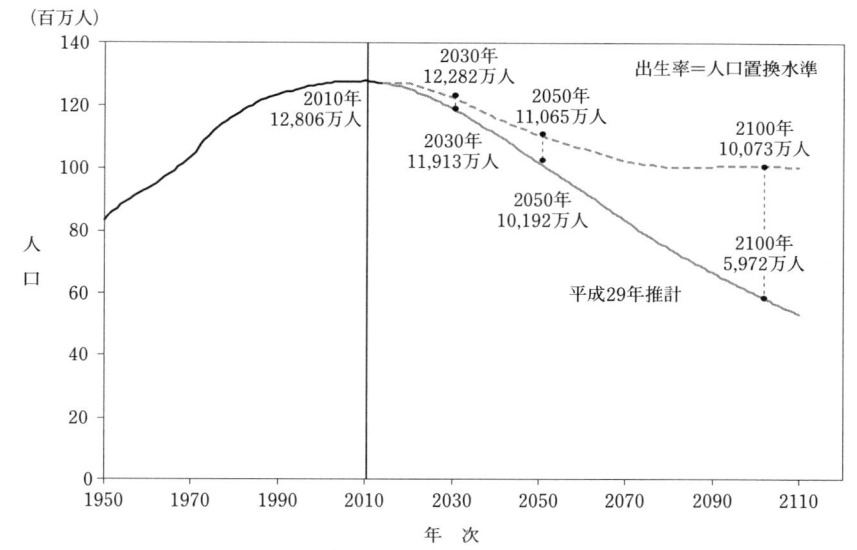

図終-1 人口減少に対する人口モメンタムの効果（少子化解消実験）

出所：国立社会保障・人口問題研究所「統計資料集 2016 年版」.

（人口慣性）と呼ばれる別の要因が働いていることが原因である．人口モメンタムとは，端的にいえば人口の年齢構成（人口構造）の持つ効果である．たとえば，ある年に親となる年齢層の個人 1 人 1 人がどんなに多くの子どもを生もうと，その年齢層の人口が減っていれば，出生の総数は減ることもあり得る．また，現在の日本では，1 人 1 人の死亡確率は低下し，寿命が延びているにもかかわらず，人口高齢化という年齢構成変化によって，実際に死亡総数は増加している（第 1 章，図 1-3 参照）．このように人口変化の元となる年々の出生数や死亡数は，出生行動や死亡傾向（いずれも行動要因）とは関係なく，そのときの人口構造（構造要因）にも依存している．

人口モメンタム（人口慣性）とは，上記の例のように個人の出生行動が劇的に変わったにもかかわらず，人口はすぐにこれに反応しないという現象として顕れることから名付けられたものである．海上を航行するタンカーが，動力源（エンジン）を切ってもすぐには止まらない様子に似ている[1]．

結局，図終-1 の実験結果は，少子化を解消しても人口減少は半世紀以上に

わたっって止まらないという事実によって、人口モメンタムの動きの強さを示している。そのことは、第1に、日本ではもはやある程度の人口減を覚悟して、社会経済を拡大型からコンパクト型に、あるいは登山型から下山型に向け、一刻も早く再構築する必要があることを示唆している。それは少子化解消に向けての努力や配慮に意味がないということではない。それどころか、この実験結果は、なおいっそうの少子化解消の努力を迫るものであり、それこそが実験の示唆する第2の要点である。

すなわち、人口モメンタムが示すのは、ある年次の人口動態は、その時に行動を変えることで左右できる部分（行動要因の効果）と、もはや変えることのできない部分（構造要因の効果）によって成り立っており、後者の占める割合がとても大きいということである。すでに人口に織り込まれている構造要因について、その時点でしたがったとしても、もう手遅れである。しかし、その構造要因を形成したものは、実は過去の出生・死亡行動、すなわち行動要因に他ならない。言い換えれば、現在の出生や死亡行動は、現在の人口動向を大きく左右する遺産を人口構造に刻み込む。たとえば、今後数十年を隔てた将来の人口動向は、現在だけでなく今後長期にわたって引きを受けなければならない。

(2)　構造要因の動向

この点について、もう少し実例を見ていこう。まず、構造要因の強さを表す指標が欲しい。ここでは潜在出生力と潜在死亡傾向という量を考える。女性の出生力は年齢によって大きく異なる。また、人の死亡傾向も、男女・年齢によって大きく異なる。したがって、ある時点の人口では、その男女・年齢構造によって潜在出生力はあらかじめ決まっていると考えることができる。多くの出生が発生しやすい構造の人口や、死亡を発生しやすい構造の人口があるということである。人口の持つこの特性を表すために、各年齢の潜在的出生力や潜在的死亡傾向によって重み付けした（男女）年齢別人口をそれぞれ計算すればよい。

表終-1には、各年次の人口の潜在出生力、潜在死亡傾向を計算したもの（ただし1975年を100とした指数による）を示した[2]。まず、過去の潜在出生

力を見ると，1990年には1975年の80%にまで下がり，2000年にいったん90%まで回復するが，その後は将来を含めてほぼ一直線に減少していく．すなわち，仮に現在の出生行動が変わらなかったとしても，出生数はここに示された量だけは自動的に減少していくことを意味する．

これは具体的に，どういうことだろうか．現在は，すでに少子化時代に生まれた世代が親となる年代に到達しており，今後は親世代の人口規模が順次縮小していくわけであるから，人口中の親候補の割合が縮小していき，人口の潜在出生力が低下するということである[3]．

一方，同表によって潜在死亡傾向を見ると，人口高齢化によって2015年にはすでに1975年の4.34倍（434%）の死亡数を生ずる年齢構造になっていることが示されている（実際には行動要因である死亡率の低下によって1.84倍の増に抑えられている）．将来的には2040年以降では6.6倍を超える死亡数を生ずる年齢構造となる（実際に発生する死亡数は2.4倍程度と見込まれている）[4]．

さて，以上の観測は何を示しているだろうか．それは，わが国の人口がすでに長期にわたって少子化，長寿化を経験して来たことにより，人口に内在する

表終-1　人口構造の出生，死亡に対する効果の推移

年　次		人口構造効果（1975年を100とする指数）			
		潜在的出生力	潜在的死亡傾向		
			男女合計	男　性	女　性
実績	1975	100	100	100	100
	1990	80	171	162	181
	2000	90	248	225	274
	2015	63	434	373	505
将来推計	2020	59	499	426	584
	2030	54	606	508	719
	2040	48	662	541	800
	2050	42	665	547	801
	2065	36	683	548	839
	2100	24	443	360	539

注：1975年の行動要因（年齢別出生率，男女・年齢別死亡率）を不変としたときの各年次の出生数，死亡数を求め，1975年を100とした指数で表したもの．これらは各年次の人口構造が内在する潜在出生力，潜在死亡傾向を1975年基準とした相対値で表した指標と見ることができる．
出所：総務省「国勢調査」，厚生労働省「人口動態統計」，国立社会保障・人口問題研究所「日本の将来推計人口（平成29年推計）」出生中位・死亡中位推計を元に算出．

男女年齢構造自体が，出生を減らし，死亡を増大させる形態に変貌を遂げており，今後はその傾向がさらに進展するということである．繰り返すが，こうした構造要因（ここでは潜在出生力，潜在死亡傾向と呼んだ）は，各時点ではもはや政策的行為などによって変えることはできない．それらを決定したのは，過去の出生行動や死亡傾向，すなわち行動要因の在り方であり，過去に戻ってそれらを修正することができない以上，構造要因は変えられない．われわれは現在の行動要因について，その将来での帰結をよく理解し，将来への責任を銘記しておく必要がある．

3　人口構造変動の社会経済への影響

(1)　政治参加の世代間格差

　前節では，人口の男女・年齢別構造という特性が，出生，死亡など人口動態事象の変動要因として，行動要因とともに重要な役割を果たしていることを見た．それはあまり意識されることがないが，変動の主要な部分を支配していることも多く，その実態を把握しておくことは，少子化をはじめとする人口動態を理解する上で基本となる．さらに，多くの社会経済現象についても，人口構造変動はしばしば同様の働きをしており，こちらも意識しておく必要がある．とりわけ，近代化・脱近代化という時代の歴史過程の一部と見なされる人口高齢化は，人口構造変動として，普遍的かつダイナミックなものであり，その社会経済の動勢を支配する働きを見逃してはならない．ここでは，代表的な例を取り上げてみたい．

　表終-2 には，わが国の有権者人口の年齢構成変化を示した．いうまでもなく有権者は選挙を通して政治的決定を支配し，主権を行使する主体であるが，人口高齢化はその政治過程にも強く影響する．まず，総人口中の有権者割合は，選挙権のない未成年の人口が多かった 1960 年以前においては 6 割を切っていたが，その後の人口高齢化により，近年では 8 割を超えている．2016 年に選挙権年齢が 18 歳まで引き下げられたことで，有権者割合はさらに 1.9% ポイント増えた．

表終-2　意思決定構造の高齢化（有権者人口構造の変化）　　　　　　　　　(%)

年　　次		総人口中の有権者割合	有権者人口（選挙年齢以上日本人）の年齢構成			
			有権者「青年」率（35歳未満）	有権者「壮年」率（35-64歳）	有権者高齢化率（65歳以上）	後期高齢率（75歳以上）
実績	1960年　旧制度	59.7	42.9	47.5	9.6	2.9
	1990年　〃	73.1	27.0	56.5	16.5	6.6
	2010年　〃	81.0	20.9	50.8	28.3	13.6
将来推計	2016年　旧制度	81.6	18.4	48.3	33.3	16.3
	新制度	83.5	20.3	47.2	32.5	15.9
	2030年　〃	84.4	18.6	44.7	36.7	22.6
	2060年　〃	83.5	16.8	38.7	44.6	30.3

注：有権者割合：総人口に占める選挙権年齢以上日本人人口の割合とその年齢層別構成比.
　　有権者「青年」率：有権者総数に占める35歳未満の有権者数の割合.
　　有権者「壮年」率：同35-64歳の有権者数の割合.
　　有権者高齢化率：同65歳以上の有権者数の割合.
　　有権者後期高齢率：同75歳以上の有権者数の割合.
　　旧制度：各年10月1日20歳以上の日本人を有権者として計算.
　　新制度：同18歳以上の日本人を有権者として計算.
出所：1955-2010年：総務省統計局「国勢調査」, 2016-2060年：日本の将来推計人口（平成29年推計）［出生中位・死亡中位推計］.

　次に，有権者の年齢別構成をみると，35歳未満青年層，いわゆる「子育て世代」の有権者が全有権者に占める割合（ここでは有権者「青年」率と呼ぶ）は，過去1960年には42.9％を占めていたが，人口高齢化とともにシェアが減り，2010年では20.9％と，半減するに至った．2016年の選挙権年齢引き下げで，この年齢層の有権者は旧制度より1.9％ポイント増員したが，全有権者中のシェアは20.3％であり，2010年からの高齢化による低下分も補えていない．今後も「青年」率の低下は続き，2060年には16.8％となる見通しである．

　一方で，65歳以上高齢者の割合（有権者高齢化率）は，かつて1960年では9.6％と，10人に1人程度だったが，2010年には28.3％と3倍に膨れ，2016年現在では32.5％と，ほぼ有権者3人に1人を占めるに至っている．また，2010年にはすでに「青年」率を逆転している[5]．今後は2060年に5人に2人強，すなわち半数弱にまで増える．75歳以上の高齢者に限ると，変化はさらに顕著であり，その割合は1960年頃と比べて昨今では約5倍，2060年には10倍以上となる．

　以上のように有権者の年齢構成を見ただけでも，過去から大きな変化が起き

ており，高齢層のシェア増大が顕著だが，実際の政治参加にはさらに投票行動のフィルターがかかる．直近の 2016 年参議院選挙では，20 歳代前半の投票率が最も低く 33.2％ で，年齢が上がるほど高くなり，最高は 70 歳代前半の 73.7％ と，前者とは実に 2 倍以上の開きがある．2016 年の高齢有権者数の 35 歳未満青年有権者数に対する比率は 1.60 倍であったが，投票者数では実に 2.65 倍となる．このように投票率まで考慮すると，高齢化による政治参加の年齢格差の増大傾向は，さらに増幅される．

　「最大多数の最大幸福」の原理（または最大幸福原理）に従えば，人口高齢化によって高齢層の発言力が増大することは妥当なこととも考えられるが，政策的ニーズはライフコースの段階ごとに異なるため，施策や制度が時期によって変わるなら，世代ごとに受益に格差が生じ，世代間の公平性の観点からは問題である．現下の政策を選挙による多数決に委ねる民主主義の意思決定方式は，規模の小さな世代が生涯を通して不利益を被りやすいしくみである[6]．とりわけ現在の日本のように，少子化を基調とする社会では，若い世代ほど人口規模が縮小するため，彼らが不利となる政策に方向性がつきやすく，場合によっては政治的発言権のない子ども世代や，まだ生まれていない将来世代にまで不利益が及ぶ事態も考え得る．

　なお，こうした状況は，地方における政治過程においても同様に存在する．その際，たとえば都市部と農村部など，地域によって人口高齢化の進行度や投票行動は大きく異なっており，政治決定に対する少子化や高齢化の影響の大きさや深刻度には著しい違いがみられる．社会経済の変化を把握しようとする際，国としての変化のみならず，地域レベルでの検討を合わせて行うことが重要である．

(2)　社会経済環境の世代間格差

　生活環境に世代間格差を生ずるしくみは，実は政治参加の領域に限らない．経済の分野では，人口高齢化によって高齢層向けの財・サービスの需要が拡大し，若年向けの需要が縮小することは，投票行動による政治的発言力の拡大，縮小とまったく同じ構図である．現代の経済システムが依って立つ市場原理こそが，世代間の需要の量的差を敏感に読み取り，「効率的」資源配分をアレン

ジすることにより，需要拡大が進む高齢者向け市場を良質の財・サービスの提供に向けて成長させ，需要縮小が進む若年向け市場ではそれらの劣化，縮退を促進する[7]（Preston, 1984）．ことによると近年，劣化が報じられる子どもや若者を取り巻く状況のいくつか，たとえば，産科・小児科医の減少と医療現場の疲弊，保育所・児童施設の新設難，教育現場の荒廃，若年層の就労難，とりわけ雇用の非正規化・低賃金化，失業，長時間労働の拡大などは，該当世代の規模縮小にともなう需要縮退，市場劣化によるものかもしれない．一般には，規模の大きい世代では，資源をめぐる世代内での競争激化により生活環境が悪化し，逆に小さな世代ほど競争ストレスが薄らぎ，希少価値による好環境を謳歌するように思われることが多いが，実際には市場原理は反対の結果を導くのである（Preston, 1984）．

　縮小する若年世代における生活環境の劣化は何をもたらすだろうか．彼らの生活の重要な側面は，家族形成である．劣化した生活環境は家族形成にも制約となる結果，結婚や子ども数の制限が起こりやすい．すなわち，親世代の少子化がもたらした縮小世代においては，その規模が災いして，いっそうの少子化が促進されるということである．このしくみでは，一旦少子化が始まるとそれは循環的に促進され，その循環から抜け出すことは困難なものとなる．

　一般に出生率低下が長引くと，社会は低出生率に順応するため，子どもを生み育てる環境が退化する．その結果，出生率の回復は阻害され，社会は低出生から抜け出せなくなるということが指摘されており，これは「低出生の罠」と呼ばれている（Lutz *et al.*, 2006）．ただし，ここでは世代規模の効果には触れられていない．上述のプレストン効果と組み合わせて考えるなら，わが国のような少子化社会で想定される現象の連鎖は次のとおりである．

　世代規模縮小（構造要因変化）と，出生行動の低下（行動要因変化）は共同して結婚数・出生数の減少をもたらし，それが結婚・出産・子育て環境の劣化を引き起こす．それは直ちに出生率回復を阻害して，低出生率の維持，定着に働く．同時に，この世代の出生数減少は次世代の規模縮小（構造要因変化）を意味するため，次世代に対するプレストン効果によって彼らの生育環境を劣化させ，親となった際には，前世代と同様に上記の連鎖を繰り返す．かなり複雑なメカニズムである．人口変動と社会経済変化との間には，非常に入り組んだ

相互作用が働いていることがわかる[8].

4　おわりに――社会を支える理念の危機

　本章では，まず，人口減少に関する人口モメンタムの働きについて紹介し，その正体（人口構造）と，それが今後のわが国の人口動向に深刻な影響を及ぼすことを示した．すなわち，人口変動の動力源には，構造要因と行動要因があり，ある時点において構造要因は事実上変えることができないために，仮にわれわれが行動の全てを制御できたとしても，人口変動の全てをコントロールすることは原理的にできない．実際，今直ちに少子化を解消できても，人口減少は 2070 年代まで続き，約 2 割の人口が失われる．ただし，構造要因は，過去の行動が人口に年齢構造の変動として遺したものであるから，現在の行動は現在を変えるだけでなく，将来の人口動態を数十年にわたって支配し続けることになる．したがって，現在の行動選択は将来の数十年に対して責任を負っている．

　本章後半では，人口高齢化による年齢構造変化が，多数決という民主主義の基本的な意思決定手段を介して世代間の不公平を助長する可能性があること，同様に資本主義経済の根幹である市場原理を通して規模の小さな世代の生活環境を劣化させる畏れがあることを紹介し，さらに，それらによって少子化が循環的に促進される可能性があることをプレストン効果と「低出生の罠」の複合的メカニズムによって指摘した．これには考察すべき論点が 2 つ存在する．

　第 1 に，人口変動の構造要因が行動要因をも支配するしくみが存在するということである．人口モメンタムの機構は，人口変化が人口構造要因によって支配される部分があること，その構造要因は過去の行動によって形成されることを示しているが，プレストン効果と「低出生の罠」の複合によって，人口構造要因が社会経済変化を介して行動要因をも左右するしくみの存在が示された．その結果，過去の行動が構造要因に姿を変え，その構造要因が新たな行動に影響するという循環のしくみが存在することとなり，一度この状態に陥った社会は，容易なことではその循環を抜けられないことになる．実は現在，欧米諸国に東アジア等の経済新興国を含めた「先進諸国」の合計特殊出生率は，1.8-

2.1 のいわゆる緩少子化国と，1.5 未満の超少子化国に二極化する傾向が見られており（Rindfuss *et al.*, 2016），超少子化国ではこの循環が働いている結果，低出生に止まっている可能性が指摘できる．

　第 2 に，わが国が直面している人口変動は，現在の社会経済を根幹から支えている民主主義や市場原理の理念にまで強い影響を及ぼしており，深刻な問題提起を投げかけている．

　まず，成人主権者 1 人 1 票の原則に従った多数決によって政治的意思決定（代表者の選出）を行う現行の選挙制度は，世代規模に大きな変動を抱えた現在の日本社会において，民主主義の理念を実現し得るものであろうか．たとえば，規模の小さな世代の子育てが不利になる点についてどう考えるべきか．技術的な方策として，投票権のない子どもの代わりに親権者が投票を代理行使することで，子育て世代，ならびに子ども世代の利益を代表させようとする投票方式が，欧米では戦前より何度か提唱されている（Demeny, 1986）．また，技術的方策のみならず，主権者個々人が道義的視点に立って社会のあるべき姿に投票するしくみの検討も必要となるだろう．いずれにせよ，負担を分かち合うしくみの構築には国民の高い倫理観が前提となる[9]．

　一方で経済システムについて，その健全な働きを担保するはずの市場原理が，人口高齢化や少子化の前に，世代間の不公平を助長する装置となることは，少子化という社会経済システムの持続可能性を毀損する現象が，基本的には人々の「自由」で合理的な選択によって発現してきたことを考えれば，それほど驚くべきことではない．ここでもその理念や機序の再検討が求められているが，その際には，生存，配偶，性，出生，加齢，死亡といった，優れて生物学的な事象には，最基底において経済合理性とは相容れない動因が働いていることを再認識する必要があるであろう．

　結局，現在の社会経済は，存続すら危ぶまれる，到達点とはほど遠いものであった．これまでそれを支えてきた理念は，ことごとく危機を迎えている．現在，われわれが求められていることは，近代化という一時期を過ごした社会経済を補修しながら住み続けることではなく，理念を含めて再構築することであると考えられる．明治以降，この社会が人口の上り坂を前提に獲得してきた指針は，もはやそのままでは効力がないことを銘記すべきである．とりわけ成功

体験は，危険ですらある．人口変動を起点とする社会経済の基調とルールの歴史的な転換を正しく理解し，勇気を持って思想を切り替え，旧体制の再構築に望むことは，健康長寿や人生の多様な選択肢など，多くの価値ある成果を継承し享受する今を生きる世代の将来に対する責任のように思える．

注

1) 元来，人口モメンタムは，20世紀後半の途上地域における人口爆発の際に，出生行動を人口置換水準に落としても，高出生率時代に形成された膨大な年少人口がしだいに親となるため人口増加はすぐには収まらず，収まるまでに膨大な追加的人口増加が生ずることから問題視されるところとなった．日本においても，TFRは1974年以降，人口置換水準を継続して下回っているが，2008年まで人口が増え続けていたのも人口モメンタムの効果によるものである．

2) 出生力，死亡傾向の重み付けには，それぞれ1975年の（女性）年齢別出生率，男女・年齢別死亡率を重みとして用いた．

3) 少子化時代に生まれた世代の規模縮小が，今後は「少親化」として人口の潜在出生力を低下させるとも換言できる．この構造要因変化が，現在の人口置換水準を下回る出生行動と重なることで，縮小する世代がさらに小さな世代を生む縮小再生産の循環体制，いわゆる「少子化スパイラル」が現出することとなる．

4) 潜在死亡傾向は，行動要因である死亡率変化の効果が翌年から混入し順次蓄積するため，その時系列変化は誇張される傾向があり，見方に注意が必要である．あくまで基準年次（1975年）との構造比較として理解すべきである．

5) 有権者高齢化率が同「青年」率と逆転したのは，2005年であり後者24.3%に対して，前者25.1%となった．

6) 一般マスコミ等において，人口高齢化にともなって構成比の増した高齢層の政治的影響力が強まり，高齢者向け施策が優先されるような状況を揶揄して「シルバー民主主義」と呼ぶことがある．ただし，高齢層の政治的影響力に有利な人口構造変化が生じているということと，実際にその様な決定が成されているかどうかということは，議論の上で区別する必要がある．「シルバー民主主義」の用語は，暗黙にその様な決定が成されていることを既成事実と捉えている点，さらにそれを一律に望ましくないものとする点で特定の立場の価値観を含んでおり，使用には注意を要する．

7) これは人口構造変化のプレストン効果と呼ばれている．

8) なお，前節で扱った人口モメンタムは，この世代規模縮小（構造要因変化）が出生数減少の一部を機械的に導く効果と，高齢化による高齢世代の規模拡大（構造要因変化）が死亡数の増加を機械的に導く効果によって，死亡数と出生数の差である人口の自然減が機械的に（人々の行動変化とは無関係に）維持される現象として理解される．

9) 公共哲学の第一人者である塩野谷祐一は，塩野谷（1997）において，財源構造を

めぐる社会保障の再構築の問題について，道徳理論の立場から接近するためには，高齢者・若年者間の世代間公正の理論を構築する必要があるとしているが，一方で「これはいかなる道徳，理論においてもまだ考え抜かれていない問題である」としている．

参考文献

国立社会保障・人口問題研究所（2016）『人口統計資料集 2016 年版』人口問題研究資料第 334 号．

国立社会保障・人口問題研究所（2017）『日本の将来推計人口（平成 29 年推計）——平成 28（2016）年-平成 77（2065）年』．

塩野谷祐一（1997）「社会保障と道徳原理」『季刊社会保障研究』32（4）：426-435．

Demeny, P. (1986) "Pronatalist Policies in Low-Fertility Countries: Patterns, Performance and Prospects," *Population and Development Review*, 12, Supplement: Below-Replacement Fertility in Industrial Societies: Causes, Consequences, Policies, pp. 335-358.

Lutz, W., Skirbekk V. and Testa, M. R. (2006) "The Low Fertility Trap Hypothesis: Forces That May Lead to Further Postponement and Fewer Births in Europe," *Vienna Yearbook of Population Research*, 2006, pp. 167-192.

Preston, S. H. (1984) "Children and the Elderly in the U. S." *Scientific American*, 251(6): 44-49.

Rindfuss, R. R., Choe, M. K. and Brauner-Otto, S. R. (2016) "The Emergence of Two Distinct Fertility Regimes in Economically Advanced Countries," *Population Research and Policy Review*, 35: 287-304.

資　　料

統　計　表

以下に，日本の人口に関する若干の統計表ならびに図を掲げる．なお，紙面の都合等により，一部のものとなっていることをお断りしておく．

より詳細な数値等は，国立社会保障・人口問題研究所のホームページの中の「人口統計資料集」ならびに「日本の将来推計人口」において掲載されている．あわせてご利用いただければ幸いである．

表資-1　総人口および増加率（1920-2015 年）

年　次	人口（1,000 人）			人口増加率（%）	年　次	人口（1,000 人）			人口増加率（%）
	総　数	男　性	女　性			総　数	男　性	女　性	
1920[1]	55,963	28,044	27,919	…	1960[1]	93,419	45,878	47,541	0.84
1921	56,666	28,412	28,254	1.26	1961	94,287	46,300	47,987	0.93
1922	57,390	28,800	28,590	1.28	1962	95,181	46,733	48,447	0.95
1923	58,119	29,177	28,942	1.27	1963	96,156	47,208	48,947	1.02
1924	58,876	29,569	29,307	1.30	1964	97,182	47,710	49,471	1.07
1925[1]	59,737	30,013	29,724	1.46	1965[1]	98,275	48,244	50,031	1.13
1926	60,741	30,521	30,220	1.68	1966	99,036	48,611	50,425	0.77
1927	61,659	30,982	30,678	1.51	1967	100,196	49,180	51,016	1.17
1928	62,595	31,449	31,146	1.52	1968[7]	101,331	49,739	51,592	1.13
1929	63,461	31,891	31,570	1.38	1969	102,536	50,334	52,202	1.19
1930[1]	64,450	32,390	32,060	1.56	1970[1]	103,720	50,918	52,802	1.15
1931	65,457	32,899	32,559	1.56	1971	105,145	51,607	53,538	1.37
1932	66,434	33,355	33,079	1.49	1972[8]	107,595	52,822	54,773	2.33
1933	67,432	33,845	33,587	1.50	1973	109,104	53,606	55,498	1.40
1934	68,309	34,294	34,015	1.30	1974	110,573	54,376	56,197	1.35
1935[1]	69,254	34,734	34,520	1.38	1975[1]	111,940	55,091	56,849	1.24
1936	70,114	35,103	35,011	1.24	1976	113,094	55,658	57,436	1.03
1937	70,630	35,128	35,503	0.74	1977	114,165	56,184	57,981	0.95
1938	71,013	35,125	35,888	0.54	1978	115,190	56,682	58,508	0.90
1939	71,380	35,226	36,154	0.52	1979	116,155	57,151	59,004	0.84
1940[2]	71,933	35,387	36,546	0.77	1980[1]	117,060	57,594	59,467	0.78
1941	72,218	…	…	0.40	1981	117,902	58,001	59,901	0.72
1942	72,880	…	…	0.92	1982	118,728	58,400	60,329	0.70
1943	73,903	…	…	1.40	1983	119,536	58,786	60,750	0.68
1944A	74,433	…	…	0.72	1984	120,305	59,150	61,155	0.64
1944B	73,839	…	…	…	1985[1]	121,049	59,497	61,552	0.62
1945[3]	72,147	…	…	− 2.29	1986	121,660	59,788	61,871	0.50
1946	75,750	…	…	4.99	1987	122,239	60,058	62,181	0.48
1947[4]	78,101	38,129	39,972	3.10	1988	122,745	60,302	62,443	0.41
1948	80,002	39,130	40,873	2.43	1989	123,205	60,515	62,690	0.37
1949	81,773	40,063	41,710	2.21	1990[1]	123,611	60,697	62,914	0.33
1950[1]	83,200	40,812	42,388	1.75	1991	124,101	60,934	63,167	0.40
1951	84,541	41,489	43,052	1.61	1992	124,567	61,155	63,413	0.38
1952[5]	85,808	42,128	43,680	1.50	1993	124,938	61,317	63,621	0.30
1953	86,981	42,721	44,260	1.37	1994	125,265	61,446	63,819	0.26
1954[6]	88,239	43,344	44,895	1.45	1995[1]	125,570	61,574	63,996	0.24
1955[1]	89,276	43,861	45,415	1.17	1996	125,859	61,698	64,161	0.23
1956	90,172	44,301	45,871	1.00	1997	126,157	61,827	64,329	0.24
1957	90,928	44,671	46,258	0.84	1998	126,472	61,952	64,520	0.25
1958	91,767	45,078	46,689	0.92	1999	126,667	62,017	64,650	0.15
1959	92,641	45,504	47,137	0.95	2000[1]	126,926	62,111	64,815	0.20

表資-1　総人口および増加率（1920-2015 年）（続き）

年次	人口（1,000 人）			人口増加率（%）	年次	人口（1,000 人）			人口増加率（%）
	総数	男性	女性			総数	男性	女性	
2001	127,316	62,265	65,051	0.31	2009	128,032	62,358	65,674	−0.04
2002	127,486	62,295	65,190	0.13	2010[1]	128,057	62,328	65,730	0.02
2003	127,694	62,368	65,326	0.16	2011	127,834	62,207	65,627	−0.17
2004	127,787	62,380	65,407	0.07	2012	127,593	62,080	65,513	−0.19
2005[1]	127,768	62,349	65,419	−0.01	2013	127,414	61,985	65,429	−0.14
2006	127,901	62,387	65,514	0.10	2014	127,237	61,901	65,336	−0.14
2007	128,033	62,424	65,608	0.10	2015[1]	127,095	61,842	65,253	−0.11
2008	128,084	62,422	65,662	0.04					

注：総務省統計局『国勢調査報告』，『日本の推計人口』（人口推計資料 No. 36）および『人口推計　国勢調査結果による補間補正人口』による．各年 10 月 1 日現在．注記のない人口は補間補正人口である．1945-71 年は沖縄県を含まない．1920-44 年 A は沖縄，小笠原，千島を含む 47 道府県における軍人，外地人，外国人を含む総人口（1944 年 A の地域は 1945 年の地域に準ずる．ただし沖縄と鹿児島県大島郡は含む）．1944 年 B 以降はわが国の行政権のおよぶ地域における外国人を含む総人口．1）国勢調査による．2）国勢調査による人口 73, 114, 308 から内地外の軍人，軍属等の推計数 1, 181, 321 を差し引いた補正人口．3）11 月 1 日現在の人口調査による人口 71, 998, 104 に軍人および外国人の推計人口 149, 000 を加えた補正人口．4）臨時国勢調査による人口 78, 098, 000 に水害地の調査もれ推計数 3, 000 を加えた補正人口．5）1951 年 12 月に復帰した鹿児島県大島郡十島村の人口 2, 968 を追加．6）1953 年 12 月に復帰した奄美群島の人口 201, 132 を追加．7）1968 年 6 月に復帰した小笠原諸島の人口 173 を追加．8）1972 年 5 月に復帰した沖縄県の人口を含む．

表資-2　総人口および人口増加率の将来推計（2015-65 年）

年　次	人　口（1,000 人）			人口増加率（%）	年　次	人　口（1,000 人）			人口増加率（%）
	総　数	男　性	女　性			総　数	男　性	女　性	
2015	127,095	61,842	65,253	…	2041	110,028	53,161	56,866	− 0.80
2016	126,838	61,702	65,136	− 0.20	2042	109,131	52,727	56,404	− 0.82
2017	126,532	61,537	64,995	− 0.24	2043	108,229	52,292	55,938	− 0.83
2018	126,177	61,348	64,829	− 0.28	2044	107,326	51,857	55,469	− 0.83
2019	125,773	61,133	64,640	− 0.32	2045	106,421	51,423	54,999	− 0.84
2020	125,325	60,897	64,428	− 0.36	2046	105,518	50,989	54,528	− 0.85
2021	124,836	60,640	64,196	− 0.39	2047	104,616	50,556	54,059	− 0.85
2022	124,310	60,365	63,945	− 0.42	2048	103,716	50,124	53,592	− 0.86
2023	123,751	60,074	63,677	− 0.45	2049	102,819	49,691	53,128	− 0.87
2024	123,161	59,768	63,393	− 0.48	2050	101,923	49,257	52,667	− 0.87
2025	122,544	59,449	63,095	− 0.50	2051	101,029	48,821	52,208	− 0.88
2026	121,903	59,119	62,784	− 0.52	2052	100,135	48,382	51,752	− 0.88
2027	121,240	58,778	62,461	− 0.54	2053	99,240	47,941	51,299	− 0.89
2028	120,555	58,427	62,128	− 0.56	2054	98,342	47,496	50,846	− 0.90
2029	119,850	58,067	61,783	− 0.58	2055	97,441	47,047	50,394	− 0.92
2030	119,125	57,697	61,428	− 0.60	2056	96,534	46,594	49,941	− 0.93
2031	118,380	57,318	61,062	− 0.63	2057	95,622	46,137	49,485	− 0.95
2032	117,616	56,931	60,686	− 0.65	2058	94,702	45,676	49,026	− 0.96
2033	116,833	56,535	60,299	− 0.67	2059	93,775	45,211	48,563	− 0.98
2034	116,033	56,132	59,901	− 0.69	2060	92,840	44,744	48,095	− 1.00
2035	115,216	55,721	59,494	− 0.70	2061	91,897	44,276	47,622	− 1.01
2036	114,383	55,305	59,077	− 0.72	2062	90,949	43,806	47,143	− 1.03
2037	113,535	54,883	58,651	− 0.74	2063	89,994	43,336	46,658	− 1.05
2038	112,674	54,457	58,217	− 0.76	2064	89,036	42,868	46,168	− 1.06
2039	111,801	54,028	57,774	− 0.77	2065	88,077	42,402	45,674	− 1.08
2040	110,919	53,595	57,323	− 0.79					

注：国立社会保障・人口問題研究所『日本の将来推計人口』（平成 29 年推計）［出生中位（死亡中位）］推計値による．各年 10 月 1 日現在．年平均人口増加率（%）は，$(\sqrt[n]{P_1／P_0}−1)×100$ によって算出．ただし，P_0，P_1 はそれぞれ期首，期末人口，n は期間．

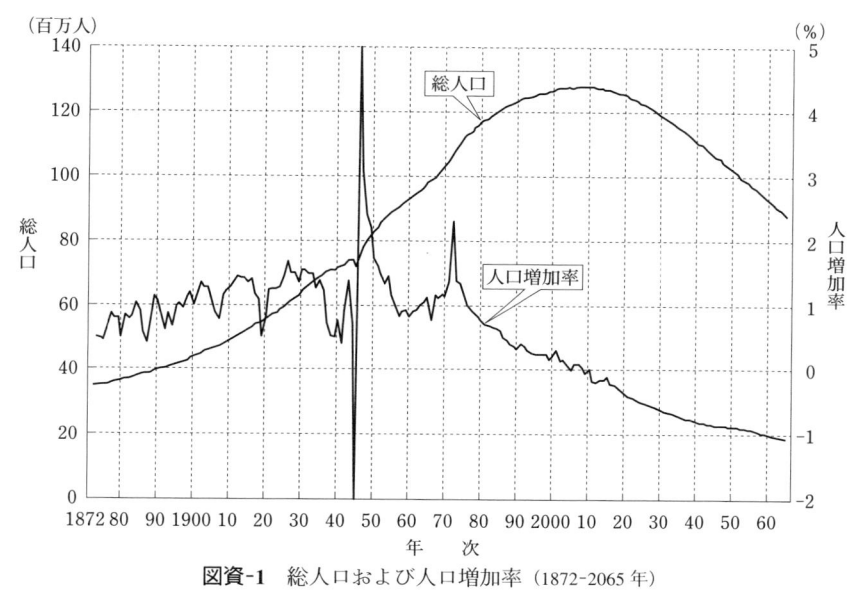

図資-1　総人口および人口増加率（1872-2065 年）

出所：総務省統計局『国勢調査』および国立社会保障・人口問題研究所『日本の将来推計人口』（平成 29 年推計）
　　による.

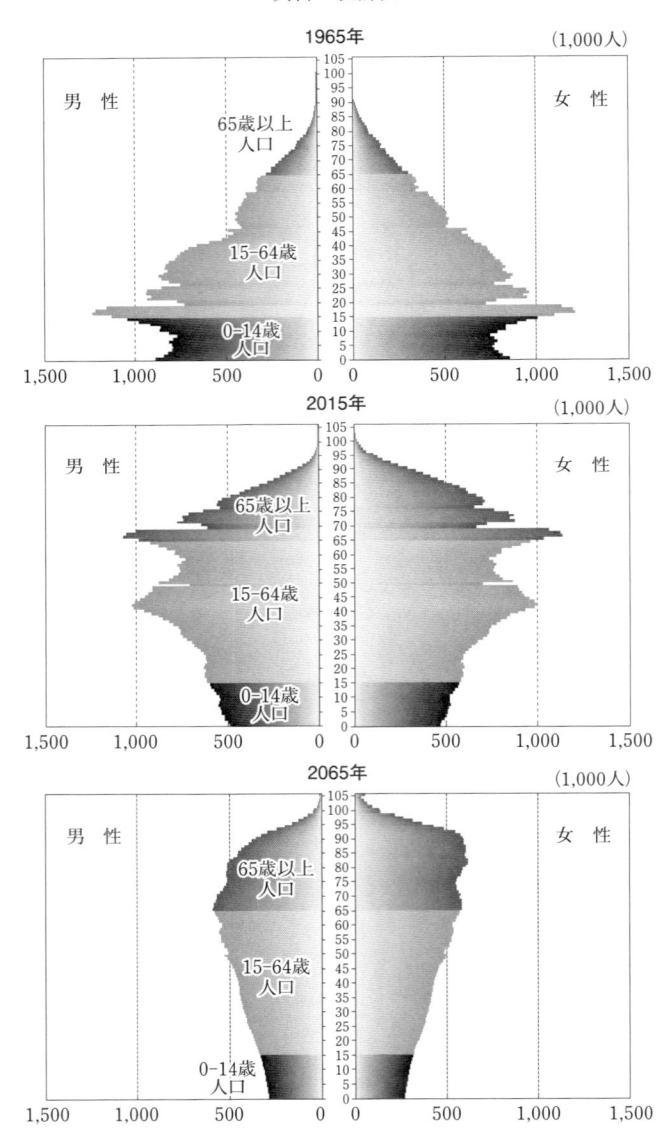

図資-2 人口ピラミッド（1965, 2015, 2065 年）

出所：総務省統計局『国勢調査報告』および国立社会保障・人口問題研究所『日本の将来推計人口』（平成 29 年推計）［出生中位（死亡中位）］による.

表資-3 年齢（3 区分）別人口および増加率（1884-2015 年）

年 次	人 口（1,000 人）				年平均人口増加率（％）			
	総 数	0-14 歳	15-64 歳	65 歳以上	総 数	0-14 歳	15-64 歳	65 歳以上
1884[1]	37,452	11,843	23,458	2,142				
1888[2]	39,607	13,360	24,069	2,175	1.41	3.06	0.64	0.38
1898[2]	43,764	14,367	26,989	2,405	1.00	0.73	1.15	1.01
1908[2]	49,589	16,969	30,014	2,604	1.26	1.68	1.07	0.80
1920	55,963	20,416	32,605	2,941	1.01	1.55	0.69	1.02
1930	64,450	23,579	37,807	3,064	1.42	1.45	1.49	0.41
1940[3]	71,933	26,383	42,096	3,454	1.10	1.13	1.08	1.21
1947[3]	78,101	27,573	46,783	3,745	1.18	0.63	1.52	1.16
1950	83,200	29,428	49,658	4,109	2.13	2.19	2.01	3.14
1955	89,276	29,798	54,729	4,747	1.42	0.25	1.96	2.93
1960	93,419	28,067	60,002	5,350	0.91	− 1.19	1.86	2.42
1965	98,275	25,166	66,928	6,181	1.02	− 2.16	2.21	2.93
1970	103,720	24,823	71,566	7,331	1.08	− 0.27	1.35	3.47
1975	111,940	27,221	75,807	8,865	1.54	1.86	1.16	3.87
1980	117,060	27,507	78,835	10,647	0.90	0.21	0.79	3.73
1985	121,049	26,033	82,506	12,468	0.67	− 1.10	0.91	3.21
1990	123,611	22,486	85,904	14,895	0.42	− 2.89	0.81	3.62
1995	125,570	20,014	87,165	18,261	0.31	− 2.30	0.29	4.16
2000	126,926	18,472	86,220	22,005	0.21	− 1.59	− 0.22	3.80
2005	127,768	17,521	84,092	25,672	0.13	− 1.05	− 0.50	3.13
2010	128,057	16,803	81,032	29,246	0.05	− 0.83	− 0.74	2.64
2015	127,095	15,887	76,289	33,465	− 0.15	− 1.12	− 1.20	2.73

注：総務省統計局『国勢調査報告』，『日本長期統計総覧』による．各年 10 月 1 日現在．1947-70 年は沖縄県を含まない．年平均人口増加率（％）は，$(\sqrt[n]{P_1／P_0}-1)\times 100$ によって算出．ただし，P_0，P_1 はそれぞれ期首，期末人口，n は期間．総数は年齢不詳を含む．
1）1 月 1 日現在（皇族人員を含む）．2）12 月 31 日現在（本籍人口）．3）国勢調査結果に基づく補正人口．

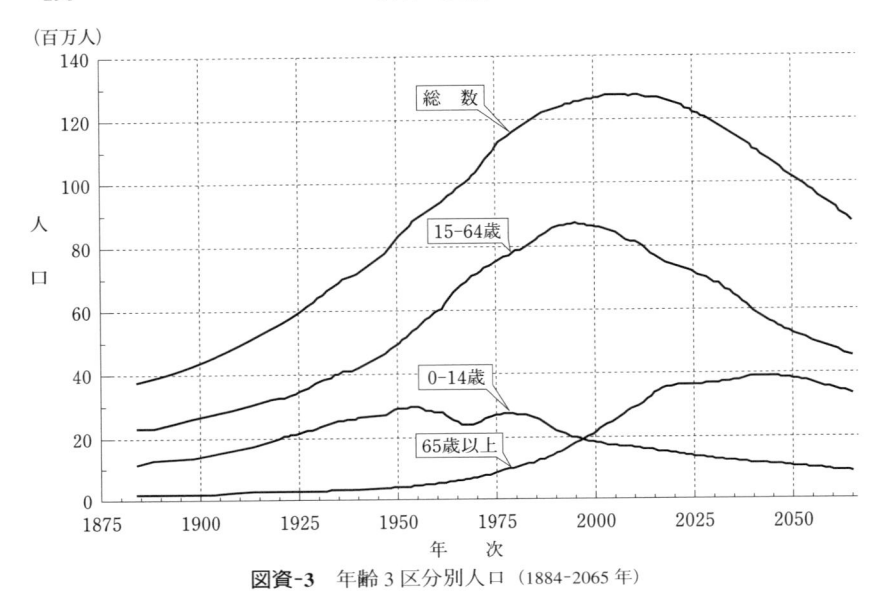

図資-3　年齢3区分別人口（1884-2065年）

出所：総省統計局『国勢調査』および国立社会保障・人口問題研究所『日本の将来推計人口』（平成29年推計）による.

表資-4　人口の年齢構造に関する指標（1884-2015 年）

年次	人口割合（%）			平均年齢（歳）	中位数年齢（歳）	従属人口指数			老年化指数
	0-14 歳	15-64 歳	65 歳以上			総数	年少人口	老年人口	
1884	31.6	62.7	5.7	28.9	21.0	59.6	50.5	9.1	18.1
1888	33.7	60.8	5.5	28.2	24.5	64.5	55.5	9.0	16.3
1898	32.8	61.7	5.5	28.0	23.9	62.1	53.2	8.9	16.7
1908	34.2	60.5	5.3	27.7	24.1	65.2	56.5	8.7	15.3
1920	36.5	58.3	5.3	26.7	22.2	71.6	62.6	9.0	14.4
1930	36.6	58.7	4.8	26.3	21.8	70.5	62.4	8.1	13.0
1940	36.7	58.5	4.8	26.6	21.9	70.9	62.7	8.2	13.1
1947	35.3	59.9	4.8	26.6	22.1	66.9	58.9	8.0	13.6
1950	35.4	59.7	4.9	26.6	22.3	67.5	59.3	8.3	14.0
1955	33.4	61.3	5.3	27.6	23.7	63.1	54.4	8.7	15.9
1960	30.0	64.2	5.7	29.1	25.6	55.7	46.8	8.9	19.1
1965	25.6	68.1	6.3	30.4	27.5	46.8	37.6	9.2	24.6
1970	23.9	69.0	7.1	31.5	29.1	44.9	34.7	10.2	29.5
1975	24.3	67.7	7.9	32.5	30.6	47.6	35.9	11.7	32.6
1980	23.5	67.4	9.1	33.9	32.5	48.4	34.9	13.5	38.7
1985	21.5	68.2	10.3	35.7	35.2	46.7	31.6	15.1	47.9
1990	18.2	69.7	12.1	37.6	37.7	43.5	26.2	17.3	66.2
1995	16.0	69.5	14.6	39.6	39.7	43.9	23.0	20.9	91.2
2000	14.6	68.1	17.4	41.4	41.5	46.9	21.4	25.5	119.1
2005	13.8	66.1	20.2	43.3	43.3	51.3	20.8	30.5	146.5
2010	13.1	63.8	23.0	45.0	45.0	56.7	20.6	36.1	175.1
2015	12.5	60.8	26.6	46.4	46.7	64.5	20.6	43.8	212.4

注：表資-3 の人口に対応する．年齢不詳人口を年齢別に按分した人口による．
　　年少（従属）人口指数は 0-14 歳人口の 15-64 歳人口に対する比率，老年（従属）人口指数は 65 歳以上人口の同じ
く 15-64 歳人口に対する比率，従属人口指数（総数）はそれらの和である．また，老年化指数は 65 歳以上人口の
0-14 歳人口に対する比率で，各指数とも，それぞれ分母人口 100 について．なお，中位数年齢とは人口を年齢順に
並べて数え，ちょうどまん中にあたる人の年齢である．平均年齢および中位数年齢は，各歳別人口に基づき算定し
た．

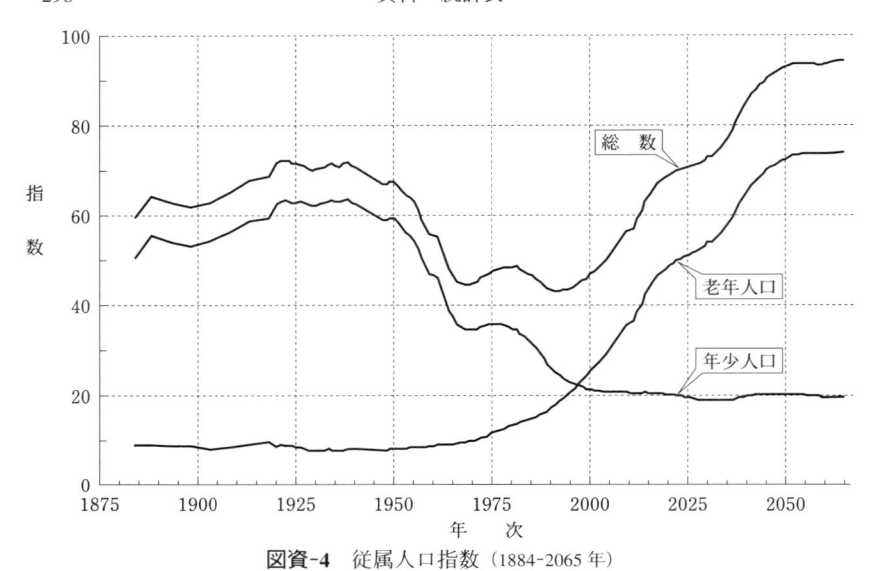

図資-4　従属人口指数（1884-2065 年）

出所：総務省統計局『国勢調査』および国立社会保障・人口問題研究所『日本の将来推計人口』（平成 29 年推計）
　　による.

表資-5　年齢（3区分）別人口および増加率の将来推計（2015-65 年）

年　次	人口（1,000 人）				年平均人口増加率（%）			
	総　数	0-14 歳	15-64 歳	65 歳以上	総　数	0-14 歳	15-64 歳	65 歳以上
2015	127,095	15,945	77,282	33,868				
2016	126,838	15,771	76,482	34,585	− 0.20	− 1.09	− 1.04	2.12
2017	126,532	15,587	75,782	35,163	− 0.24	− 1.16	− 0.92	1.67
2018	126,177	15,413	75,158	35,606	− 0.28	− 1.12	− 0.82	1.26
2019	125,773	15,235	74,622	35,916	− 0.32	− 1.16	− 0.71	0.87
2020	125,325	15,075	74,058	36,192	− 0.36	− 1.05	− 0.76	0.77
2021	124,836	14,900	73,550	36,386	− 0.39	− 1.16	− 0.69	0.54
2022	124,310	14,702	73,130	36,479	− 0.42	− 1.33	− 0.57	0.25
2023	123,751	14,484	72,683	36,584	− 0.45	− 1.48	− 0.61	0.29
2024	123,161	14,276	72,181	36,704	− 0.48	− 1.43	− 0.69	0.33
2025	122,544	14,073	71,701	36,771	− 0.50	− 1.43	− 0.67	0.18
2030	119,125	13,212	68,754	37,160	− 0.56	− 1.25	− 0.84	0.21
2035	115,216	12,457	64,942	37,817	− 0.67	− 1.17	− 1.13	0.35
2040	110,919	11,936	59,777	39,206	− 0.76	− 0.85	− 1.64	0.72
2045	106,421	11,384	55,845	39,192	− 0.82	− 0.94	− 1.35	− 0.01
2050	101,923	10,767	52,750	38,406	− 0.86	− 1.11	− 1.13	− 0.40
2055	97,441	10,123	50,276	37,042	− 0.90	− 1.23	− 0.96	− 0.72
2060	92,840	9,508	47,928	35,403	− 0.96	− 1.25	− 0.95	− 0.90
2065	88,077	8,975	45,291	33,810	− 1.05	− 1.15	− 1.13	− 0.92

注：各年 10 月 1 日現在．年平均人口増加率については表資-2 の注参照．
出所：国立社会保障・人口問題研究所『日本の将来推計人口』（平成 29 年推計）［出生中位（死亡中位）］推計値による．

表資-6　将来推計人口の年齢構造に関する指標（2015-65 年）

年次	人口割合（%）			平均年齢（歳）	中位数年齢（歳）	従属人口指数			老年化指数
	0-14 歳	15-64 歳	65 歳以上			総　数	年少人口	老年人口	
2015	12.5	60.8	26.6	46.4	46.7	64.5	20.6	43.8	212.4
2016	12.4	60.3	27.3	46.7	47.1	65.8	20.6	45.2	219.3
2017	12.3	59.9	27.8	47.0	47.5	67.0	20.6	46.4	225.6
2018	12.2	59.6	28.2	47.2	47.9	67.9	20.5	47.4	231.0
2019	12.1	59.3	28.6	47.5	48.3	68.5	20.4	48.1	235.7
2020	12.0	59.1	28.9	47.8	48.7	69.2	20.4	48.9	240.1
2021	11.9	58.9	29.1	48.0	49.1	69.7	20.3	49.5	244.2
2022	11.8	58.8	29.3	48.3	49.6	70.0	20.1	49.9	248.1
2023	11.7	58.7	29.6	48.5	50.0	70.3	19.9	50.3	252.6
2024	11.6	58.6	29.8	48.7	50.4	70.6	19.8	50.8	257.1
2025	11.5	58.5	30.0	49.0	50.8	70.9	19.6	51.3	261.3
2030	11.1	57.7	31.2	50.0	52.4	73.3	19.2	54.0	281.3
2035	10.8	56.4	32.8	50.7	53.4	77.4	19.2	58.2	303.6
2040	10.8	53.9	35.3	51.4	54.2	85.6	20.0	65.6	328.5
2045	10.7	52.5	36.8	51.9	54.4	90.6	20.4	70.2	344.3
2050	10.6	51.8	37.7	52.3	54.7	93.2	20.4	72.8	356.7
2055	10.4	51.6	38.0	52.8	55.2	93.8	20.1	73.7	365.9
2060	10.2	51.6	38.1	53.2	55.6	93.7	19.8	73.9	372.3
2065	10.2	51.4	38.4	53.4	55.7	94.5	19.8	74.6	376.7

注：各年 10 月 1 日現在．各指標については表資-4 の注参照．
出所：国立社会保障・人口問題研究所『日本の将来推計人口』（平成 29 年推計）［出生中位（死亡中位）］推計値による．

表資-7　出生数，死亡数，自然増加数および率（1873-2015 年）

年　次	実数（1,000 人）			率（‰）		
	出　生	死　亡	自然増加	出　生	死　亡	自然増加
1873	809	661	149	23.1	18.9	4.3
1880	884	603	281	24.1	16.5	7.7
1890	1,145	824	322	28.7	20.6	8.1
1900	1,421	911	510	32.4	20.8	11.6
1910	1,713	1,064	649	34.8	21.6	13.2
1920	2,026	1,422	603	36.2	25.4	10.8
1930	2,085	1,171	914	32.4	18.2	14.2
1940	2,116	1,187	929	29.4	16.5	12.9
1947	2,679	1,138	1,541	34.5	14.7	19.8
1950	2,338	905	1,433	28.3	10.9	17.3
1955	1,731	694	1,037	19.5	7.8	11.7
1960	1,606	707	899	17.3	7.6	9.7
1965	1,824	700	1,123	18.7	7.2	11.5
1970	1,934	713	1,221	18.8	6.9	11.8
1971	2,001	685	1,316	19.1	6.5	12.6
1972	2,039	684	1,355	19.2	6.5	12.8
1973	2,092	709	1,383	19.3	6.5	12.7
1974	2,030	711	1,319	18.5	6.5	12.0
1975	1,901	702	1,199	17.1	6.3	10.8
1976	1,833	703	1,129	16.3	6.3	10.0
1977	1,755	690	1,065	15.5	6.1	9.4
1978	1,709	696	1,013	14.9	6.1	8.8
1979	1,643	690	953	14.2	6.0	8.3
1980	1,577	723	854	13.5	6.2	7.3
1981	1,529	720	809	13.0	6.1	6.9
1982	1,515	712	804	12.8	6.0	6.8
1983	1,509	740	769	12.7	6.2	6.5
1984	1,490	740	750	12.5	6.2	6.3
1985	1,432	752	679	11.9	6.3	5.6
1986	1,383	751	632	11.4	6.2	5.2
1987	1,347	751	595	11.1	6.2	4.9
1988	1,314	793	521	10.8	6.5	4.3
1989	1,247	789	458	10.2	6.4	3.7
1990	1,222	820	401	10.0	6.7	3.3
1991	1,223	830	393	9.9	6.7	3.2
1992	1,209	857	352	9.8	6.9	2.9
1993	1,188	879	310	9.6	7.1	2.5
1994	1,238	876	362	10.0	7.1	2.9
1995	1,187	922	265	9.5	7.4	2.1
1996	1,207	896	310	9.7	7.2	2.5
1997	1,192	913	278	9.5	7.3	2.2

表資-7　出生数，死亡数，自然増加数および率（1873-2015 年）（続き）

年　次	実数（1,000 人）			率（‰）		
	出　生	死　亡	自然増加	出　生	死　亡	自然増加
1998	1,203	936	267	9.6	7.5	2.1
1999	1,178	982	196	9.4	7.8	1.6
2000	1,191	962	229	9.5	7.7	1.8
2001	1,171	970	200	9.3	7.7	1.6
2002	1,154	982	171	9.2	7.8	1.4
2003	1,124	1,015	109	8.9	8.0	0.9
2004	1,111	1,029	82	8.8	8.1	0.7
2005	1,063	1,084	− 21	8.4	8.6	− 0.2
2006	1,093	1,084	8	8.7	8.6	0.1
2007	1,090	1,108	− 19	8.6	8.8	− 0.1
2008	1,091	1,142	− 51	8.6	9.0	− 0.4
2009	1,070	1,142	− 72	8.5	9.0	− 0.6
2010	1,071	1,197	− 126	8.5	9.5	− 1.0
2011	1,051	1,253	− 202	8.3	9.9	− 1.6
2012	1,037	1,256	− 219	8.2	10.0	− 1.7
2013	1,030	1,268	− 239	8.2	10.1	− 1.9
2014	1,004	1,273	− 269	8.0	10.1	− 2.1
2015	1,006	1,290	− 285	8.0	10.3	− 2.3

注：出生数，死亡数は内閣統計局『帝国統計年鑑』（1873-1890 年），厚生労働省政策統
　　括官（統計・情報政策担当）『人口動態統計』（1900 年以後）による．1947-72 年は沖
　　縄県を含まない．日本で発生した日本人について．率（粗率）の分母は，1940 年以前
　　は総人口，1947 年以降は日本人人口．なお，『人口動態統計』に掲載の率の分母は，
　　1920-66 年は総人口，1967 年以降は日本人人口．

表資-8　将来の出生，死亡および自然増加数ならびに率（2016-65 年）

年　次	実数（1,000 人）			率（‰）		
	出　生	死　亡	自然増加	出　生	死　亡	自然増加
2016	992	1,312	− 320	7.8	10.3	− 2.5
2017	968	1,338	− 371	7.6	10.6	− 2.9
2018	944	1,364	− 421	7.5	10.8	− 3.3
2019	921	1,390	− 469	7.3	11.0	− 3.7
2020	902	1,414	− 512	7.2	11.3	− 4.1
2021	886	1,438	− 552	7.1	11.5	− 4.4
2022	872	1,460	− 589	7.0	11.7	− 4.7
2023	860	1,482	− 622	7.0	12.0	− 5.0
2024	851	1,502	− 651	6.9	12.2	− 5.3
2025	844	1,522	− 678	6.9	12.4	− 5.5
2026	838	1,540	− 701	6.9	12.6	− 5.8
2027	834	1,557	− 723	6.9	12.8	− 6.0
2028	829	1,573	− 744	6.9	13.1	− 6.2
2029	824	1,589	− 765	6.9	13.3	− 6.4
2030	818	1,603	− 785	6.9	13.5	− 6.6
2031	811	1,616	− 805	6.9	13.7	− 6.8
2032	805	1,629	− 824	6.8	13.8	− 7.0
2033	797	1,640	− 843	6.8	14.0	− 7.2
2034	790	1,650	− 861	6.8	14.2	− 7.4
2035	782	1,659	− 877	6.8	14.4	− 7.6
2036	774	1,666	− 892	6.8	14.6	− 7.8
2037	766	1,672	− 906	6.7	14.7	− 8.0
2038	758	1,676	− 918	6.7	14.9	− 8.1
2039	750	1,679	− 928	6.7	15.0	− 8.3
2040	742	1,679	− 937	6.7	15.1	− 8.4
2041	734	1,678	− 944	6.7	15.2	− 8.6
2042	725	1,674	− 949	6.6	15.3	− 8.7
2043	717	1,669	− 952	6.6	15.4	− 8.8
2044	708	1,662	− 953	6.6	15.5	− 8.9
2045	700	1,652	− 953	6.6	15.5	− 9.0
2050	655	1,596	− 942	6.4	15.7	− 9.2
2055	613	1,561	− 947	6.3	16.0	− 9.7
2060	583	1,562	− 979	6.3	16.8	− 10.5
2065	557	1,557	− 1,000	6.3	17.7	− 11.4

注：国立社会保障・人口問題研究所『日本の将来推計人口』（平成 29 年推計）［出生中位
　（死亡中位）］による．総人口について．

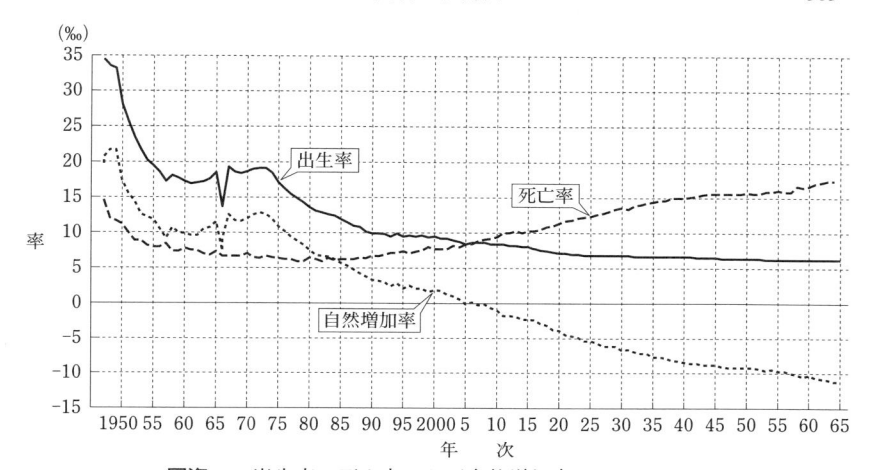

図資-5　出生率，死亡率および自然増加率（1947-2065 年）

出所：厚生労働省政策統括官（統計・情報政策担当）『人口動態統計』および国立社会保障・人口問題研究所『日本の将来推計人口』（平成 29 年推計）による.

表資-9　女性の人口再生産に関する主要指標（1925-2015 年）

年次	合計特殊出生率 (1)	総再生産率 (2)	純再生産率 (3)	人口置換水準 (1)/(3) (4)	年次	合計特殊出生率 (1)	総再生産率 (2)	純再生産率 (3)	人口置換水準 (1)/(3) (4)
1925	5.10	2.51	1.65	3.10	1980	1.75	0.85	0.83	2.09
1930	4.70	2.29	1.52	3.09	1981	1.74	0.85	0.83	2.09
1937	4.36	2.13	1.51	2.90	1982	1.77	0.86	0.85	2.08
1938	3.82	1.86	1.32	2.90	1983	1.80	0.88	0.86	2.08
1939	3.74	1.82	1.30	2.88	1984	1.81	0.88	0.87	2.08
1940	4.11	2.01	1.43	2.87	1985	1.76	0.86	0.85	2.08
1947	4.54	2.21	1.68	2.71	1986	1.72	0.84	0.83	2.08
1948	4.40	2.14	1.75	2.52	1987	1.69	0.82	0.81	2.08
1949	4.32	2.11	1.74	2.48	1988	1.66	0.81	0.80	2.08
1950	3.65	1.77	1.50	2.43	1989	1.57	0.76	0.76	2.08
1951	3.26	1.59	1.38	2.37	1990	1.54	0.75	0.74	2.08
1952	2.98	1.45	1.29	2.31	1991	1.53	0.75	0.74	2.08
1953	2.69	1.31	1.17	2.30	1992	1.50	0.73	0.72	2.08
1954	2.48	1.20	1.09	2.28	1993	1.46	0.71	0.70	2.08
1955	2.37	1.15	1.06	2.24	1994	1.50	0.73	0.72	2.08
1956	2.22	1.08	0.99	2.24	1995	1.42	0.69	0.69	2.07
1957	2.04	0.99	0.92	2.22	1996	1.43	0.69	0.69	2.08
1958	2.11	1.03	0.96	2.21	1997	1.39	0.68	0.67	2.07
1959	2.04	0.99	0.93	2.20	1998	1.38	0.67	0.67	2.08
1960	2.00	0.97	0.92	2.18	1999	1.34	0.65	0.65	2.08
1961	1.96	0.95	0.90	2.17	2000	1.36	0.66	0.65	2.08
1962	1.98	0.96	0.91	2.16	2001	1.33	0.65	0.64	2.07
1963	2.00	0.97	0.93	2.14	2002	1.32	0.64	0.64	2.07
1964	2.05	1.00	0.96	2.14	2003	1.29	0.63	0.62	2.07
1965	2.14	1.04	1.01	2.12	2004	1.29	0.63	0.62	2.07
1966	1.58	0.76	0.73	2.15	2005	1.26	0.61	0.61	2.07
1967	2.23	1.08	1.05	2.12	2006	1.32	0.64	0.64	2.07
1968	2.13	1.03	1.00	2.13	2007	1.34	0.65	0.64	2.07
1969	2.13	1.03	1.00	2.13	2008	1.37	0.67	0.66	2.07
1970	2.13	1.03	1.00	2.13	2009	1.37	0.67	0.66	2.07
1971	2.16	1.04	1.02	2.12	2010	1.39	0.67	0.67	2.07
1972	2.14	1.04	1.01	2.11	2011	1.39	0.68	0.67	2.07
1973	2.14	1.04	1.01	2.11	2012	1.41	0.68	0.68	2.07
1974	2.05	0.99	0.97	2.11	2013	1.43	0.70	0.69	2.07
1975	1.91	0.93	0.91	2.10	2014	1.42	0.69	0.69	2.07
1976	1.85	0.90	0.88	2.10	2015	1.45	0.71	0.70	2.07
1977	1.80	0.87	0.86	2.10					
1978	1.79	0.87	0.86	2.10					
1979	1.77	0.86	0.84	2.10					

注：国立社会保障・人口問題研究所『人口問題研究』による．1947-72 年は沖縄県を含まない．

欄 (1) 合計特殊出生率は，ある年の人口について，再生産年齢（ここでは 15-49 歳をとる）にある女性の年齢別特殊出生率を算出し，それら各年齢の特殊出生率の合計値をもって表すものである．この指標は，算定された年齢別特殊出生率に基づいて，1 人の女性が再生産年齢を経過する間に子どもを生んだと仮定した場合の平均出生児数である．欄 (2) は，合計特殊出生率の計算において生まれる子どもは男女児を両方含んでいるが，これを女児だけについて求めた同様の指標で，総再生産率と呼ばれる．これは，人口の再生産を直接担当するものは女性であり，したがって，現在の世代の人口が人口を再生産する力をどれだけ持っているかということの 1 つの指標となる．欄 (3) の純再生産率は，総再生産率の出生女児について，さらに各年次の死亡率を考え，生命表の静止人口によって生き残って次の世代に母となるべき女児の数を示すものである．総再生産率と純再生産率との関係を説明するならば，総再生産率においては女性の死亡を考慮に入れず，再生産年齢を経過し終わるまでだれも死亡しないと仮定した場合，1 人の女性が生むべき平均出生児数であるのに対して，純再生産率では，再生産年齢を経過し終わるまでに死亡率の適用を受ける結果の母親の数の減少を考慮にいれているのである．

欄 (4) の人口置換水準は合計特殊出生率を純再生産率で割った値であり，その年次の純再生産率がもし 1 であったとするならば，合計特殊出生率はどれだけになるかを表すことになり，つまり人口が静止するために必要な合計特殊出生率を意味する．

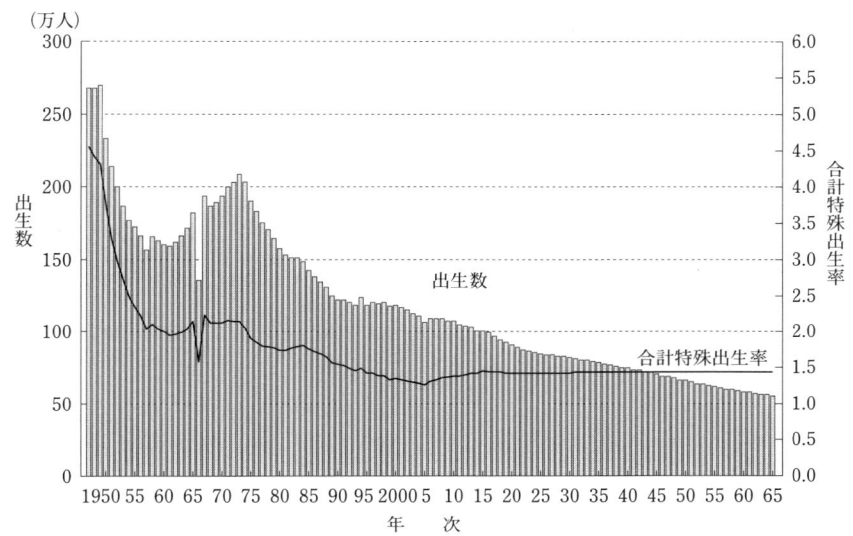

図資-6　出生数および合計特殊出生率（1947-2065 年）

出所：厚生労働省政策統括官（統計・情報政策担当）『人口動態統計』および国立社会保障・人口問題研究所『日本
の将来推計人口』（平成 29 年推計）［出生中位］による.

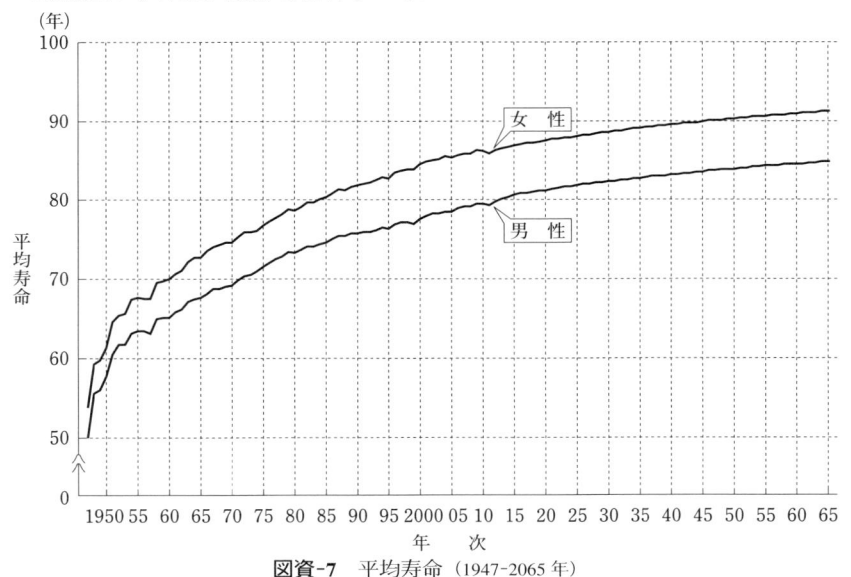

図資-7　平均寿命（1947-2065 年）

出所：厚生労働省政策統括官（統計・情報政策担当）『完全生命表』,『簡易生命表』および国立社会保障・人口問題
研究所『日本の将来推計人口』（平成 29 年推計）［死亡中位］による.

表資-10　特定年齢の平均余命（1921-2015 年）　　　　（年）

年　次	平均寿命			平均寿命の伸び		15 歳時平均余命		65 歳時平均余命	
	男性	女性	男女差	男性	女性	男性	女性	男性	女性
1921-25	42.06	43.20	1.14			42.31	43.12	9.31	11.10
1926-30	44.82	46.54	1.72	2.76	3.34	43.58	45.11	9.64	11.58
1935-36	46.92	49.63	2.71	2.10	3.09	43.85	46.33	9.89	11.88
1947	50.06	53.96	3.90	3.14	4.33	44.93	48.81	10.16	12.22
1950-52	59.57	62.97	3.40	9.51	9.01	50.95	54.10	11.35	13.36
1955	63.60	67.75	4.15	4.03	4.78	53.09	56.96	11.82	14.13
1960	65.32	70.19	4.87	1.72	2.44	53.74	58.17	11.62	14.10
1961[1)	66.03	70.79	4.76	0.71	0.60	54.25	58.51	11.88	14.10
1962[1)	66.23	71.16	4.93	0.20	0.37	54.16	58.68	11.55	14.09
1963[1)	67.21	72.34	5.13	0.98	1.18	54.84	59.54	12.10	14.70
1964[1)	67.67	72.87	5.20	0.46	0.53	55.07	59.86	12.19	14.83
1965	67.74	72.92	5.18	0.07	0.05	54.93	59.71	11.88	14.56
1966[1)	68.35	73.61	5.26	0.61	0.69	55.52	60.39	12.42	15.11
1967[1)	68.91	74.15	5.24	0.56	0.54	55.81	60.69	12.50	15.26
1968[1)	69.05	74.30	5.25	0.14	0.15	55.92	60.80	12.48	15.26
1969[1)	69.18	74.67	5.49	0.13	0.37	55.96	61.11	12.53	15.51
1970	69.31	74.66	5.35	0.13	− 0.01	55.97	60.99	12.50	15.34
1971[1)	70.17	75.58	5.41	0.86	0.92	56.75	61.87	13.08	16.00
1972[1)	70.50	75.94	5.44	0.33	0.36	57.04	62.16	13.25	16.17
1973[1)	70.70	76.02	5.32	0.20	0.08	57.19	62.21	13.22	16.10
1974[1)	71.16	76.31	5.15	0.46	0.29	57.54	62.44	13.38	16.18
1975	71.73	76.89	5.16	0.57	0.58	58.03	62.94	13.72	16.56
1976[1)	72.15	77.35	5.20	0.42	0.46	58.37	63.34	13.91	16.80
1977[1)	72.69	77.95	5.26	0.54	0.60	58.86	63.91	14.29	17.24
1978[1)	72.97	78.33	5.36	0.28	0.38	59.09	64.23	14.40	17.48
1979[1)	73.46	78.89	5.43	0.49	0.56	59.50	64.74	14.75	17.92
1980	73.35	78.76	5.41	− 0.11	− 0.13	59.35	64.58	14.56	17.68
1981[1)	73.79	79.13	5.34	0.44	0.37	59.74	64.91	14.85	17.93
1982[1)	74.22	79.66	5.44	0.43	0.53	60.12	65.40	15.18	18.35
1983[1)	74.20	79.78	5.58	− 0.02	0.12	60.04	65.47	15.19	18.40
1984[1)	74.54	80.18	5.64	0.34	0.40	60.36	65.85	15.43	18.71
1985	74.78	80.48	5.70	0.24	0.30	60.54	66.13	15.52	18.94
1986[1)	75.23	80.93	5.70	0.45	0.45	60.96	66.54	15.86	19.29
1987[1)	75.61	81.39	5.78	0.38	0.46	61.31	66.98	16.12	19.67
1988[1)	75.54	81.30	5.76	− 0.07	− 0.09	61.21	66.89	15.95	19.54
1989[1)	75.91	81.77	5.86	0.37	0.47	61.55	67.34	16.22	19.95
1990	75.92	81.90	5.98	0.01	0.13	61.58	67.46	16.22	20.03
1991[1)	76.11	82.11	6.00	0.19	0.21	61.72	67.66	16.31	20.20
1992[1)	76.09	82.22	6.13	− 0.02	0.11	61.74	67.77	16.31	20.31
1993[1)	76.25	82.51	6.26	0.16	0.29	61.86	68.06	16.41	20.57
1994[1)	76.57	82.98	6.41	0.32	0.47	62.19	68.50	16.67	20.97
1995	76.38	82.85	6.47	− 0.19	− 0.13	62.00	68.39	16.48	20.94

表資-10　特定年齢の平均余命（1921-2015 年）（続き）　　　（年）

年　次	平均寿命			平均寿命の伸び		15 歳時平均余命		65 歳時平均余命	
	男性	女性	男女差	男性	女性	男性	女性	男性	女性
1996[1]	77.01	83.59	6.58	0.63	0.74	62.56	69.06	16.94	21.53
1997[1]	77.19	83.82	6.63	0.18	0.23	62.71	69.30	17.02	21.75
1998[1]	77.16	84.01	6.85	− 0.03	0.19	62.69	69.49	17.13	21.96
1999[1]	77.10	83.99	6.89	− 0.06	− 0.02	62.60	69.43	17.02	21.89
2000	77.72	84.60	6.88	0.62	0.61	63.19	70.01	17.54	22.42
2001[1]	78.07	84.93	6.86	0.35	0.33	63.51	70.33	17.78	22.68
2002[1]	78.32	85.23	6.91	0.25	0.30	63.75	70.63	17.96	22.96
2003[1]	78.36	85.33	6.97	0.04	0.10	63.76	70.73	18.02	23.04
2004[1]	78.64	85.59	6.95	0.28	0.26	64.04	70.94	18.21	23.28
2005	78.56	85.52	6.96	− 0.08	− 0.07	63.97	70.87	18.13	23.19
2006[1]	79.00	85.81	6.81	0.44	0.29	64.38	71.16	18.45	23.44
2007[1]	79.19	85.99	6.80	0.19	0.18	64.56	71.33	18.56	23.59
2008[1]	79.29	86.05	6.76	0.10	0.06	64.65	71.39	18.60	23.64
2009[1]	79.59	86.44	6.85	0.30	0.39	64.93	71.75	18.88	23.97
2010	79.55	86.30	6.75	− 0.04	− 0.14	64.89	71.61	18.74	23.80
2011[1]	79.44	85.90	6.46	− 0.11	− 0.40	64.81	71.28	18.69	23.66
2012[1]	79.94	86.41	6.47	0.50	0.51	65.26	71.72	18.89	23.82
2013[1]	80.21	86.61	6.40	0.27	0.20	65.52	71.89	19.08	23.97
2014[1]	80.50	86.83	6.33	0.29	0.22	65.81	72.12	19.29	24.18
2015	80.75	86.99	6.24	0.25	0.16	66.05	72.26	19.41	24.24

注：注記のないものは，内閣統計局および厚生労働省政策統括官（統計・情報政策担当）『完全生命表』
　　による．1) 厚生労働省政策統括官（統計・情報政策担当）『簡易生命表』．

表資-11　合計特殊出生率および平均寿命の将来推計（2015-65 年）

| 年次 | 合計特殊出生率 | | | 平均寿命（年） | | | | | |
| | | | | 死亡中位 | | 死亡高位 | | 死亡低位 | |
	中位	高位	低位	男性	女性	男性	女性	男性	女性
2015	1.45	1.45	1.45	80.75	86.98	80.75	86.98	80.75	86.98
2016	1.44	1.49	1.40	80.86	87.14	80.08	86.32	81.63	87.94
2017	1.44	1.52	1.37	80.98	87.27	80.20	86.45	81.75	88.07
2018	1.44	1.54	1.33	81.10	87.39	80.32	86.57	81.88	88.20
2019	1.43	1.57	1.30	81.22	87.52	80.44	86.69	82.00	88.32
2020	1.43	1.61	1.27	81.34	87.64	80.55	86.81	82.12	88.45
2021	1.42	1.63	1.24	81.45	87.75	80.66	86.93	82.23	88.57
2022	1.42	1.65	1.22	81.57	87.87	80.77	87.04	82.35	88.69
2023	1.42	1.66	1.21	81.68	87.98	80.88	87.15	82.46	88.80
2024	1.42	1.66	1.20	81.78	88.10	80.98	87.26	82.57	88.92
2025	1.42	1.66	1.20	81.89	88.21	81.08	87.37	82.68	89.03
2026	1.42	1.66	1.21	81.99	88.31	81.18	87.47	82.79	89.14
2027	1.42	1.66	1.21	82.10	88.42	81.28	87.57	82.90	89.25
2028	1.42	1.65	1.22	82.20	88.52	81.38	87.67	83.00	89.36
2029	1.43	1.65	1.22	82.29	88.62	81.47	87.77	83.11	89.47
2030	1.43	1.65	1.22	82.39	88.72	81.56	87.86	83.21	89.57
2031	1.43	1.65	1.23	82.49	88.82	81.65	87.96	83.31	89.68
2032	1.43	1.64	1.23	82.58	88.92	81.74	88.05	83.41	89.78
2033	1.43	1.64	1.23	82.67	89.01	81.82	88.13	83.51	89.88
2034	1.43	1.64	1.24	82.76	89.11	81.91	88.22	83.60	89.98
2035	1.43	1.64	1.24	82.85	89.20	81.99	88.31	83.70	90.07
2036	1.43	1.64	1.24	82.94	89.29	82.07	88.39	83.79	90.17
2037	1.43	1.64	1.24	83.02	89.38	82.15	88.47	83.88	90.26
2038	1.43	1.64	1.24	83.11	89.46	82.23	88.55	83.97	90.36
2039	1.43	1.64	1.24	83.19	89.55	82.30	88.63	84.06	90.45
2040	1.43	1.64	1.24	83.27	89.63	82.38	88.71	84.15	90.54
2041	1.44	1.64	1.24	83.35	89.72	82.45	88.78	84.24	90.63
2042	1.44	1.64	1.25	83.43	89.80	82.52	88.86	84.33	90.72
2043	1.44	1.64	1.25	83.51	89.88	82.59	88.93	84.41	90.81
2044	1.44	1.64	1.25	83.59	89.95	82.66	89.00	84.50	90.89
2045	1.44	1.64	1.25	83.66	90.03	82.73	89.07	84.58	90.98
2046	1.44	1.64	1.25	83.73	90.11	82.79	89.14	84.66	91.06
2047	1.44	1.64	1.25	83.81	90.18	82.86	89.20	84.74	91.15
2048	1.44	1.64	1.25	83.88	90.26	82.92	89.27	84.82	91.23
2049	1.44	1.64	1.25	83.95	90.33	82.98	89.33	84.90	91.31
2050	1.44	1.64	1.25	84.02	90.40	83.04	89.39	84.98	91.39
2051	1.44	1.64	1.25	84.09	90.47	83.10	89.46	85.06	91.47
2052	1.44	1.64	1.25	84.16	90.54	83.16	89.52	85.13	91.55
2053	1.44	1.64	1.25	84.22	90.61	83.22	89.58	85.21	91.62
2054	1.44	1.64	1.25	84.29	90.68	83.28	89.63	85.28	91.70
2055	1.44	1.64	1.25	84.35	90.74	83.33	89.69	85.36	91.77
2056	1.44	1.64	1.25	84.42	90.81	83.38	89.75	85.43	91.85
2057	1.44	1.64	1.25	84.48	90.87	83.44	89.80	85.50	91.92
2058	1.44	1.64	1.25	84.54	90.94	83.49	89.86	85.57	91.99
2059	1.44	1.64	1.25	84.60	91.00	83.54	89.91	85.64	92.06
2060	1.44	1.64	1.25	84.66	91.06	83.59	89.96	85.71	92.13
2061	1.44	1.64	1.25	84.72	91.12	83.64	90.01	85.78	92.20
2062	1.44	1.64	1.25	84.78	91.18	83.69	90.06	85.85	92.27
2063	1.44	1.64	1.25	84.84	91.24	83.74	90.11	85.91	92.34
2064	1.44	1.65	1.25	84.89	91.30	83.79	90.16	85.98	92.41
2065	1.44	1.65	1.25	84.95	91.35	83.83	90.21	86.05	92.48

出所：国立社会保障・人口問題研究所『日本の将来推計人口』（平成 29 年推計）による.

索　引

執筆者一覧 (執筆順.［　］内は担当章)

森田　朗（もりた　あきら）［はしがき，序章，終章］
　　津田塾大学 総合政策学部 教授（前 国立社会保障・人口問題研究所 所長）

金子隆一（かねこ　りゅういち）［序章，第1章，終章］
　　国立社会保障・人口問題研究所 副所長

山内昌和（やまうち　まさかず）［第2章］
　　早稲田大学 教育学部 准教授（前 国立社会保障・人口問題研究所 人口構造研究部 室長）

小池司朗（こいけ　しろう）［第2章］
　　国立社会保障・人口問題研究所 人口構造研究部 室長

江崎雄治（えさき　ゆうじ）［第2章］
　　専修大学 文学部 教授

小山泰代（こやま　やすよ）［第3章］
　　国立社会保障・人口問題研究所 人口構造研究部 室長

鈴木　透（すずき　とおる）［第3章，第9章］
　　国立社会保障・人口問題研究所 人口構造研究部 部長

宮田　智（みやた　さとる）［第4章］
　　元 国立社会保障・人口問題研究所 政策研究調整官

石井　太（いしい　ふとし）［第5章，第12章］
　　国立社会保障・人口問題研究所 人口動向研究部 部長

岩澤美帆（いわさわ　みほ）［第6章］
　　国立社会保障・人口問題研究所 人口動向研究部 室長

釜野さおり（かまの　さおり）［第7章］
　　国立社会保障・人口問題研究所 人口動向研究部 室長

守泉理恵（もりいずみ　りえ）［第8章］
　　国立社会保障・人口問題研究所 人口動向研究部 室長

千年よしみ（ちとせ　よしみ）［第10章］
　　国立社会保障・人口問題研究所 国際関係部 室長

林　玲子（はやし　れいこ）［第11章］
　　国立社会保障・人口問題研究所 国際関係部 部長

別府志海（べっぷ　もとみ）［統計］
　　国立社会保障・人口問題研究所 情報調査分析部 室長

（肩書きは 2017 年 5 月 10 日現在）

日本の人口動向とこれからの社会
人口潮流が変える日本と世界

2017 年 5 月 10 日　初　版
2017 年 10 月 20 日　第 2 刷

［検印廃止］

監修者　森田　朗

編　者　国立社会保障・人口問題研究所

発行者　一般財団法人　東京大学出版会

　　　　代表者　吉見俊哉

153-0041 東京都目黒区駒場 4-5-29
http://www.utp.or.jp/
電話 03-6407-1069　Fax 03-6407-1991
振替 00160-6-59964

印刷所　大日本法令印刷株式会社
製本所　誠製本株式会社

© 2017 National Institute of Population and Social
　　　　Security Research
ISBN 978-4-13-051139-1　Printed in Japan

国立社会保障・人口問題研究所編 社会保障の計量モデル分析	A5・6800 円
国立社会保障・人口問題研究所編 社会保障財源の制度分析	A5・4800 円
国立社会保障・人口問題研究所編 社会保障財源の効果分析	A5・4800 円
宮島洋・西村周三・京極髙宣編 社会保障と経済（全 3 巻）	A5・各 4200 円
井堀利宏・金子能宏・野口晴子編 新たなリスクと社会保障	A5・4200 円
樋口美雄・府川哲夫編 ワーク・ライフ・バランスと家族形成	A5・4200 円
阿藤誠・西岡八郎・津谷典子・福田亘孝編 少子化時代の家族変容	A5・4800 円
東京大学高齢社会総合研究機構編著 東大がつくった高齢社会の教科書	B5・1800 円
東京大学高齢社会総合研究機構編 地域包括ケアのすすめ	A5・3500 円